# *TERTULIA*

*Conversación*
*Composición*
*y Repaso Gramatical*

John W. Kronik
Advisory Editor in Spanish Language
and Literature

# *TERTULIA*

*Conversación
Composición
y Repaso Gramatical*

**William W. Cressey**
GEORGETOWN UNIVERSITY

**Edward E. Borsoi**
ROLLINS COLLEGE

*PRENTICE-HALL, INC., Englewood Cliffs, New Jersey*

## ACKNOWLEDGMENTS

*A B C Diario Ilustrado*:  for permission to reprint *Fe en el futuro* by José Luis Escario from *A B C Diario Ilustrado* (August 4, 1967), No. 19–149.

Srta. María Luisa Alvarez-Quintero Díez and Espasa-Calpe, S.A.:  for permission to reprint *Sin palabras* by Serafín and Joaquín Alvarez Quintero from *Obras completas*, Tomo VII (Madrid, Espasa-Calpe, S.A., 1953).

Don César Cort Botí and Editorial Plus-Ultra:  for permission to reprint *Sobre la poligamia, Sobre la pornografía* and *Sobre la educación sexual* by Julio Camba from *Obras completas de Julio Camba*, Tomo II (Madrid, Editorial Plus-Ultra, 1948).

Emecé Editores, S.A.:  for permission to reprint *Emma Zunz* by Jorge Luis Borges from *El Aleph* (Buenos Aires, Emecé Editores, S.A., 1957).

Carmen Laforet:  for permission to reprint *Una «High-School»* and *Entérate de nuestros problemas* by Carmen Laforet from *Paralelo 35* (Barcelona, Editorial Planeta, 1967).

Sra. Uva Márquez Sterling:  for permission to reprint *Rescate* by A. Hernández Catá from A. Hernández Catá, *Sus mejores cuentos* (Santiago de Chile, Editorial Nascimento, 1936).

Julio E. Payró:  for permission to reprint *5.632* by Roberto J. Payró from *Veinte cuentos* (Buenos Aires, Editorial Poseidon, 1943).

Fernando de Unamuno:  for permission to reprint *Soledad* by Miguel de Unamuno from *Cuentos* (Madrid, Ediciones Castilla, S.A., 1961).

Arturo Uslar Pietri:  for permission to reprint *Los problemas de la población* and *Más sobre población y erosión* by Arturo Uslar Pietri from *Obras selectas* (Madrid, Editorial Meditérraneo, 1956).


PRENTICE-HALL INTERNATIONAL, INC., *London*
PRENTICE-HALL OF AUSTRALIA, PTY. LTD., *Sydney*
PRENTICE-HALL OF CANADA, LTD., *Toronto*
PRENTICE-HALL OF INDIA PRIVATE LIMITED, *New Delhi*
PRENTICE-HALL OF JAPAN, INC., *Tokyo*

# PREFACE

This textbook is designed to provide practice in Spanish expression and a review of Spanish grammar. It is intended for use in a fifth semester college course (those usually entitled "Spanish Conversation and Composition"), but it could also be used in some second year courses as well, or in an advanced high school class.

There are ten lessons, each intended to serve as the basis, roughly, for four 50-minute class periods. Thus, the book could be used as the exclusive text for a class which meets about forty times (for example, four times per week in a quarter system or three times per week in a semester system).

The nucleus of each lesson is a short reading passage selected for its ability to stimulate discussion. Glosses are given for difficult words and phrases, in Spanish whenever possible. Each reading passage is followed by a series of short, mostly factual, questions aimed primarily at checking comprehension.

The grammar review portion of the book is selective rather than comprehensive; an effort has been made to include those topics which most frequently trouble the advanced student and to treat these in depth. Each grammar section is divided into two parts. The first of these, "Special Problems," is devoted to troublesome aspects of word usage, such as false cognates (Spanish **actual** vs. English *actual*, etc.) and problematic distinctions (**conocer** *vs.* **saber**, etc.). The other part of the grammar section is devoted to an extended discussion of a major problem of Spanish grammar (the subjunctive, **ser** *vs.* **estar**, etc.). The grammar explanations are intended primarily for independent use by the students and are therefore written in English. Examples illustrating each grammatical point discussed have been taken from the readings wherever possible and page and line references (000/00) are given to make it easy for the student to check the context in which the sentence appears. Context can be particularly helpful for the understanding of fine distinctions, such as the difference between preterite and imperfect

Exercises are provided to drill both word usage problems and major points of grammar. Most of the drills are in question-and-answer format, since we believe that this type of drill, which is closest to an actual conversational situation, is more appropriate for an advanced course. There are, however, some of the more structured types of drill (item substitution, etc.) in all but the last lessons.

In the composition sections general principles of good writing are discussed (organization of a paragraph, etc.) as well as specific problems of Spanish composition (use of connecting words, forms of address, etc.). Although the former will no doubt have been studied in rhetoric courses by most students, we are confident that many will profit by a review of the most important of these, and by being reminded of them as they write their first compositions in Spanish.

In each lesson a number of topics for discussion are presented to serve as the basis for the conversation and composition activities. These topics have been inspired by the readings but are not limited to a discussion of points explicitly covered in them. Many marginal issues are also included. We believe that the instructor will find more material than he could hope to use in the time allotted to the lesson. Thus, it will be possible for each class to choose the topics that it considers most interesting. Accompanying each topic is a series of questions designed to explore its various aspects. These are by no means exhaustive, but we feel they will stimulate discussion and offer sufficient raw material for expression.

We would like to express our gratitude to the many people who have assisted us. Among those providing various forms of valuable assistance are the following: Marion Ament, Gustave W. Andrian, Alejandro Arratia, Horacio Aguirre, José A. Balseiro, José Blanco Amor, Norhma Cannaday, Monroe Z. Hafter, Carlos D. Hamilton, Luis Leal, Carlos Márquez Sterling, Paul Rogers, and Florence Yudin. In addition we wish to thank John W. Kronik for a careful reading of the manuscript and for innumerable corrections and valuable suggestions. Finally, we wish to acknowledge the great debt we owe to our wives, Louise and Gina, for typing the manuscript and for their exceptional patience.

# CONTENTS

# *TERTULIA*

*Conversación*
*Composición*
*y Repaso Gramatical*

# LESSON ONE

## Dos selecciones de *Paralelo 35*

### *Carmen Laforet*

Carmen Laforet (1921–    ) is a contemporary Spanish novelist whose first novel, *Nada,* won the Nadal Prize in 1945. She visited the United States in 1965, and *Paralelo 35* is an account of her impressions. Two excerpts are presented here.

### Una « High-School »

Por motivos personales — mi hija estudió allí un curso — visité una *high-school*: la de «Southwest ».

En la *high-school*, como ya he dicho, los chicos norteamericanos estudian hasta los dieciséis o dieciocho años. 5 Finalizan allí lo que en nosotros puede corresponder al bachillerato,[1] para pasar a la Universidad, o **bien** a una preparación de estudios comerciales u otras especializaciones. Porque, aparte de algunas **asignaturas** básicas, pueden elegir las que más les interesen entre una gran variedad de **materias**. 10 Algunas sirven como preparación para la Universidad, otras no. La asignatura siempre obligatoria, desde la primera enseñanza, es de la Educación Cívica, y según mi amiga Marion

en otros casos

subjects
subjects

---

[1] Baccalaureate, but this does not correspond to a bachelor's degree in the U.S. The bachillerato is a diploma received for successful completion of the Instituto, a secondary school roughly equivalent to a college preparatory high school.

Ament, profesora en Maryland, puede resumirse en la fórmula «cómo colaborar aun no estando de acuerdo.» Quizá de esta fórmula **arranca** todo lo bueno y lo grande que ha logrado Estados Unidos.

5 «Southwest» me pareció una *high-school* modelo. Llegué allí un día de fiesta y tuve la oportunidad de oir, en el teatro del **colegio**, a los famosos coros escolares cuyos discos se venden por todo el territorio de Estados Unidos. Visité desde las cocinas hasta **el despacho** del director, pasando por las 10 completísimas bibliotecas **graduadas** y especializadas. Se me informó de lo que yo ya sabía por mi hija: allí cada alumno es muy importante. Los profesores están a su servicio y hay algunos especializados en **atender** los problemas de toda **índole** que puedan presentarse a los chicos.

15 En estas *high-school* nace la costumbre de las asociaciones en que se **funda** la vida americana. En la *high-school* existen diversos clubs entre los que escogen y a los que pertenecen voluntariamente los alumnos. Son **tanto literarios como deportivos** o simplemente «**club de hinchas**» para ap- 20 laudir y estimular a un **determinado** equipo deportivo del colegio; o también científicos, musicales, etc. El hecho de que un alumno pertenezca a diversos clubs a un mismo tiempo, le da popularidad, por ser una demostración de dinamismo e interés a ojos de los profesores y compañeros.

25 El colegio celebra varias fiestas **a lo largo del año**. Algunas son bailes para los alumnos de los últimos cursos, realmente solemnes y caros. Ninguna jovencita puede asistir a ellos si no tiene un muchacho acompañante que la invite y vaya a buscarla en coche a su casa — incluso en ocasiones con un ramo 30 de flores — y que sea su compañero durante toda la fiesta.

Esta costumbre, en la región central de Estados Unidos al menos, **preside** toda clase de fiestas juveniles. Las chicas tienen derecho a elegir sus propios amigos pero éstos — en una clase social media — deben ser presentados a los padres 35 y ningún padre dejaría marchar a su hija en autobús o a pie a una fiesta. El chico **procura agenciarse** un coche — la mayoría de las veces propiedad de su familia — si el suyo está viejo o no es demasiado **flamante**. Poner a disposición de la muchacha un automóvil **desvencijado** se considera una 40 especie de descortesía.

Estas **normas** sociales entre la juventud **provocan noviazgos apresurados** entre adolescentes, puesto que la manera más segura de asistir a todas las fiestas es **contar con** un novio.

---

Marginal glosses:

tiene origen

escuela

la oficina
clasificadas

ocuparse en
condición o clase

establece

escolásticos y
atléticos / *pep club*
específico

durante todo el año

predomina

trata de obtener

nuevo y lúcido
*falling apart*

reglas o modelos / *encourage early engagements* / depender de

grupos, reuniones de gente

producen

distante, lejos

surrounded

report card / they shook my hand / por medio de

Las españolas, por lo general, prefieren nuestras costumbres de **pandillas** sin verse obligadas a parejas forzadas.

Las costumbres de la época de la *high-school* — los años de instituto — se prolongan con más o menos variantes en 5 la Universidad, aunque allí los problemas que **acarrean** son distintos.

La juventud universitaria americana tiene por norma asistir a una Universidad muy **alejada** de donde vive su familia. Una vez allí, son libres y dueños de sus actos. Se les 10 considera personas emancipadas y muchos caen en el problema de la soledad, que resuelven o creen resolver con el matrimonio. La pareja de estudiantes casados es muy frecuente en todas las Universidades.

En «Southwest» fui recibida y **rodeada** por todos 15 aquellos que habían sido profesores de mi hija. Me enseñaron su **ficha** de estudios, **me estrecharon las manos**. Me dijeron que habían conocido a España **a través de** ella, y cuando de corazón di las gracias al director, se despidió de mí con la fórmula «Dios la bendiga».

## Entérate de nuestros problemas

Una de mis amigas americanas, que después de un paseo por Washington estaba encantada con mi admiración por la ciudad, detuvo el automóvil delante de un hospital de niños. Y su **gesto** se hizo **grave**.

expresión de cara / seria

25 —Creo que hoy no hay discriminación racial en los hospitales — me dijo —, pero hace unos años, cuando llegué a Washington, me llevé una impresión terrible con este hospital. Era maravilloso en la sección de niños blancos, pero cuando se pasaba a la de negros parecía otro mundo. Todo 30 lo que había quedado viejo y despintado en la primera, se **aprovechaba** en la segunda. Era un aprovechamiento criminal, porque nuestro país es demasiado rico para que sucedan esas cosas. Debes enterarte de nuestros grandes problemas, Carmen. No debes tener sólo una visión de color 35 de rosa de **nuestros asuntos**.

usaba

nuestras situaciones

Yo no tenía una visión de color de rosa de los asuntos USA. La prensa y la literatura me habían informado de toda clase de violencias, injusticias, linchamientos, **incendios**.

fuegos

eventos / aspectos
sorprendida

Hacía muy poco de los **sucesos** de Los Angeles[2] con **matices** de guerra civil. Por el contrario, estaba **extrañada** de la paz de las calles y me había sorprendido encontrar siempre, en las oficinas, en los laboratorios, en el Departamento del
5 Estado, a personas de raza de color en una proporción más grande que la que diecinueve millones de seres humanos de esta raza, entre doscientos millones de habitantes de ese

sugerían, implicaban

enorme país, **hacían suponer**.

— Esto no es nada. Es como un principio en un camino
10 hacia una total justicia. Mientras se hable de raza y se considere que todos los individuos con mezcla en la sangre pertenecen a la llamada raza de color…

Mi amiga y su esposo, una pareja de aspecto totalmente nórdico, con hijos rubios de ojos azules, eran como un símbolo
15 de lo que más me gusta en el pueblo americano: esa eficacia

tolera

total que **no repara en** sacrificios cuando el americano está convencido de una idea.

mis amigos casados / cambiado / pudieran ir

Otra persona me informó que **este matrimonio amigo** se había **trasladado** de barrio para que sus hijos **acudieran** a
20 una escuela adonde asistían niños de color.

— No entiendo bien. ¿Qué pasa en las escuelas?

con la escuela primaria y la secundaria

La escuela americana, **en sus dos grados**, llega hasta lo que en nuestros estudios correspondería a un final de Bachillerato. Son escuelas excelentes, con libertad de métodos
25 pedagógicos, y como todas las cosas en Estados Unidos, sostenidas, aparte de la ayuda del Estado, por la iniciativa privada. Cada barrio contribuye a sostener y mejorar su escuela estatal, con ventaja, como es natural, en los barrios

ricos, poderosos

casa, habitación / dio la orden, hicieron arreglos

más **pudientes**. Hay escuelas situadas en barrios donde no
30 hay una sola **vivienda** de gentes de color. Por eso se **dictaron disposiciones** (que encontraron una resistencia tremenda) para que los niños de diferentes barrios cambiasen de escuela trasladándose en autobuses a distintos puntos de las ciudades.

*hopeless measure* / una absurdidad

— Esto era una **medida desesperada** y **un disparate**
35 — me explicaron algunos —. Los niños y sus padres tienen derecho al colegio cercano a sus casas. Muchos padres han

obliga a aceptar

para que

hecho el sacrificio de trasladarse a un barrio que les **supone** algunas incomodidades y esfuerzos económicos, sólo **porque** sus hijos asistan a la escuela que a ellos les parece mejor. No

prohibir

40 se les puede **privar de** esa libertad.

— El pueblo americano tiene la idea de la libertad metida

[2] Reference is to the riots of 1965 which took place in the Watts district, a Black section of the city.

en la sangre. No se le puede ir con imposiciones. Y dentro de esta libertad están las costumbres de las comunidades, los privilegios de algunos grupos, los apasionamientos, los inte-reses creados... Y esto no sucede sólo por parte de los blancos,
5 sino también de los negros. Hay una **lucha tenaz** en el intelectual negro contra la mezcla de las razas, contra la admiración hacia la raza blanca, contra las concesiones. El ochenta por ciento de los negros es una masa indiferente en la lucha racial. Hay un quince por ciento que desea la igualdad
10 con sus compatriotas blancos y está dispuesto a conseguirlo por medios pacíficos o no, y por último, un cinco por ciento que se llaman a sí mismos «el cinco por ciento», de fanáticos que desean el exerminio de la raza blanca. No quieren **diálogo ni cuartel.**
15    Todos estos informes los recibí en Washington. Tenía razón quien me dijo que sin hablar con la gente no me enteraría de nada en Estados Unidos. No tuve la suerte o la desgracia de encontrar por las calles ningún incidente revelador del estado de tensión entre blancos y negros. No fui testigo de
20 ninguna manifestación, de ninguna mirada de odio, de la más mínima violencia. En mi elegante hotel había familias negras tan bien vestidas y tan bien servidas en el comedor, a la hora del desayuno, como los clientes blancos. En el servicio del hotel predominaban los blancos. Yo tenía derecho a creer,
25 según lo que veían mis ojos, que el problema racial estaba totalmente solucionado. Y sin embargo, todos sabemos que no es cierto.

*Left margin glosses:*
*disputa muy fuerte* (line 5)
*to give any quarter / or to receive any* (lines 13–14)

## Questions

*Una «High-School»*

1. ¿Por qué visitó una *high-school* la autora?
2. Según la autora, ¿cuál es la asignatura siempre obligatoria?
3. ¿Cuál es la fórmula de Marion Ament, y a qué se refiere?
4. ¿Cuáles son algunas cosas que vio Carmen Laforet en su visita?
5. ¿Qué dice Carmen Laforet de las asociaciones o clubs?
6. ¿Cómo describe la autora a los bailes y fiestas juveniles?
7. ¿Qué observaciones hace la autora sobre el uso de los coches?
8. ¿Por qué hay tantos noviazgos entre adolescentes en los Estados Unidos?
9. ¿Qué diferencia entre las costumbres españolas y americanas menciona Carmen Laforet?

10. ¿Qué problema tienen muchos estudiantes universitarios? ¿Por qué lo tienen? ¿Cómo lo resuelven algunos?

*Entérate de nuestros problemas*

1. ¿Qué dice la amiga de Carmen Laforet sobre los hospitales?
2. ¿Qué consejos le da la amiga a la autora?
3. ¿Qué sabía la autora por la prensa y la literatura?
4. ¿Qué le había sorprendido a Carmen Laforet?
5. ¿Cómo describe la autora a la amiga y su familia?
6. ¿Por qué se había trasladado de barrio el matrimonio?
7. ¿Cómo describe Carmen Laforet a la escuela americana?
8. ¿Por qué consideran algunas personas un disparate eso de trasladar niños a diferentes barrios?
9. ¿A qué se refiere «el cinco por ciento»?
10. ¿Por qué dijo Carmen Laforet que tenía derecho a creer que no había problema racial?

# GRAMMAR

## Special problems

**1.1**   Masculine nouns ending in **-ma**

Many nouns which end in **-ma** are of Greek origin and are masculine. The most common are the following:

| | | |
|---|---|---|
| el programa | el dogma | el sistema |
| el fantasma | el drama | el telegrama |
| el dilema | el enigma | el panorama |
| el lema | el idioma | el tema |
| el clima | el poema | el problema |
| el diagrama | el síntoma | |

2/13   los problemas de toda índole
3/10   el problema de la soledad
5/25   el problema racial

> NOTE:     Not all nouns ending in **-ma** fall into this category. For example **la trama,** *the plot.* dama, rama, victima forma, suma

## 1.2   *course*

**a.**   The Spanish word **curso** applies most commonly not to a single course in the English sense, but rather to an entire *program* of studies, or at least to a single *year* or *term*:

| | | |
|---|---|---|
| 1/1 | Mi hija estudió allí un curso. | *My daughter studied there for a year.* |
| 2/26 | los alumnos de los últimos cursos | *the students in the upper grades (11 and 12)* |
| | el curso para extranjeros de la Universidad de Madrid | *the program for foreign students at the University of Madrid* |

**b.**   To refer to an individual *course* in the English sense, the words **asignatura**, **materia**, and **clase** are more frequently used:

| | | |
|---|---|---|
| 1/8 | algunas asignaturas básicas | *some basic courses* |
| 1/9 | una gran variedad de materias | *a great variety of courses* |
| | Ésta es mi clase favorita. | *This is my favorite course.* |

## 1.3   *To attend*

**a.**   *To attend* in the sense of *to go to* is **asistir a**:

| | | |
|---|---|---|
| 2/27 | Ninguna jovencita puede asistir a ellos si no tiene un muchacho acompañante. | *No young lady can attend [the dances] if she does not have an escort.* |
| 4/20 | una escuela donde asistían niños de color | *a school that black children attended* |
| 4/39 | Se trasladan para que sus hijos asistan a la escuela que les parece mejor. | *They move so that their children can attend the school that seems best to them.* |

**b.**   *To attend to* in the sense of *to take care of* is **atender (a)**:

| | | |
|---|---|---|
| 2/13 | Hay algunos especializados en atender los problemas de toda índole. | *There are some [teachers] who are specialists in attending to problems of all sorts.* |
| | Esta tarde he de atender a mis deberes profesionales. | *This afternoon I must attend to my professional duties.* |

## 1.4  Determinado

When the word **determinado** PRECEDES a noun, it means *specific*. When it FOLLOWS a noun, it means *determined*:

| | |
|---|---|
| 2/20  Este club es para estimular a un determinado equipo. | *This club is for the encouraging of a specific team.* |
| Juan es un muchacho determinado. | *John is a determined boy.* |

## 1.5  Suceder

**a.**  **Suceder** generally means *to happen*; **suceso** means *event*:

| | |
|---|---|
| 4/1  los sucesos de Los Angeles | *the events of Los Angeles* |
| 3/32  Nuestro país es demasiado rico para que sucedan esas cosas. | *Our country is too rich for those things to happen.* |

**b.**  *To succeed* is **tener éxito**:

| | |
|---|---|
| Tuvo éxito en todos sus exámenes. | *He succeeded in all his examinations.* |

## 1.6  Direct object first

For stylistic reasons, the direct object of a verb is sometimes placed before the verb rather than after it. In these cases a direct object pronoun is inserted before the verb:

| | |
|---|---|
| 5/15  Todos estos informes los recibí en Washington. | *I received all this information in Washington.* |
| El libro lo dejé en la mesa. | *I left the book on the table.* |

# The present tense

## Regular verbs

**1.7**  Each form consists of the following three parts: STEM, THEME VOWEL, and PERSON-NUMBER ENDING. In general, the theme vowel is the vowel which appears in the infinitive (**hablar, comer, vivir**). Exceptions: The theme vowel for first person singular, present indicative, is **o** in all three conjugations, and the theme vowel of the third conjugation becomes **e** when it is not stressed. The person-number endings are the same for all conjugations, and for all tenses except the preterite:

|         | yo       | - (no ending) |
|---------|----------|---------------|
|         | tú       | s             |
|         | él       | -             |
|         | nosotros | mos           |
|         | vosotros | is[3]         |
|         | ellos    | n             |

| habl | o | - |
|------|---|---|
|      | a | s |
|      | a | - |
|      | a | mos |
|      | á | is |
|      | a | n |

| com | o | - |
|-----|---|---|
|     | e | s |
|     | e | - |
|     | e | mos |
|     | é | is |
|     | e | n |

| viv | o | - |
|-----|---|---|
|     | e | s |
|     | e | - |
|     | i | mos |
|     | í | s |
|     | e | n |

## Irregular verbs

**1.8**  Person–number endings.  The following verbs have **-y** as a first person singular ending:

| ser   | soy   |
|-------|-------|
| ir    | voy   |
| dar   | doy   |
| estar | estoy |

With the exception of **estar**, these verbs are monosyllabic, and in the case of **estar** the first syllable is added only to prevent an initial **st-**, which is not permitted in Spanish.

**1.9**  Stem Changes.  The stem of a present-tense verb can be irregular in the following ways:

**a.**  The vowel in the stem of some verbs is changed whenever it is stressed:

| o → ue | e → ie | e → i |
|---|---|---|
| **dormir** | **pensar** | **pedir** |
| duermo | pienso | pido |
| duermes | piensas | pides |
| duerme | piensa | pide |
| dormimos | pensamos | pedimos |
| dormís | pensáis | pedís |
| duermen | piensan | piden |

---

[3] In the third conjugation, the **i** combines with the theme vowel.

The most common verbs having these vowel changes are the following :

| | | |
|---|---|---|
| acordar | arrepentirse | competir |
| acostar | confesar | conseguir |
| almorzar | convertir | corregir |
| aprobar | despertar | impedir |
| contar | empezar | reir |
| costar | encender | servir |
| demostrar | entender | |
| doler | mentir | |
| jugar | negar | |
| llover | perder | |
| morir | sentir | |
| mostrar | | |
| mover | | |
| poder | | |
| recordar | | |
| soltar | | |
| volver | | |

**b.** A stem ending in a soft consonant or a vowel is sometimes strengthened by the addition or substitution of a hard consonant when **-o-** or **-a-** follows (i.e., in the first person singular of the present indicative and throughout the present subjunctive):

| INFINITIVE | 1ST PERS. SG. | OTHER CHANGES |
|---|---|---|
| conocer<br>crecer<br>deducir<br>hacer | conozco<br>crezco<br>deduzco<br>hago | |
| decir | digo | **e** → **i** as in the verb **pedir** |
| caer<br>traer<br>oir | caigo<br>traigo<br>oigo | **i** is added before **g** |
| venir<br>tener | vengo<br>tengo | **e** → **ie** except in 1st pers. sg. |

**c.** The stem of an **-ir** verb ending in a vowel frequently adds **y** when it is stressed :

| incluir | destruir | oir |
| --- | --- | --- |
| incluyo | destruyo | oigo |
| incluyes | destruyes | oyes |
| incluye | destruye | oye |
| incluimos | destruimos | oimos |
| incluís | destruís | oís |
| incluyen | destruyen | oyen |

**d.**   Sometimes a stem is shortened and becomes fused with the theme vowel:

| **saber** | **haber** |
| --- | --- |
| sé | he |
| sabes | has |
| sabe | ha |
| sabemos | hemos |
| sabéis | habéis |
| saben | han |

**1.10**   Orthographic changes.    There are some verbs that, although regular in their sound, require certain changes in their spelling:

| escoger | escojo |
| --- | --- |
| distinguir | distingo |
| vencer | venzo |
| dirigir | dirijo |

In order to preserve the pronunciation, the letter **g** must be changed to a **j** before an **o** (as in the first person singular of **dirigir** and **escoger**). Similarly, the **c** of **vencer** must be rewritten as **z** in **venzo**. The **g** and the **i** of **distinguir** must be separated by a **u** in order to achieve the hard pronunciation of the **g**. In **distingo** the **u** is not necessary because the **g** is followed by the back vowel **o**.

## Uses of the present tense

**1.11**   The present tense is used more widely in Spanish than in English. Its main uses are as follows:

**a.**   To indicate that something happens in general or habitually:

2/25   El colegio celebra varias fiestas a lo largo del año.        *The school holds several parties during the course of the year.*

2/36  El chico procura agenciarse un coche.    *The young man tries to obtain a car.*

**b.** To indicate that something is happening at the moment of speaking:

Estamos en la clase de español ahora.    *We are in Spanish class now.*
El profesor escribe una frase en la pizarra.    *The professor is writing a sentence on the blackboard.*

**c.** To refer to a future event. (In Spanish the actual future tense is used only when an emphatic quality is called for. The present tense, and certain other constructions that will be discussed in other lessons, are much more commonly used to refer to future events.)

Después de clase regreso a mi habitación.    *After class I will return to my room.*
Mañana salgo para el Perú.    *Tomorrow I leave for Peru.*

**d.** In narrative style, the present tense is frequently used to refer to past events.

De repente llega Juan y me pregunta dónde está su libro.    *Suddenly John arrived and asked me where his book was.*

# The future and conditional tenses

## Regular verbs

**1.12** The future and conditional consist of an infinitive followed by an ending based upon the verb **haber**.

| INFINITIVE | ENDINGS | |
| --- | --- | --- |
| | FUTURE<br>**(h)e** | CONDITIONAL<br>**(hab)ía** |
| hablar- | -é | -ía |
| comer- | -ás | -ías |
| | -á | -ía |
| vivir- | -emos | -íamos |
| | -éis | -íais |
| | -án | -ían |

## Irregular verbs

**1.13**   Some verbs form the future and conditional with modified versions of the infinitive.

| INFINITIVE | MODIFIED INFINITIVE | ENDINGS | |
|---|---|---|---|
| | | FUTURE | CONDITIONAL |
| haber<br>querer<br>poder<br>saber | habr-<br>querr-<br>podr-<br>sabr- | -é<br>-ás<br>-á<br>-emos<br>-éis<br>-án | -ía<br>-ías<br>-ía<br>-íamos<br>-íais<br>-ían |
| poner<br>tener<br>venir<br>salir<br>valer | pondr-<br>tendr-<br>vendr-<br>saldr-<br>valdr- | | |
| decir<br>hacer | dir-<br>har- | | |

## Uses of the future and conditional

**1.14**   As seen above, the endings for the future and conditional are taken from the present and past tenses of the verb **haber**. This aspect of the formation of these tenses is reflected in their uses. That is, the conditional is a kind of past equivalent of the future tense.

| FUTURE | CONDITIONAL |
|---|---|
| Algunos creen que el problema racial se resolverá pronto. | Algunos creían que el problema racial se resolvería pronto. |
| Mi hijo dice que irá a una universidad lejana. | Mi hijo dijo que iría a una universidad lejana. |
| Te prometo que iré a visitar tu *high-school*. | Te prometí que iría a visitar tu *high-school*. |

Notice that all these examples are compound sentences (sentences with two verbs). There are very few uses of the conditional in simple sentences.

**1.15**   *Should* and *would*.     There are several uses of the English *should* and *would* that frequently cause confusion. NONE of the following uses of *should* and *would* is equivalent to the conditional in Spanish:

*On sunny afternoons we would sit on the porch.*          (nos sentábamos)
*I really should go to class more often.*          (debía ir)

*Would you please come here.*                    (venga)
*If I should fall.*                              (cayera)
*He would not sell me the book.*                 (Se negó a...)

**1.16**  Future of probability.     In the following sentences the future tense is not used to indicate a future time, but rather to indicate probability in the present:

| | |
|---|---|
| ¿Quién tiene su libro? | *Who has your book?* |
| No sé, lo tendrá Juan. | *I don't know, John must have it.* |
| ¿Quién es aquel hombre? | *Who is that man?* |
| No sé, será un nuevo profesor. | *I don't know, it must be a new professor.* |
| ¿Qué hora es? | *What time is it?* |
| No tengo reloj, pero serán como las tres. | *I don't have a watch, but it must be about three.* |

**1.17**  Conditional of probability. In this case, also, the conditional is the past equivalent of the future. That is, it is used to indicate probability in the past.

| | |
|---|---|
| ¿Quién tenía su libro? | *Who had your book?* |
| No sé, lo tendría Juan. | *I don't know, John must have had it.* |
| ¿Qué hora era cuando llegamos? | *What time was it when we arrived?* |
| No sé pero serían como las tres. | *I don't know, but it must have been around three.* |

**1.18**  Conditional to indicate a hypothetical event.     As in English, the conditional is frequently used to refer to hypothetical events:

| | | |
|---|---|---|
| 2/35 | Ningún padre dejaría marchar a su hija en autobús o a pie a una fiesta. | *No parent would permit his daughter to go to a party by bus or on foot.* |
| | En ese caso yo no estaría aquí. | *In that case I would not be here.* |

---

NOTE:     This use of the conditional frequently appears in conjunction with the imperfect subjunctive and will be studied in greater detail in Lesson Five.

---

## Ejercicios orales

**A.** Sustituya los nuevos sujetos en las frases:

1. Nosotros siempre hablamos español en la clase.
   Ellos, yo, el profesor, tú, Pablo, los estudiantes, usted.

**2.** Nosotros siempre dormimos la siesta por la tarde.
Tú, él, yo, Pablo y yo, los españoles, María, ustedes, nosotros.

**3.** Ahora sabemos todos los verbos irregulares.
Los estudiantes, María, yo, tú, ellos, usted, nosotros, yo.

**4.** En el restaurante, pido una taza de café.
Tú, ellos, nosotros, el cliente, usted, María y yo, vosotros.

**5.** Usted conoce a muchas muchachas españolas.
Mi amigo, el profesor, tú, yo, ellos, Pablo, ustedes, yo.

**6.** Él siempre trae los libros a la clase.
Nosotros, los estudiantes, Juan, tú, yo, nosotros, yo, Elena.

**7.** Yo no vendré a esta clase mañana.
Susana, nosotros, ellos, tú, usted, yo, el profesor, vosotros.

**B.** Cambie las frases al futuro.

Yo no estoy en Valparaíso durante el mes de mayo.
Usted no tiene mucho trabajo que hacer.
El estudiante sale después de la clase.
Nosotros siempre decimos la verdad.
Yo pongo mis libros en la mesa.
Nuestro país tiene muchos problemas sociales.
¿Vale la pena aprender idiomas extranjeros?

**C.** Conteste a las preguntas usando el presente. Siga el modelo. Cuidado con los verbos irregulares:

MODELO:   ¿Cuándo suele usted dormir la siesta?
En general duermo la siesta a las dos.

¿Cuándo suele usted pensar en sus parientes?
¿Cuándo suele usted comer la cena?
¿Cuándo suele usted ir a la biblioteca?
¿Cuándo suele usted hablar con sus compañeros?
¿Cuándo suele usted estar en clase?
¿Cuándo suele usted hacer sus lecciones?
¿Cuándo suele usted tener hambre?
¿Cuándo suele usted oir mucho español?

**D.** Conteste a las preguntas usando el futuro. Siga el modelo.
Cuidado con los verbos irregulares:

MODELO:   ¿Habla usted con su compañero ahora?
No, pero hablaré con él después de la clase.

¿Come usted el almuerzo ahora?
¿Sabe usted todos los verbos irregulares ahora?
¿Sale usted de este cuarto en este momento?
¿Hace usted sus lecciones ahora?
¿Vende usted sus libros de español ahora?
¿Puede usted hablar inglés ahora?

**E.** Conteste a las preguntas usando el condicional. Siga el modelo. Cuidado con los verbos irregulares:

MODELO:    ¿Va a hablar Juan con su compañero?
Sí, dijo que hablaría con él.

¿Va a venir el profesor a la fiesta?
¿Va a decirnos la verdad el delincuente?
¿Va a poder llevar el paquete tu mamá?
¿Va a tener tiempo el profesor para explicar el condicional?
¿Va a saber su número de teléfono Juan?
¿Va a hacer los ejercicios en clase el profesor?

**F.** Sustituya los sustantivos en la frase:

Esta profesora es fantástica.
Clase, programa, señor, problema, libro, trama, clima, camisa, drama, problema, idioma, trama.

**G.** Construya preguntas con las palabras siguientes (otro estudiante debe contestar a las preguntas):

Curso, dogma, asignatura, asistir, atender, suceder, determinado.

## Ejercicios escritos

**1.** Construya frases más o menos largas con los verbos siguientes usando el tiempo presente:

Querer, tener, conocer, dormir, pedir.

**2.** Construya frases con los siguientes verbos usando el tiempo futuro:

Haber, vender, poder, venir, hacer, poner.

**3.** Escriba frases con las siguientes palabras:

Asistir, suceder, determinado, problemas, hacer.

# COMPOSITION

In this course you will be writing compositions on a variety of topics. In addition to paying attention to Spanish grammar, you should try to keep in mind the basic tenets of good theme writing, which you have no doubt studied in English courses. In order to help you, a brief review of some of these tenets is included in the composition sections.

## Proper use of the dictionary

**1.19**   Since you will need to use words that you do not know, it will be necessary for you to secure a good dictionary and learn how to use it correctly.

In many cases, several Spanish words are given as translations of an English word, and it may not be evident which of the various choices given best fits the sentence you are constructing. For example, suppose you are writing the Spanish equivalent of *He promised to deliver the papers to me*. If you look up *deliver* in the dictionary, you will find two basic translations: **librar** and **entregar**. In this case you may be able to determine the exact meanings of the Spanish words by comparing them to English cognates as such *liberate*. However, this will not always be possible.

In order to decide which of the choices is appropriate, you should look up each word in the Spanish–to–English part of the dictionary.

> **librar:**   *to liberate, to set free, to deliver*
> **entregar:**   *to deliver, to surrender, to hand over*

By following this procedure it is possible to ascertain that **entregar** is the Spanish word called for in the sentence given above.

## Exercise

Translate the following sentences into Spanish, paying particular attention to the *italicized* words.

1. Radiation can kill our body *cells*.
2. This typewriter doesn't *work* well.
3. Labor *unions* are too powerful.
4. This year's Miss America is my *old* Spanish teacher.
5. There is a *sign* outside the door.

## General guidelines

**1.20**   Naturally, each student will want to develop his own set of procedures; therefore, the following suggestions are not intended as rigid instructions, but rather as general guidelines. Read them, experiment with the various steps outlined, and formulate your own procedure based upon these suggestions.

*Step 1*:  Select a topic and construct an outline of the basic points you wish to make. Fill in the outline with argumentation, illustration, etc. The outline should be constructed in Spanish but need not consist of complete sentences. Check your outline to see that the various elements are in a logical order.

*Step 2*:  Write a first draft of your composition. You should then read this draft several times checking a different aspect of it each time. If you try to check too much at once, you may miss something. The following list includes the most important points which you should check as you read your first draft:

a. Have you used correctly all the grammatical elements reviewed to date in this course? Think about each item for a moment. If you are not sure, look it up.

b. Have you used correctly words which have been studied in the Special problems sections?

c. Have you taken into consideration the points discussed in the composition sections?

*Step 3*:  After you have checked your first draft carefully and are satisfied with it, make a clean copy to hand in.

*Step 4*:  Proofread your final draft carefully, looking for spelling mistakes, words with accent marks missing, and typographical errors.

## Organization of the paragraph

**1.21**   In the first lesson you will be asked to write a short essay consisting, perhaps, of no more than two paragraphs. Since the paragraph is the basic element of a composition, an understanding of its internal organization is fundamental to good writing.

Each paragraph should focus on a central idea that gives it unity. The central ideas of the various paragraphs of an essay will be derived from the outline that you write before you begin. In most cases the central idea is expressed in a single sentence traditionally known as the topic sentence of the paragraph. This sentence frequently begins the paragraph, but variations are possible. You may wish to develop the idea somewhat before stating it explicitly—you may even wish to place the topic sentence last in some paragraphs. In any case, it is important that you formulate the topic sentence carefully and decide where to put it.

The other sentences in the paragraph should serve to explain, expand, illustrate, or prove this central idea. You should be certain that each sentence in a paragraph contributes to its central idea in some way.

## Composition #1

Write a short essay on the differences between high school and college.

For this first composition, you are given an outline and you should follow it closely. One initial sentence should introduce the topic and perhaps state whether you feel the differences are great or relatively minor. Following this introduction, the essay should be divided into paragraphs. Two would seem natural from the outline, but you may use more if you wish. Into this framework you should incorporate your own experiences, opinions, or what you have heard or read. The last sentence of the essay should be an appropriate ending—perhaps summarizing what you have said, qualifying it in some way, or posing a related question for further thought. If you wish, you may add a title of your own.

Remember to pay particular attention to the correct use and forms of present, future, and conditional tense verbs, and to the words discussed in the Special problems section of this lesson.

Las diferencias entre high school y college

A. diferencias académicas

    1. asignaturas requeridas
    2. tiempo libre
    3. notas

B. diferencias sociales

    1. los clubs
    2. las fiestas
    3. las citas

# TOPICS FOR CONVERSATION AND COMPOSITION

**1.** Las *high-school* de este país

¿Qué piensa usted de su propia *high-school*? ¿Le ha dado una preparación adecuada?
¿Qué era lo bueno y lo malo de ella?
¿De qué se compone una *high-school* buena? ¿Qué sugeriría usted para mejorar
las escuelas y sus planes de estudio? ¿Tuvo usted bastante libertad en escoger sus
clases? ¿Se le considera importante a cada estudiante de *high-school*?
¿Ayudan mucho los consejeros y otros especialistas?
¿Cree usted que Carmen Laforet ha dado una presentación adecuada de lo que
es una *high-school*?

**2.** Las actividades sociales

¿Hay demasiadas actividades sociales en las *high-school* y las universidades?
En general, ¿cómo son?
¿Qué ventajas y desventajas hay en un sistema de *dating*, comparándolo con un
sistema de «pandillas»?
¿Cuáles son algunas de las reglas o normas que deben seguir los jóvenes bajo un
sistema de *dating*?
¿Cree usted que hay demasiados noviazgos apresurados en este país?
¿Qué opina usted sobre el asunto de los coches que había mencionado Carmen
Laforet?
¿Ha tenido usted alguna vez un *blind date* o una cita con una persona desconocida?
¿Qué piensa usted de esta costumbre?

**3.** Cómo colaborar aún no estando de acuerdo

¿Cómo interpreta usted esta expresión? ¿Hay otras interpretaciones razonables?
En cuanto al pasado, ¿cree usted que todo lo bueno y lo grande que ha logrado
Estados Unidos arranca de esta fórmula? Dé unos ejemplos en defensa de su
respuesta.
Coméntese la colaboración y el acuerdo (o falta de ellos) que hay actualmente en
este país.

**4.** Las asociaciones y los clubs

¿Cuáles son las asociaciones más populares de los colegios y las universidades?
¿Para qué sirven los clubs? ¿Son necesarios? ¿Contribuyen a la popularidad personal?
¿Cuáles son sus opiniones sobre las hermandades sociales de los colegios y las universidades?

**5.** Las universidades

¿Son las universidades una prolongación de las *high-school*, siguiendo las mismas costumbres y actividades, más o menos? ¿Qué diferencias hay? ¿Qué semejanzas?
¿Cuáles son algunos de los problemas que afrontan las universidades actualmente?
¿Deben tener todos la oportunidad de asistir gratis a la universidad? ¿Deben asistir todos a la universidad?
¿Es necesario hoy día haberse graduado de la universidad para tener éxito en la vida?

**6.** Los hospitales y los servicios médicos

En general, ¿cómo es la cualidad de los servicios médicos de este país?
¿Ganan bastante dinero los médicos? ¿Ganan demasiado?
¿Tiene mérito un sistema de medicina socializada?
¿Son adecuados los hospitales? ¿Cuestan demasiado los servicios de los hospitales?
¿Deben pagar los pobres tanto como los ricos para recibir los servicios médicos?

**7.** El trasladar a los alumnos para el equilibrio racial

¿Deben los alumnos asistir a la escuela de su barrio?
¿De dónde reciben las escuelas el dinero para su funcionamiento? ¿Es adecuada esta situación?
¿Qué opina usted del trasladar a los alumnos por autobús a otros barrios? ¿Mejora la enseñanza?

**8.** El progreso realizado por las minorías

¿Cree usted que las minorías han hecho verdadero progreso en combatir la discriminación y en mejorar sus condiciones económicas, políticas y sociales?
Si ha habido progreso, ¿a qué se debe? Si no ha habido progreso, ¿qué se necesita?
Aparte de la raza negra, ¿cuáles son otros grupos o minorías que buscan cambios?
¿Es justo lo que quieren las minorías?

**9.** Las observaciones de los extranjeros

¿Qué piensa usted de las observaciones de Carmen Laforet? ¿Dio una descripción correcta de las cosas?

¿Se puede conocer verdaderamente a un país durante una visita? ¿Cómo se lo puede conocer?

¿Tiene usted una idea más o menos clara de las situaciones y el espíritu de otros países? ¿Cómo lo puede tener?

¿Hay demasiadas generalizaciones de gentes y países en el cine, la televisión y las revistas? Por su experiencia, ¿sabe usted de generalizaciones falsas?

**10.** La idea de la libertad

¿Es verdad que los Estados Unidos es un pueblo libre?

Relativamente, ¿hay más libertad ahora que había hace veinte años? Dé ejemplos.

¿Es la libertad igual al individualismo?

# LESSON TWO

## Sin palabras

### Serafín and Joaquín Álvarez Quintero

The two brothers, Serafín (1871–1938) and Joaquín (1873–1944) Álvarez Quintero, were playwrights from Andalusia. They teamed up to produce a steady flow of comedies depicting the charm of their native region.

*took root*
*seed* / por casualidad
fértil

**Prendió** el amor entre Merceditas y Antonio con la fuerza de una **semilla** que lleva un día el viento, **por azar**, a una tierra **fecunda**. Creció la flor, porque era natural que creciera, espontánea y graciosamente.

muchacha más selecta
barrio o sector de
  Sevilla
*gypsy blood*
pusiera obstáculos

5    Pero a la madre de Merceditas, la **morenita gala** de su barrio, que no era otro que el de **la Macarena**, dijéronle[1] unas malas lenguas, con perversa intención, que por las venas del muchacho corría **sangre gitana**, y ello bastó para que desde aquel punto y hora **estorbase** cuidadosamente

10 que su hija y Antonio volvieran a verse en parte alguna, ni menos a hablarse.

muchacha de la Ma-
  carena / gracioso
joven del barrio de
  Triana / amarillo-

   Lloró en vano la enamorada **macarenita**, suplicó primero y amenazó después el **garboso trianero**, que por lo **cetrino** de su color y el negro vivo de sus ojos sí parecía

15 gitano; y ella no hablaba con sus amigas sino de él, **jurando**

---

[1] *le dijeron.* Object pronouns are often placed after conjugated verb forms in literary style. Keep this in mind for future readings.

verde /*swearing* /ju-
rando con exceso
exaltaba

y **perjurando** que suya sería hasta el fin del mundo, y él no tenía tampoco otra conversación con sus amigos que la de ella, a quien ponderaba y **enaltecía** como a la misma Virgen de los cielos.

ser
indigno / robado
el corazón

5 — Gitano debe **sé** — decía Merceditas — porque los gitanos tienen la fama de ladrones, y este **indino** me ha **robao** a mí **er corasón**, el apetito, er sueño… y ¡hasta los colores de la cara!

— Gitana[2] o no — decía Antonio Vargas — la sangre que

llevo / ha de ser para
ella / *to answer to
her* / pasaron al
público la maliciosa
historia / '*sniffed
out*' / deseo

10 **yevo** en las venas **pa eya ha de sé**, tarde o temprano, y a eya na más tengo que **darle cuentas**.

Y así como hubo pícaras gentes que **propalaron la calumniosa invención**, supuesto que lo fuera, las hubo también generosas, que **olfatearon** y siguieron los pasos de

decía

15 los enamorados con el **afán** de ayudarlos y favorecerlos.

ver / Alameda, un
paseo de Sevilla / a-
llí / sentado / lugar
donde se vende a-
gua / Algún

Tal amiga o vecina le **soplaba** a Merceditas al oído:

— Si lo quieres **vé**, ahora mismito corre a la **Alamea**, que **ayí** está **sentao** en un **puesto de agua**.

Y Merceditas corría con el pensamiento, porque de otra

20 manera no la dejaba su madre correr.

**Cual** camarada le apuntaba asimismo al muchacho:

Hace

— **Hase** dos minutos entraba tu novia en su casa, con la madre. Me vio y me miró, como disiéndome: «Dígaselo usté a Antonio.»

25 La casualidad, que es gran amiga del amor, disponía de

sin preparación
porque eran / la
joven y al joven

cuando en cuando **repentinos** encuentros, más sabrosos y dulces **por lo** inesperados, y que a **la mocita y al galán** les alteraban los corazones, como pájaros que despiertan súbitamente a una luz que no es la del alba.

30 Una noche de mayo, Antonio, al doblar una esquina, vio

la figura
rápidamente / en
aquella ocasión
*coughing*
pronunciar / *dragging*

cómo **el rastro** de una falda que entraba en una iglesia. «Ella es», pensó, y **de una carrera** llegó al templo, lleno **a la sazón** de fieles y de luces. Y era ella. Un cura predicaba en el púlpito con voz resonante, entre el **toser** de algunos, el

35 **silabear** de otros que rezaban y el **arrastrar** de pies de los que entraban o salían.

*kneeling* / *holy water
basin*

Madre a hija, **arrodilladas** a pocos pasos de la **pila del agua bendita**, oraron un rato, sin duda pidíendole al cielo cosas muy contrarias. En grave apuro se veía el cielo si

40 quería contentar a las dos. Acercóse Antonio cautelosamente a

*he knelt*

Merceditas, **se hincó** a espaldas de ella y buscó su mano.

---

[2] The feminine form is used here because *gitana* refers to *la sangre* on the same line.

La niña se la dejó estrechar, segura de quien la buscaba. Después se miraron sin verse. Ella imaginó que el cielo estaba de su parte. Se apartó luego Antonio para observarla desde lejos, sin temor a una sorpresa de la madre, y **se recató** entre
5 las sombras de una capilla. La luz de los ojos de Merceditas llegaba hasta allí... El cura seguía **dando voces**.

Poco después salieron del templo hija y madre, y el muchacho tras ellas. Echaron a andar por las revueltas calles del barrio. «¿A dónde irán?», se preguntó él, y las siguió a
10 distancia, con toda el alma puesta en el gentil andar de la niña. Ella no llevaba más que una idea en la frente: «Viene ahí.» La madre **charlaba por los codos**, predicaba también; pero... ¿será irreverencia decir que hubo aquella noche para Merceditas dos sermones perdidos?

15 Se detuvieron un momento ante una casa, cuyo interior ardía en fiestas. Todo era en ella luz y **bullicio**, rumor de guitarras, de **palillos**, de **coplas** y de baile.

— ¡Huy! ¡Cómo está esto! — exclamó **la tirana**.

Y entraron.

20 — ¿Qué pasa aquí? — preguntóle Antonio a una mocita que salió a tiempo.

— Que hay un **bautiso** — le contestó ella.

Iluminósele la cara al muchacho, y entró también en seguida en la casa. Muy grande había de ser su desgracia o su
25 **torpeza**, o ambas cosas juntas, si en tan propicia ocasión no lograba hablar con su novia siquiera dos minutos.

Pues lo fue. Y tuvo la culpa un **marchoso, como no podía menos**. Quería hacerse invisible Antonio en el patio, pasar **inadvertido** y esconderse en una habitación cualquiera,
30 como primera posición, hábil y conveniente para sus planes, cuando un señor **calvo** y con **patillas**, de ridícula **panza** y muy delgadas piernas, le echó la vista encima, y empezó a llamarlo con tales voces, y a ponderar de tal suerte lo que él se alegraba de verlo allí, que no quedó alma viviente en el
35 patio ni en toda la casa que no **se enterara** de quién había llegado. Inútil es decir que las faldas de la madre y de la hija estuvieron ya como **cosidas** toda la noche. Antonio hubiera tenido que verse en capilla para perdonar al *marchoso*.

Una hora después rondaba la casa de Merceditas. En una
40 habitación del piso más alto se veía luz. Al apagarse **inopinadamente**, cayó desde la ventana a la calle una flor, sin que él viera la mano que la había arrojado. No parecía sino que la flor fuera el alma de la luz misma, que **cuajó** en esa forma para llegar a él.

---

**Glosas marginales:**

- se escondió
- hablando
- hablaba mucho
- ruido
- *castenets* / canciones populares / i.e., la mamá
- bautizo: *christening party*
- estupidez
- hombre de mucha vanidad, naturalmente / sin ser visto
- sin pelo en la cabeza / *side whiskers* / estómago
- supiera o descubriera
- *sewed together*
- *unexpectedly*
- se convirtió sólidamente

La cogió, la besó... y echó a andar calle arriba, cantando entre sí:

para

pueden hablar

«¿Qué remedio habrá **pa** dos personas que se quieren mucho y no se **puén hablá**?...»

Serafín and Joaquín Álvarez Quintero, *Obras completas*, Tomo VII (Madrid, Espasa-Calpe, S.A., 1953).

## Questions

1. ¿Quiénes son Merceditas y Antonio?
2. ¿En qué parte de Sevilla vive Merceditas?
3. ¿Por qué quería la mamá de Merceditas que su hija no volviera a ver a Antonio?
4. ¿Por qué decía Merceditas que Antonio debía ser gitano?
5. ¿Cómo ayudaba la gente generosa a los enamorados?
6. ¿Por qué eran más sabrosos los encuentros que disponía la casualidad?
7. ¿Qué hizo Antonio la noche de mayo cuando pensó haber visto a Merceditas?
8. Al entrar en el templo, ¿qué vio Antonio?
9. ¿A qué se refiere la expresión «En grave apuro se veía el cielo si quería contentar a las dos»?
10. ¿Cómo era el encuentro de Antonio y Mercedes en la iglesia?
11. ¿A qué se refiere la frase «¿será irreverencia decir que hubo aquella noche para Merceditas dos sermones perdidos»?
12. ¿Hasta dónde siguió Antonio a la madre e hija?
13. ¿Por qué había fiesta en la casa?
14. ¿Qué planes tenía Antonio después de haber entrado en la casa?
15. ¿Cómo era el *marchoso*?
16. ¿En qué manera arruinó el *marchoso* los planes de Antonio?
17. Después de los acontecimientos de la fiesta, ¿qué hizo Antonio?
18. Describa la escena final.
19. ¿Cuál es la impresión que desean dejar los autores del cuento?
20. ¿Qué diferencias hay entre el lenguaje de los personajes de este cuento y el español culto?

# GRAMMAR

## Special problems

### 2.1 Pedir versus preguntar

**a.** **Pedir** alone, without any preposition, means *to ask for something*:

24/38 Sin duda estaban pidiéndoles al cielo cosas muy contrarias.
*Surely they were asking heaven for very contrary things.*

Le pedí el libro.
*I asked him for the book.*

**b.** **Preguntar** means *to ask a question*:

25/9 ¿A dónde irán? se preguntó él.
*Where can they be going? he asked himself.*

Le pregunté cómo se llamaba.
*I asked him what his name was.*

---

NOTE: **Pedir** is the equivalent of *to ask for* even if the thing asked for is information: **Le pedí más informes sobre el delito**. *I asked him for more information about the crime.*

---

### 2.2 Manera de

**a.** **Manera** is used in combination with the preposition **de** and an infinitive:

**b.** If a conjugated verb follows **manera de, que** is added to it:

la manera de que habla
*the way he speaks*

Ésta es la manera más fácil de hacerlo.
*This is the easiest way to do it.*

su manera de enseñar
*his manner of teaching*

## 2.3  Bastar

**a.**  The word **basta**, *that's enough*, is a verb in Spanish. It is the third person singular, present tense of the verb **bastar**, *to suffice*, which can also be used in other tenses:

23/8  Ello bastó para que estorbase que su hija y Antonio volvieran a verse.

*That was enough for her to prevent her daughter and Antonio from seeing each other again.*

---

NOTE:     The phrase **eso es bastante**, which is equivalent to the English *that is enough*, also exists, but the single word **basta** is more frequent.

---

**Bastar** can also be used before an infinitive or a subjunctive:

Para ver todo lo que hay en ese museo no basta ir una sola vez.

*To see everything that there is in that museum it is not enough to go just once.*

Basta que usted se lo diga y él lo hará.

*It will be enough for you to tell him, and he will do it.*

## 2.4  Two adverbs with **-mente**

When two adverbs with **-mente** are conjoined, the **-mente** is usually omitted from the first one:

23/4  espontanea y graciosamente          *spontaneously and gracefully*

## 2.5  Neuter uses of **lo**

**a.**  With an adjective, **lo** usually stands for a general noun:

2/2  De esta fórmula arranca todo lo bueno y lo grande que ha logrado Estados Unidos.

*From this formula spring all the great things that the United States has achieved.*

**b.**  **Lo** can also function as an intensifier, meaning roughly *so* or *how*:

23/13  Por lo cetrino de su color, sí parecía gitano.

*Because his skin was so olive-colored, he did indeed look like a gypsy.*

25/33  Exclamaba lo que él se alegraba de verlo allí.

*He was exclaiming how happy he was to see him there.*

**c.**  **Lo** with a relative clause functions as the antecedent:

| | | |
|---|---|---|
| 4/14 | Eran como un símbolo de lo que más me gusta en el pueblo americano. | *They were a sort of symbol of what I like best about the American people.* |

**d.**  **Lo** can refer not only to a noun, but alternately to an adjective:

| | | |
|---|---|---|
| 24/12 | Propalaron la calumniosa invención, supuesto que lo fuera. | *They spread the slanderous lie, that is if it was slanderous.* |
| 25/27 | Muy grande había de ser su torpeza si no lograba hablar con ella. Pues lo fue. | *His clumsiness would have to be very great for him not to have a chance to speak with her. Well, it was.* |

**2.6**  Subject after verb for stylistic reasons

**a.**  In Spanish, more stylistic variations of word order are possible than in English. Just as the direct object may precede the verb (see Section 1.6), the subject may follow it. This construction appears frequently in "**Sin palabras**."

| | | |
|---|---|---|
| 23/1 | Prendió el amor entre Merceditas y Antonio. | *Love sprang up between Merceditas and Antonio.* |
| 23/3 | Creció la flor porque era natural que creciera. | *The flower grew because it was natural for it to grow.* |
| 23/12 | Lloró en vano la enamorada macarenita. | *The little Macarena girl cried in vain.* |
| 24/40 | Acercóse Antonio cautelosamente a Merceditas. | *Antonio approached Merceditas cautiously.* |
| 25/7 | Poco después salieron del templo hija y madre. | *A little later, mother and daughter came out of the church.* |

**b.**  When the sentence includes a quotation, quite often the quotation will come first, next the verb and finally the subject:

| | | |
|---|---|---|
| 24/5 | Gitano debe ser — decía Merceditas. | *"He must be a gypsy," Merceditas would say.* |

## The preterite and the imperfect

### Forms of the imperfect

**2.7**  Regular verbs.    Each form consists of four parts: the root, theme vowel, imperfect marker (**ba** or **a**) and the personal ending, which is the same as the corresponding present tense form. In the imperfect, only two theme vowels are used: **a** (for **-ar** verbs) and **i** (for **-er** and **-ir** verbs).

habl | a | ba | mos / -s / - / is / n

com | i | a | mos / -s / - / is / n

viv | i | a | mos / -s / - / is / n

**2.8 Irregular verbs.** The only verbs which have irregular imperfect forms are the following: **ir, ser,** and **ver**.

i | ba | mos / -s / - / is / n

er | a | mos / -s / - / is / n

ve | i | a | mos / -s / - / is / n

## Forms of the preterite

**2.9 Regular verbs.** The parts of the preterite tense verb forms are less distinguishable than those of other tenses. The most convenient analysis for the student is to consider that there are but two parts: root and ending. The endings for **-er** and **-ir** verbs are identical.

habl | é / aste / ó / amos / asteis / aron

com | í / iste / ió / imos / isteis / ieron

viv | í / iste / ió / imos / isteis / ieron

**2.10 Irregular preterite forms.** The **ir-** verbs that change the vowel in the root of the present tense (see Section 1.9) have a vowel change in the third person singular and plural in the preterite.

| pedir | dormir |
|---|---|
| pedí | dormí |
| pediste | dormiste |
| pidió | durmió |
| pedimos | dormimos |
| pedisteis | dormisteis |
| pidieron | durmieron |

**2.11**  There are several verbs that have irregular preterite roots. In every case the root is stressed, and the endings are identical for all irregular verbs (except that the **i** of the third person plural is dropped after **j**).

| INFINITIVE | ROOT | ENDINGS |
|---|---|---|
| andar | anduv | |
| estar | estuv | |
| tener | tuv | |
| saber | sup | e |
| caber | cup | iste |
| poder | pud | o |
| haber | hub | imos |
| poner | pus | isteis |
| venir | vin | ieron |
| querer | quis | |
| hacer | hic(z) | |
| decir | dij | |
| traer | traj | eron |

**2.12**  In addition, **dar** has the endings for **-er, -ir** verbs, and **ser** and **ir** have identical preterite forms:

| dar | | ir | ser |
|---|---|---|---|
| di | | | fui |
| diste | | | fuiste |
| dio | | | fue |
| dimos | | | fuimos |
| disteis | | | fuisteis |
| dieron | | | fueron |

## General view of the uses of the preterite and the imperfect

**2.13**  The explanation frequently given, that the preterite is used to describe events that are "over and done with," is not adequate, and it can be misleading.

More important than the nature of the event itself, or when it occurred, is the point of view or frame of reference of the speaker.

The frame of reference of the speaker has the effect of defining or marking off a particular segment of time in the past.

**2.14**   The preterite is used when the event described falls completely within the unit of time defined by the speaker's frame of reference. That is, he considers the event to be a single unit and is speaking of the entire event, including the begining and the end.

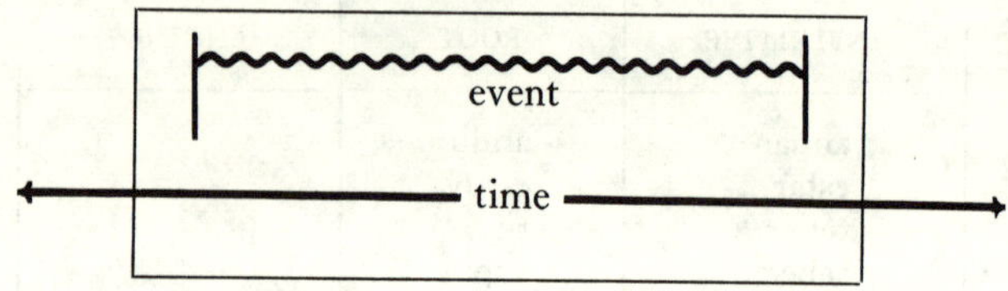


| | | |
|---|---|---|
| 25/38 | Madre e hija oraron un rato. | *Mother and daughter prayed for a while.* |
| 25/7 | Poco después salieron del templo. | *A little later they left the church.* |
| 24/32 | De una carrera, llegó al templo. | *He swiftly arrived at the church.* |
| 25/15 | Se detuvieron un momento ante una casa. | *They stopped for a moment in front of a house.* |

**2.15**   The imperfect is used if the event extends beyond the frame of reference of the speaker. That is, he is referring to some moment or period of time while the event was in progress, without considering its beginning or end.

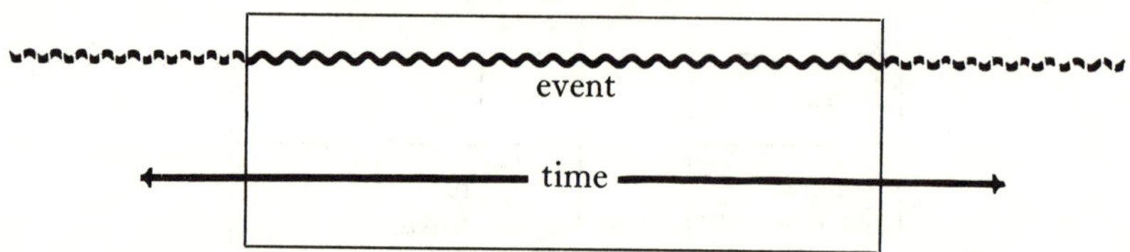


| | | |
|---|---|---|
| 25/12 | La madre charlaba por los codos. | *The mother chatted constantly.* |
| 25/28 | Quería hacerse invisible. | *He wanted to make himself invisible.* |
| 25/11 | Ella no llevaba más que una idea en la frente. | *She had but one idea on her mind.* |

## Specific uses of the imperfect

**2.16**   The most frequent uses of the imperfect are the following:

**a.**   To tell what WAS HAPPENING at a specific moment (frequently equivalent to English *was + -ing*):

| | | |
|---|---|---|
| 25/39 | Una hora después rondaba la casa de Merceditas. | *An hour later he was wandering around outside Merceditas' house.* |

24/35    Se oía el silabear de otros que reza-
         ban y el arrastrar de pies de los
         que entraban o salían.

*The murmuring of those who were praying and the dragging of the feet of those who were entering or leaving could be heard.*

24/22    Hace dos minutos, entraba tu novia
         en su casa.

*Two minutes ago, your girlfriend was entering her house.*

24/33    Un cura predicaba en el púlpito.

*A priest was preaching in the pulpit.*

**b.**  To refer to something that HAPPENED REPEATEDLY during some past time period (frequently equivalent to English *used to* + INFINITIVE):

23/15    Ella no hablaba con sus amigas sino
         de él.

*She didn't used to speak to her friends except about him.*

24/5     — Gitano debe ser — decía Mer-
         ceditas.

*"He must be a gypsy," Merceditas used to say.*

---

NOTE:     In English *would* + INFINITIVE is sometimes used in place of *used to* + INFINITIVE. Remember to use the imperfect for this usage of *would*, never the conditional.

---

24/25    La casualidad disponía de cuando
         en cuando de repentinos encuen-
         tros.

*Chance would arrange sudden meetings from time to time.*

24/19    Merceditas corría con el pensa-
         miento.

*Merceditas would run in her imagination.*

---

NOTE:     The preterite can be used to refer to a series of past events if the series itself is viewed as a single unit. One difference of meaning that results is that the preterite refers to a specific number of repetitions of the same event, rather than to a general habit. Thus: **El año pasado yo fui a clase todos los días** = *Last year I went to class every single day without fail.* However: **El año pasado yo iba a clase todos los días** = *Last year I used to go to class every day as a general rule.*

---

**c.**  To describe a condition, a situation, or a scene in the past:

23/14    Sí parecía gitano.

*He did indeed look like a gypsy.*

25/16    Todo era en ella luz y bullicio.

*It (the house) was all lights and noise.*

25/39    En una habitación del piso más alto
         se veía luz.

*In a room on the top floor light could be seen.*

## Specific uses of the preterite

**2.17**   The preterite is the general narrative past and is used to refer to events as single units when none of the above conditions apply:

| | | |
|---|---|---|
| 23/1 | Prendió el amor entre Merceditas y Antonio. | *Love caught fire between Merceditas and Antonio.* |
| 23/12 | Lloró en vano la enamorada macarenita. | *The love-stricken little Macarena girl cried in vain.* |
| 24/41 | Se hincó a espaldas de ella. | *He knelt down behind her.* |
| 25/4 | Se recató entre las sombras de una capilla. | *He hid in the shadows of a chapel.* |

## Imperfect and preterite in the same sentence

**2.18**   The preterite and the imperfect are frequently found in the same sentence.

**a.**   One event, described by an imperfect, can serve as a background for another, described by a preterite:

| | | |
|---|---|---|
| | Cuando yo entré, Juan y María bailaban un tango. | *When I came in, John and Mary were dancing a tango.* |
| 25/1 | La niña se la dejó estrechar, segura de quien la buscaba. | *The girl let it (her hand) be stroked, since she was sure who was seeking it.* |
| 24/30 | Vio el rastro de una falda que entraba en la iglesia. | *He saw the trail of a skirt that was entering the church.* |
| 25/15 | Se detuvieron un momento ante una casa cuyo interior ardía en fiestas. | *They stopped for a moment in front of a house whose interior was ablaze with a party.* |

**b.**   After expressions such as **dijo que** and **pensó que**, an imperfect is usually used if what follows is information of a general nature:

| | | |
|---|---|---|
| 23/6 | Dijéronle que por las venas del muchacho corría sangre gitana. | *They told her that gypsy blood ran in the boy's veins.* |
| 25/2 | Ella imaginó que el cielo estaba de su parte. | *She imagined that heaven was on her side.* |

---

NOTE:     The preterite is rare after these expressions. The following sentences illustrate the usage of various tenses with **dijo que**.

---

|                                  |                                       |
|----------------------------------|---------------------------------------|
| Me dijo que tú ibas.             | *He told me that you were going.*     |
| Me dijo que tú irías.            | *He told me that you would go.*       |
| Me dijo que tú habías ido.       | *He told me that you had gone.*       |

## Contrastive use of the preterite and the imperfect

**2.19**  In many cases, the preterite and the imperfect are both appropriate for the description of a particular event, and there is very little difference in meaning between the two:

25/6   El cura seguía dando voces.           *The preacher continued to speak.*

---

NOTE:     By using the imperfect, the author makes the action more vivid since the continuation of the act is emphasized. If he had said **El cura siguío dando voces**, the effect would have been merely to record the fact.

---

25/36   Las faldas de la madre y de la hija estuvieron ya como cosidas toda la noche.          *The skirts of the mother and daughter were as if they had been sewn together for the rest of the evening.*

---

NOTE:     Since this is a description of a condition in the past, **estaban** would also be appropriate. By using the preterite, the author emphasizes that this condition prevailed during the entire time period mentioned.

---

## Special cases

**2.20**  As a result of the difference between the frame of reference implied by the preterite and the imperfect, certain verbs have slightly different meanings when used with these tenses:

| IMPERFECT | | PRETERITE | |
|-----------|------|-----------|------|
| sabía     | *knew*        | supo    | *found out*  |
| conocía   | *knew*        | conoció | *met*        |
| quería    | *wanted*      | quiso   | *tried to*   |
| podía     | *was capable* | pudo    | *succeeded*  |

Antonio Vargas quería hacerse invisible pero no pudo porque un
marchoso que le conocía le saludó
tan fuerte que todo el mundo supo
que Antonio había llegado.

*Antonio wanted to remain out of
sight, but he failed to because a
pompous old man who knew him
greeted him so loudly that everyone
found out that Antonio had
arrived.*

## Preterite versus present perfect

**2.21**   The present perfect is used rather than the preterite when the event described is
viewed as related to the present situation. In the following example, **me ha robado el
corazón** is viewed as the proof of the statement **Gitano debe ser.** In the second
example, **han hecho el sacrificio de trasladarse** is viewed as the cause of the present
**incomodidades**:

24/5   Gitano debe ser porque los gitanos
tienen fama de ladrones y ese indigno me ha robado el corazón.

*He must be a gypsy because gypsies
have the reputation of being
thieves, and that lowly creature
has stolen my heart.*

4/36   Muchos padres han hecho el sacrificio de trasladarse a un barrio que
les supone algunas incomodidades.

*Many parents have made the sacri-
fice of moving to a neighborhood
that causes them some inconveni-
ences.*

Frequently, the present perfect is used in conjunction with the word **ya**, *already*,
expressing the fact that something has been accomplished or taken care of:

1/3   Como ya he dicho...

*As I have said already . . .*

There is, in addition, a tendency to use the present perfect where a preterite would
be expected, if the event is a recent one:

Esta mañana he ido a hablar con el
director, y me ha dicho que fuiste
tú la causa de mi problema.

*This morning I went to speak with the
director, and he told me that you
were the cause of my problem.*

## Ejercicios orales

**A.**   Sustituya los nuevos sujetos en las frases:

**1.** Ayer yo pedí un vaso de leche en el restaurante.
Tú, ellos, nosotros, todos los clientes, Elena, vosotros.

**2.** Yo le pregunté la hora al señor.
Tú, ellos, nosotros, vosotros, Juan, yo, ellos, usted.

**3.** Usted estuvo aquí tres horas.
Ellos, nosotros, tú, yo, vosotros, Pedro y Pablo, el profesor.

**4.** El profesor vino tarde a la clase hoy.
Tú, ellos, nosotros, vosotros, yo, él, ustedes, Pancho.

**5.** Yo dormí ocho horas anoche.
Ellos, nosotros, tú, usted, Pablo, ustedes, nosotros, vosotros.

**6.** Antes nosotros siempre hablábamos en inglés.
Tú, el profesor, ustedes, yo, vosotros, ellos, ustedes.

**7.** El año pasado yo no veía películas eróticas.
Usted, ellos, nosotros, tú, yo, el profesor, esa señorita.

**8.** Durante el curso pasado yo siempre iba al laboratorio.
Nosotros, ellos, ustedes, tú, vosotros, el presidente, él.

**9.** El mes pasado usted era más simpático.
Ellos, ella, usted, nosotros, tú, el profesor, los policías.

**B.** Cambie las frases al pretérito.

Yo hablo mucho español en la clase.
Yo voy al teatro todas las semanas.
Ellos duermen mucho en clase.
Tú eres el mejor estudiante de la clase.
Lo mejor es lo que sigue después de eso.

**C.** Conteste a las preguntas usando el pretérito. Cuidado con los verbos irregulares:

Modelo:   ¿Va a hablar usted mucho en la clase hoy?
No, pero ayer hablé mucho.

¿Va a andar usted por el parque esta tarde?
¿Va a venir su compañero a la clase mañana?
¿Van a decirme buenos días los estudiantes hoy?
¿Voy a salir temprano hoy?
¿Voy a corregir muchas composiciones hoy?
¿Va a reir mucho su compañero después de la clase?
¿Van a traer los estudiantes sus diccionarios a clase hoy?
¿Va a estar usted en el laboratorio esta tarde?
¿Va a haber sol esta tarde?

**D.** Conteste a las preguntas usando el pretérito y el imperfecto. Cuidado con los verbos irregulares:

Modelo:   ¿Va usted a clase todos los días?
El año pasado iba todos los días, pero ayer no fui.

¿Hace usted los ejercicios todos los días?
¿Hay sol todos los días?
¿Dice usted buenos días a su compañero de cuarto todos los días?
¿Anda usted mucho todos los días?
¿Se pone usted un abrigo todos los días?
¿Tiene usted mucho sueño todos los días?
¿Sale usted de la ciudad todos los días?
¿Va usted al teatro todos los días?

## Ejercicios escritos

**1.** Construya frases usando **le pedí** o **le pregunté** con las frases siguientes:

MODELO:     ¿Cómo se llamaba ese muchacho?
            Le pregunté cómo se llamaba ese muchacho.

            un fósforo
            Le pedí un fósforo.

el libro que estaba en la mesa
el disco que me traes
cúando llegaba el tren de Santiago
si tenía dinero para las entradas
qué hacías en este lugar
la información que necesitaba

**2.** Construya frases con las siguientes expresiones usando el tiempo pasado:

Manera, bastar, lo era, lo mejor, lo que.

**3.** Exercises on the use of preterite and imperfect.

First read the entire passage, which is in the present tense. Then re-read the passage, thinking that the events described are taking place in the past. Give the appropriate past form which corresponds to each *italicized* verb. Then check your answers by looking back at the story. In some instances either preterite or imperfect is correct.

Una noche de mayo, Antonio, al doblar una esquina, *ve* como el rastro de una falda que *entra* en una iglesia. *Sabe* que *es* ella, y de una carrera *llega* al templo, que *está* lleno de fieles y de luces. Un cura *predica* en el púlpito con una voz resonante entre el arrastrar de pies de los que *entran* o *salen*. Madre e hija, arrodilladas a pocos pasos de la pila de agua bendita *oran* un rato, sin duda pidiéndole al cielo cosas muy contrarias. En grave apuro se vería el cielo si quisiera contentar a las dos. Se *acerca* cautelosamente

Antonio a Merceditas, se *hinca* a espaldas de ella y *busca* su mano. La niña se la *deja* estrechar, segura de quien la *busca*. Después se *miran* sin verse. Ella *imagina* que el cielo *está* de su parte. Se *aparta* luego Antonio para observarla desde lejos y se *esconde* entre las sombras de una capilla. La luz de los ojos de Merceditas *llega* hasta allí... El cura *sigue* dando voces.

Poco después, *salen* del templo hija y madre y el muchacho tras ellas. *Echan* a andar por las calles revueltas del barrio. "A dónde irán?" se *pregunta* él, y las *sigue* a distancia, con toda el alma puesta en el gentil andar de la niña. Ella no *lleva* más de una idea en la frente: "Viene allí". La madre *charla* por los codos, *predica* también; pero... ¿será irreverencia decir que *hay* aquella noche para Merceditas dos sermones perdidos?

# COMPOSITION

## Continuity in the paragraph

**2.22**   The organization of sentences in a paragraph should represent an orderly arrangement of the ideas expressed. There should be a predominant direction of thought which is easy for the reader to follow. In order to accomplish this, keep the following points in mind:

1. If you use pronouns, make sure that the referent of each is perfectly clear. If there is a possibility of misunderstanding, eliminate the pronoun or reorganize the sentence so as to make the referent clear.

2. Each sentence must be relevant to the main topic, and there must be a basis for ordering the sentences. For example, you may be relating a series of events in the order in which they happened.

3. In order to convey clearly the relationship between the sentences of a paragraph, connecting words should be used. The following list provides a number of connecting words in Spanish grouped according to their function:

a. continuation: **y, además**.
b. contrast: **pero, sin embargo, en contraste, al contrario, en cambio, sino**.
c. illustration: **por ejemplo, en otras palabras, o sea, en particular**.
d. similarity: **del mismo modo, igualmente**.

e. conclusion: **así que, por consiguiente, por consecuencia, por eso, por lo tanto**.
f. concession: **aunque, no obstante**.
g. summation: **en conclusión, en suma, para resumir, en fin**.
h. emphasis: **seguramente, sin duda**.

## Composition # 2

Choose one of the topics for conversation and composition given in this lesson, and write an essay giving your opinions and the reasons for them. First write an outline following the model given in Lesson One. You should use the questions provided under the topic as a guide for the preparation of your outline. Next write your composition, paying partiuclar attention to the following:

a. verb forms: present, future, conditional, preterite, imperfect.
b. the Special problems discussed in Lessons One and Two.
c. the organization and continuity of your paragraphs.

Remember to proofread your final draft before you hand it in.

# TOPICS FOR CONVERSATION AND COMPOSITION

**1.** Las malas lenguas

¿En qué consiste el chisme?
¿Sabe usted de casos personales en que alguien ha sido dañado por el chisme?
¿Chismea usted de vez en cuando?
¿Por qué chismea la gente?
¿Qué diferencia hay entre la verdad y el chisme?

**2.** La discriminación

¿De qué nace la discriminación?
¿Qué clases de discriminación hay?
¿Qué problemas resultan de la discriminación?
¿Existirá el día en que no haya discriminación? ¿Cuál es la manera más eficaz de combatirla?

**3.** El lenguaje

¿Quiénes hablan el español « correcto »? ¿El inglés « correcto »?
¿Ha tenido usted alguna vez problema en entender a alguien en su propio idioma?
¿Sería mejor si no hubiera dialectos regionales?
¿Sabe usted de algunas diferencias que existen entre los dialectos del español?
¿Entre los dialectos del inglés?
¿Qué entiende usted por la palabra gramática?
¿Cuál es la mejor manera de aprender un idioma extranjero? ¿Qué dificultades hay
en aprender un idioma extranjero?

**4.** Las fiestas

¿Qué clase de fiesta le gusta a usted más?
¿Pueden ser divertidas las fiestas donde no se sirven bebidas alcohólicas?
¿Qué fiestas no le gustan a usted?

**5.** Relaciones entre padres e hijos

Es nuestra sociedad, ¿qué dificultades tienen los padres en educar a los hijos?
¿Cree usted que sus padres no le entienden a veces?
¿Recuerda usted casos de su niñez cuando sus padres le castigaron injustamente por
algo? ¿Casos en que le castigaron justamente?
¿Qué consejos daría usted a los recién casados en cuanto a educar a sus futuros
hijos?
¿Sus padres y usted se entienden mejor ahora que antes?
¿Hay tantos problemas entre las generaciones en otros países como en éste?
¿Qué deben los padres a los hijos? ¿Qué deben los hijos a los padres?

**6.** La casualidad

¿Cree usted en la suerte?
Cuente usted algo que le ha sucedido por casualidad (como un encuentro, un
hallazgo, etc.).
¿Qué piensa usted de los horóscopos?
¿Cuáles son sus opiniones sobre la predestinación?

**7.** El *marchoso* y otros tipos

¿Conoce usted a tipos como el *marchoso* del cuento?
¿Cuáles son las características que más le molestan en la personalidad de otras
personas?
¿Puede haber mucha diferencia entre la personalidad de amigos íntimos? ¿Hasta
qué punto?
¿Cómo se puede evitar el tratamiento con las personas que no le caen bien?
¿Cómo describiría usted su propia personalidad?
Si pudiera, ¿cambiaría usted algo de su personalidad?

**8.** Los noviazgos

¿Cuánto tiempo debe durar un noviazgo?

¿Qué diferencias hay entre los noviazgos de hoy y los del pasado? ¿Entre los de este país y los de otros?

En su opinión, ¿a qué edad pueden los jóvenes empezar a tener novias? ¿Las jóvenes tener novios?

¿Qué hay de malo en tener novio (o novia) a una edad joven? ¿Qué hay de bueno?

**9.** La iglesia

¿Va usted al templo (u otro lugar apropiado) a menudo?

¿Qué cambios hay en la iglesia moderna?

¿Hizo usted oraciones alguna vez por algo?

Si uno cree en la divina voluntad de Dios, ¿qué valor tiene el orar por algo?

En general, ¿cómo son los sermones que usted ha oído recientemente?

**10.** El amor

¿Cómo describiría usted el amor?

¿Cree usted en el amor a primera vista?

En su opinión, ¿es mejor haber amado en vano que nunca haber amado?

¿Se puede amar verdadera e igualmente a más de una persona al mismo tiempo?

# LESSON THREE

## Tres ensayos

### *Julio Camba*

Julio Camba (1882–1962) was a Spanish newspaperman and humorist. His professional activities took him to many parts of the world, and these experiences, along with his keen observation and natural wit, provide the basis for his numerous satirical essays.

### Sobre la poligamia

estaba

El distinguido publicista señor Anquetil, quien **venía** sosteniendo en Francia una ruda campaña contra el artículo 340 del Código Penal, **se dirigió** un día a los literatos más **en candelero** pidiéndoles su opinión sobre la poligamia, que es

fue a hablar / impor-
   tantes

mencionado

neighbors

5 materia juzgada en **dicho** artículo. Indudablemente, *il n'a pas de sot metier,*[1] como dicen nuestros **vecinos**, y todas las opiniones son respetables; pero, en esta cuestión concreta del matri-

ser más importante

grocery clerk

monio plural, ¿por qué ha de **pesar más** el voto de un escritor que el de un **tendero de comestibles**?

reunión informal

10 — ¡El Sultán de Turquía! — exclamaba una noche, en nuestra **tertulia** habitual, un viejo funcionario retirado — Yo no digo que el hombre se aburra; pero ¡si vieran ustedes lo

in charge of

Treasury Department

que es estar **al frente de** una buena delegacioncita española de **Hacienda**!...

15 Pues bien, señor Anquetil: ¿por qué no interrogar también sobre el matrimonio poligámico a los delegados de Hacienda? ¿Qué razón hay para que un académico que a los

[1] Literally, "he does not have a foolish profession," implying that he is qualified to give a respectable opinion.

sesenta años de vida **agámica** acaba casi siempre casándose con la sirvienta, entienda más que ellos **del asunto**?

En general, los escritores franceses a quienes dirigió su pregunta el señor Anquetil, después de hacer algunas **gracias** para demostrar que el lado **picaresco** de la cuestión no les ha pasado **inadvertido**, se pronuncian más bien en pro que en contra de la poligamia, y ello no debe sorprendernos. La poligamia, para los hombres, no tiene de terrible nada más que el aspecto económico. Lo terrible es la monogamia. Cuando yo voy de viaje, si no puedo dormir solo en el tren o en el barco, prefiero dormir en un compartimiento de varias personas a hacerlo en uno de dos, y de **igual modo**, viviendo entre varias mujeres me sentiría menos dominado y como menos casado, más libre y como más **soltero** que **a solas** con una. No. No debe sorprendernos el que los literatos franceses voten por la poligamia; pero, ¿qué necesidad tienen los polígamos de reformar el Código?

Yo he vivido en Turquía, país donde la poligamia tiene estado legal; pero, exceptuando al Sultán y algún **bajá**, allí no eran polígamos más que los **occidentales**. Los occidentales eran polígamos **de hecho** por lo mismo que no podían serlo **de derecho**. Como les estaba prohibido casarse con más de una mujer, ¿qué **riesgo** corrían frecuentando varias? Pero el pobre **musulmán** que podía ser polígamo legalmente, no iba a serlo **de un modo clandestino**, y la poligamia legal en novecientos noventa y nueve de cada mil, resultaba muy superior **a sus medios de fortuna**. Los musulmanes podían tener allí varias mujeres; pero, en general, o no tenían ninguna, o tenían una sola, a la que **vigilaban** ferozmente y la que nunca sacaban a la calle sin haberla **empaquetado** primero, de pies a cabeza, en toda clase de **telas** para que no le diese el sol y para que no la viese nadie.

En mi concepto, la poligamia legal y la poligamia práctica son incompatibles. Hay que **elegir** entre tener varias mujeres y entre el derecho a tenerlas, y, por mi parte, yo no veo inconveniente alguno en dejar que los hijos de Islam sigan **disfrutando de** este derecho.

## Sobre la educación sexual

A los señores que se ocupan de la educación sexual, yo les recomendaría que no exagerasen. Cuando un niño nos pregunta por qué la Luna no se cae nunca **al suelo**, le decimos

*wire*   que está colgada de un **alambre**, y el niño, no es que se lo crea del todo, pero, provisionalmente, se conforma con la explicación. Luego, ya hombre, *tal vez* **acaso** el mismo niño estudie a Newton o a Einstein, y aunque también parezca conformarse, lo cierto es que continuará sin saber el secreto de la Luna.
*¿Qué diferencia hay?* **¿Qué más da**, en efecto, el que la Luna esté colgada de un alambre que el que lo esté de la ley de gravitación universal? *saber, descubrir* Lo que quisiéramos **averiguar** sería quién la ha colgado, por qué la ha colgado y para qué la ha colgado; y esto, según todos *podremos* los indicios, no **lograremos** averiguarlo nunca.

Y cuando un niño nos pregunta de dónde vienen los otros niños, ¿por qué no contestarle que vienen de París? *birth rate* Evidentemente, se trata de una falsedad. En París, la **natalidad** *provide* está en crisis, y no pudiendo **proveerse** a sí propios de los niños que necesitan, es muy poco probable que los parisienses *producirlos* se dediquen a **confeccionarlos** para la exportación; pero nuestros niños ignoran todo esto. Podemos, pues, asegurarles *sin consecuencias malas* **impunemente** que sus hermanos o sus amiguitos vienen de París, y no hay temor alguno de que, al ir a contraer matri- *sigan creyendo la misma cosa* monio, **permanezcan todavía en semejante creencia**. No. Cuando les llegue la hora, ya averiguarán por sí propios que en *de otros países* esto, a lo menos, no somos tributarios **del extranjero**, y que la industria nacional puede competir con todas las otras en lo *preparar, producir* que respecta a **elaborar** el producto en cuestión.

Pero hay quien sostiene el criterio contrario; esto es: el de que no se debe decirle nunca a un niño que los otros vienen de París, sino que debe decírseles la verdad. ¡La verdad! ¿Y quién se encuentra en posesión de esta verdad? ¿Quién sabe de dónde vienen los niños? ¿Quién puede suponer adónde van?
*sin duda* Porque, **desde luego**, la verdad que los niños quieren *profunda* conocer es una verdad muy **honda**. Los niños son unas personitas tremendamente serias, y suponer que su curiosidad *cuando* quedaría satisfecha **en cuanto** se les explicase el mecanismo fisiológico de la maternidad, sería atribuirles una frivolidad de personas mayores. Indudablemente, lo mejor es decirles que todos los niños vienen de París, y además, quizá diciéndoles esto no se mienta tanto como parece, porque ¿qué sabemos nosotros lo que significa para los niños la palabra París? ¿O vamos a suponer acaso que el París de los niños es un París *avenidas elegantes* como el nuestro, con sus **bulevares**, y su Comisión de Reparaciones, y su *Bal Tabarin*,[2] y su Poincaré[3] y su restaurant Paillard, y su partido colonista?

[2] Ballroom and music hall in Paris, opened in 1904.
[3] Raymond Poincaré (1860–1934), French statesman and President of the Republic from 1913 to 1920.

## Sobre la pornografía

Cada año, poco más o menos, de una manera perfectamente normal y periódica, el español se levanta de la cama y grita:

— Hay que **acabar con** la pornografía. La pornografía tiene un **50 por 100** de culpa en nuestra miseria fisiológica y en **nuestro relajamiento moral**. Nada de contemplaciones con ella. Es preciso exterminarla **a sangre y fuego**.

Y una vez decidido a exterminar la pornografía a sangre y fuego, el español se pregunta:

— ¿Qué es la pornografía? La cosa no hay duda de que tiene sus complicaciones. Antes, por ejemplo, si una muchacha exhibía sus **pantorrillas** en público, todo el mundo le atribuía, al hacerlo, una intención pornográfica; pero actualmente, ¿qué chica no lleva las **faldas** cortas? Esto **hace** que uno contemple ya sin mayor emoción las **extremidades inferiores** de sus más deliciosas contemporáneas. A veces, sin embargo, cuando, sentada en su diván, una de estas admirables criaturas **advierte** nuestra presencia, va y le da un **tironcito** a la falda, y este **ademán** sencillo, que a primera vista parece un ademán de **pudor, lo echa todo a perder** en un instante. ¿Por qué se tirará nuestra vecina de la falda, sabiendo, como sabe, su **escasa** elasticidad? Si nuestra vecina cree que la exhibición de sus piernas constituye un espectáculo inmoral, ¿por qué usa la falda corta? Y si en la falda corta le parece que no hay nada **pecaminoso**, ¿por qué **simula** ahora el **anhelo** de convertir la suya en una falda larga? Indudablemente, nuestra amiga es un encantador personaje de Freud, que **obra** obedeciendo a estímulos subconscientes. Al tirarse de la falda, nos ha recordado que sus piernas son **codiciables**, haciendo así que las codiciemos **acto continuo**. Y **he aquí** cómo la pornografía, que, realizada por una mujer, podía consistir antes en el acto de enseñar la piernas, consiste **más bien** ahora en el acto de **ocultarlas**.

Hay, evidentemente, una manera pornográfica de ocultar los **encantos** femeninos, y a veces esta manera puede llegar a **herir** hasta nuestros sentimientos más nobles. Así, cuando una mujer que está **amamantando** a un niño **pretende** esconder a mi vista su **seno** maternal, yo me reconozco profundamente humillado. ¿Cómo puede suponer esta mujer que en tal momento yo sea capaz de contemplarla con una intención pornográfica? Decididamente, la mujer en cuestión se hace una idea muy pobre, no tan sólo de mi moralidad, lo que me sorprende poco, sino también de mi pornografía, lo que ya me sorprende **en un grado mayor.**

5  Y es que **no hay que darle vueltas.** La pornografía **resulta aún** un concepto muy oscuro. Yo creo, como todo el mundo, que es necesario combatirla; pero para combatirla ignoro si hay que perseguir a las chicas que enseñan las piernas o a las que las ocultan, y si se deben cubrir los senos femeninos 10 en su función maternal, para desnudarlos en la ópera, o si, al contrario, se debe descubrirlos en el primer caso, decorando los **palcos** de la ópera con una colección de **biberones.**

*[glosses: mucho más · la cosa es siempre igual / todavía es · balcones de teatro · baby nipples and bottles]*

## Questions

*Sobre la poligamia*

1. ¿De qué trata el artículo 340 del Código Penal?
2. ¿Quién es el señor Anquetil y qué hizo?
3. ¿Por qué no hay nada sorprendente en el que los escritores franceses estén en pro de la poligamia?
4. ¿Qué ejemplo usa el autor para comparar la poligamia con la monogamia?
5. ¿Cómo era la situación en Turquía con respecto a los occidentales y los turcos?
6. ¿Estaría Camba de acuerdo con reformar el Código, legalizando la poligamia? ¿Qué dice sobre « hecho » y « derecho »?

*Sobre la educación sexual*

1. ¿Qué contestación les ofrecemos a los niños cuando quieren saber cómo se sostiene la luna en el cielo?
2. Según el autor, ¿cuáles son las preguntas más importantes que la de saber cómo está colgada la luna?
3. ¿Qué respuesta sugiere Camba para los niños que hacen preguntas sobre el nacimiento de los otros niños?
4. Según Camba, ¿por qué parece improbable que los ciudadanos de París produzcan niños para exportarlos?
5. ¿Seguirán creyendo eso de París los niños cuando sean mayores y se casen? ¿Qué van a descubrir con respecto a la « industria nacional »?
6. ¿Cómo defiende el autor su propuesta de mentir a los niños? ¿Por qué dice que los niños no estarían satisfechos con una explicación fisiológica?
7. ¿Cómo será el París de los niños?

*Sobre la pornografía*

1. ¿Por qué dice el español periódicamente que es preciso exterminar la pornografía?
2. ¿Qué resultado tiene en sus contemporáneos el que las chicas lleven las faldas cortas?
3. Cuando están sentadas, ¿qué problemas tienen las chicas que llevan las faldas cortas? ¿Qué hacen?
4. Según Camba, ¿por qué es ilógico que una chica le dé un tironcito a la falda para ocultarse las pantorrillas?
5. ¿Cómo puede consistir la pornografía en el acto de cubrir las piernas?
6. ¿Cuál es otro ejemplo que usa el autor para demostrar que la pornografía puede salir del acto de ocultar los encantos femeninos?
7. ¿Por qué le es difícil al autor combatir la pornografía?

# GRAMMAR

## Special problems

**3.1**  *Question*

**a.**  A *question* in the sense of *to ask a question* is **pregunta**:

44/3  Los escritores franceses a quienes dirigió su pregunta se pronuncian en pro de la poligamia.

*The French writers to whom he addressed his question declare themselves in favor of polygamy.*

**b.**  A *question* in the sense of *matter* or *topic* and in the phrase *in question* is **cuestión**:

44/5  El lado picaresco de la cuestión no les ha pasado inadvertido.

*The spicy side of the matter has not been overlooked by them.*

47/1  La mujer en cuestión se hace una idea muy pobre de mi moralidad.

*The woman in question has a very poor opinion of my morality.*

**c.**  The word **asunto** has a meaning similar to **cuestión**:

43/17  ¿Qué razón hay para que un académico entienda más que ellos del asunto?

*What reason is there for an academic person to understand more than they do about the matter?*

**d.**  *It is a question of* is **se trata de**:

| Se trata del derecho de asistir a la escuela que a uno le parece mejor. | *It is a question of the right to attend the school which seems best to one.* |
| Se trata del honor. | *It is a question of honor.* |

*if subject stated do not use reflexive*
*el libro trata del honor*

**3.2**  *Necessary*

There are a number of expressions that are used to say *it is necessary to.*

*imprecendible · absolutely necessary · very strong*

**a.  es necesario**:

| 47/6  Creo, como todo el mundo, que es necesario combatirla. | *I believe, like everyone, that it is necessary to combat it.* |

**b.  es preciso**:

| 64/7  Es preciso exterminarla a sangre y fuego. | *It is necessary to exterminate it with no holds barred.* |

**c.  hay que**:

| 46/4  Hay que acabar con la pornografía. | *It is necessary to end pornography.* |
| 44/34  Hay que elegir entre tener varias mujeres y entre el derecho a tenerlas. | *It is necessary to choose between having several women and the right to have them.* |

*es menester*

**d.**  Sometimes **no hay que** means *one should not* rather than *it is not necessary to*:

| 47/5  No hay que darle vueltas. | *One shouldn't turn it over and over.* |

[Some related expressions will be given in Lesson Five.]

**3.3**  *Know*

**a.**  *To know a fact* or *to know about something* is **saber**:

| 45/5  Continuará sin saber el secreto de la luna. | *He will continue without knowing the secret of the moon.* |
| 45/28  ¿Quién sabe de dónde vienen los niños? | *Who knows where children come from?* |
| Todos sabemos que no es cierto. | *We all know that it is not true.* |

**b.**  *To know a person or a place, to be familiar with,* is **conocer**:

| 3/16  Me dijeron que habían conocido a España a través de ella. | *They told me that they had gotten to know Spain through her.* |
| ¿Conoce usted a aquel hombre? | *Do you know that man?* |

Yo no conozco a España.

*I don't know Spain. (I have never been there.)*

**c.**   Sometimes **conocer** can be used to refer to knowledge if the emphasis is on experiencing the knowledge or coming in contact with it rather than on knowing it:

45/30   La verdad que los niños quieren conocer es una verdad muy honda.

*The truth that children want to experience is a very deep truth.*

**d.**   When **conocer** and **saber** are used with the same direct object, there is a difference in meaning. **Saber** usually implies a deeper knowledge, and **conocer** a superficial familiarity:

¿Conoce usted esta canción?

*Do you know this song? (Have you heard it?)*

¿Sabe usted esta canción?

*Do you know this song? (Can you sing it?)*

¿Conoce usted este sistema?

*Do you know this system? (Have you heard of it?)*

¿Sabe usted este sistema?

*Do you know this system? (Do you know how it works?)*

# Forms and uses of participles and infinitives

## General view

**3.4**   In addition to their uses in the formation of compound tenses, the participles and infinitives have the following uses in Spanish:

| PAST PARTICIPLE | a verb used as an adjective | (e.g., to modify a noun) **Es un viejo funcionario retirado.** |
|---|---|---|

| PRESENT PARTICIPLE | a verb used as an adverb | (e.g., to modify another verb) **Obra obedeciendo a estímulos raros.** |
|---|---|---|

| INFINITIVE | a verb used as a noun | (e.g., as object of another verb) **Prefiero dormir en un compartimiento de varias personas.** |
|---|---|---|

NOTE:    In general, the present participle is used less frequently than in English, and the infinitive is used more frequently.

## The past participle

**3.5**   Regular past participles consist of the stem, the theme vowel, and the ending **-do**:

habl - a - do

com - i - do

viv - i - do

**3.6**   Irregular past participles:

abrir     — abierto
cubrir    — cubierto
morir     — muerto
volver    — vuelto
soltar    — suelto
escribir — escrito
ver       — visto
poner     — puesto
decir     — dicho
hacer     — hecho
romper — roto

NOTE:    Compound verbs that are formed by adding prefixes to the above verbs also have irregular past participles. For example: **componer — compuesto**.

**3.7**   The perfect tenses.   As in English, the past participle is used in conjunction with an auxiliary verb to form the perfect tenses:

Juan ha estudiado la lección.                         *John has studied the lesson.*

<table>
<tr><td colspan="3" align="center">THE PERFECT TENSES</td></tr>
<tr><td align="center">SIMPLE<br>TENSES</td><td align="center">PERFECT<br>EQUIVALENT</td><td align="center">NAME OF PERFECT TENSE</td></tr>
<tr><td>hablo<br>hablaba<br>hablé<br>hablaré<br>hablaría<br>hable<br>hablara</td><td>he hablado<br>había hablado<br>hube hablado<br>habré hablado<br>habría hablado<br>haya hablado<br>hubiera hablado</td><td>present perfect<br>past perfect<br>pluperfect<br>future perfect<br>conditional perfect<br>present perfect subjunctive<br>past perfect subjunctive</td></tr>
</table>

NOTE:     The pluperfect is infrequent in colloquial Spanish.

**3.8**  The following perfect tenses are used to indicate that something has taken place before a particular point of reference in time:

| PRESENT PERFECT | Before now | ¿Por qué no estudia usted?<br>Porque ya he estudiado. |
|---|---|---|

| FUTURE PERFECT | Before some future time | ¿Estudió ya la lección usted?<br>No, pero para el examen la habré estudiado. |
|---|---|---|

| PAST PERFECT | Before some past time | ¿Por qué no estudió Juan con usted?<br>Porque él ya había estudiado cuando yo empecé. |
|---|---|---|

EXAMPLES:

3/14   Conocí a todos aquellos que habían sido profesores de mi hija. — *I met all those who had been my daughter's teachers.*

3/16   Me dijeron que habían conocido a España. — *They told me they had known Spain.*

3/20   Había quedado viejo y despintado. — *It had become old and faded.*

44/5   El lado picaresco de la cuestión lo les ha pasado inadvertido. — *The spicy side of the question has not gone unnoticed by them.*

5/8   ¿Quién la ha colgado? — *Who has hung it up?*

5/8   ¿Por qué la ha colgado? — *Why has he hung it up?*

5/9   ¿Para qué la ha colgado? — *What has he hung it up for?*

The remaining perfect tenses have special uses; they will be discussed in detail in Lesson Five, which deals with the subjunctive.

**3.9**  The passive voice.     As in English, the past participle is used in conjunction with the verb *to be* (**ser**) to form the passive voice. In this construction, the participle agrees with the passive subject in gender and number:

| ACTIVE | PASSIVE |
|---|---|
| Juan abrió la puerta. | La puerta fue abierta por Juan. |
| Mucha gente lee estos libros. | Estos libros son leídos por mucha gente. |

EXAMPLES:

| | | |
|---|---|---|
| 3/14 | En Southwest fui recibida y rodeada por todos. | *At Southwest I was received and surrounded by all.* |
| 2/34 | Deben ser presentados a los padres. | *They should be introduced to the parents.* |

---

NOTE:     The true passive voice is not used as frequently in Spanish as in English. This is especially so when there is no expressed agent (the noun preceded by **por** in some of the above examples). The more frequent alternate constructions will be taken up in Lesson Eight.

---

**3.10**  The past participle used as an adjective.     When used as an adjective, the past participle describes the state or condition which results from the action of the verb. Like any other adjective, a past participle may modify a noun directly or it may be linked to the noun by **ser** or **estar**. Since the past participle describes a condition which results from a particular action, **estar** is the more frequent linking verb. Like other adjectives, a past participle used adjectivally agrees with the noun it modifies in number and gender.

| | | |
|---|---|---|
| 45/1 | La luna está colgada de un alambre. | *The moon is hung from a wire.* |
| 43/4 | La poligamia es materia juzgada en dicho artículo. | *Poligamy is the matter discussed in said article.* |
| 43/11 | Es un viejo funcionario retirado. | *He's an old retired official.* |

**3.11**   The past participle may also be used as an adjective in conjunction with certain verbs other than **estar**:

| | | |
|---|---|---|
| 3/2 | Las españolas prefieren no verse obligadas a parejas forzadas. | *Spanish girls prefer not to find themselves obligated to compulsory partners.* |
| 44/12 | Viviendo entre varias mujeres, me sentiría menos dominado. | *Living among several women, I would feel less dominated.* |
| | Me hallo muy apresurado en este momento. | *I find myself in a great hurry just now.* |
| | El señor quedó callado. | *The gentleman remained silent.* |
| 46/38 | Me reconozco profundamente humillado. | *I realize myself to be profoundly humiliated.* |

**3.12**   The past participle with **tener**.   The past participle may be used with **tener** instead of the more usual **haber**, when the emphasis is on the actual possession of the item or items described, rather than on the action. In this construction, the past participle has a certain adjectival flavor, similar to the sentences given in the above section, and it therefore agrees with the noun in gender and number:

| | |
|---|---|
| Tengo escritos tres libros. | *I have three books written.* |
| Tengo pintada la casa de rojo. | *I have the house painted red.* |

**3.13**   The past participle to indicate posture or position.   Whereas English sometimes uses the present participle (*-ing*) to indicate posture or position, Spanish uses the past participle:

| | | |
|---|---|---|
| 24/18 | Está sentado en un puesto de agua. | *He is sitting at a water booth.* |
| 46/17 | Está sentada en su diván. | *She is sitting on her couch.* |
| 24/37 | Estaban arrodilladas a pocos pasos de la pila del agua bendita. | *They were kneeling a few steps away from the holy water font.* |

In Spanish the present participle of these verbs is used only to indicate that the action of assuming the posture in question is taking place at a given moment:

| | |
|---|---|
| En ese momento estaba sentándose a la mesa. | *At that moment he was sitting down at the table.* |

**3.14**   The past participle in place of a clause.   Spanish sometimes uses a past participle in place of a time clause to mean roughly *after X is done* . . .

| | | |
|---|---|---|
| | Terminada la lección, saldremos a pasear. | *After the lesson is finished, we will go out for a walk.* |
| 46/8 | Una vez decidido a exterminar la pornografía, el español se pregunta: — ¿Qué es la pornografía? | *Once he has decided to exterminate pornography, the Spaniard asks himself: "What is pornography?"* |

## The infinitive

**3.15**  The infinitive is the verbal noun in Spanish. In general, it is used whenever a verb functions as a noun in a clause or sentence. The main difficulty for speakers of English is that the English present participle (*-ing*) frequently functions as a noun and therefore there is a tendency to use a present participle (**-ndo**) where an infinitive is called for.

**3.16**  The infinitive as subject of another verb:

44/22  Les estaba prohibido casarse con más de una mujer.
*Marrying more than one woman was forbidden to them.*

45/32  Suponer que su curiosidad quedaría satisfecha tan fácilmente, sería un error.
*To suppose that their curiosity would be satisfied so easily, would be a mistake.*

**3.17**  The infinitive as the predicate of **ser**:

45/35  Lo mejor es decirles que todos los niños vienen de París.
*The best thing is to tell them that all children come from Paris.*

45/34  Sería atribuirles una frivolidad.
*That would be to attribute a frivolity to them.*

**3.18**  The infinitive as object of another verb. The infinitive can function as the object of another verb in the following cases:

**a.**  If the subjects of the two verbs are identical:

44/10  Si no puedo dormir solo prefiero dormir en un compartimiento de varias personas.
*If I cannot sleep alone, I prefer to sleep in a compartment for several people.*

1/5  Puede corresponder al bachillerato.
*It can correspond to the* bachillerato.

2/27  Ninguna jovencita puede asistir sin acompañante.
*No young lady can attend without an escort.*

2/36  El chico procura agenciarse un coche.
*The young man tries to obtain a car.*

**b.**  After a verbal expression denoting a general necessity, probability, or obligation:

44/34  Hay que elegir entre los dos.
*It is necessary to choose between the two of them.*

| | | |
|---|---|---|
| 47/9 | Se deben cubrir los senos. | *Breasts should be covered.* |
| 47/8 | Hay que perseguir a las chicas. | *It is necessary to chase girls.* |
| 44/7 | Ello no debe sorprendernos. | *That shouldn't surprise us.* |
| 43/8 | ¿Por qué ha de pesar más el voto de un escritor? | *Why should a writer's vote carry more weight?* |

    **c.**   In place of a clause containing the subjunctive after **mandar**, **dejar**, and **hacer**:

| | | |
|---|---|---|
| 24/19 | De otra manera no la dejaba su madre correr. | *Her mother would not let her run any other way.* |
| | Le hice estudiar la lección. | *I made him study the lesson.* |
| | ¿No te mandé volver antes de las diez? | *Didn't I order you to return before ten o'clock?* |

---

NOTE:     This construction is not used with a verb which can be either a verb of command or a verb of communication:

Le dije que tú estabas.     (COMMUNICATION)

Le dije que se fuera.     (COMMAND)

BUT NOT: Le ~~dije~~ ir.

---

**3.19**   The infinitive after prepositions.     Whereas in English the present participle is frequently used after a preposition, in Spanish the infinitive is used (except after **en**, when **-ndo** can be used in certain circumstances).

    **a.**   **De:**

| | | |
|---|---|---|
| 46/31 | el acto de enseñar las piernas | *the act of showing one's legs* |
| 2/6 | Tuve la oportunidad de oir a los famosos coros. | *I had the opportunity to hear the famous choirs.* |
| 2/42 | La manera más segura de asistir a todas las fiestas es tener novio. | *The surest way of attending all the parties is to have a boyfriend.* |
| 44/16 | ¿Qué necesidad tienen los polígamos de reformar el código? | *What need do polygamists have to reform the law?* |
| 44/4 | Después de hacer algunas gracias... | *After making a few jokes . . .* |
| 46/34 | Hay una manera pornográfica de ocultar los encantos femeninos. | *There is a pornographic way of hiding feminine charms.* |

    **b.**   **Para:**

| | | |
|---|---|---|
| 1/6 | para pasar a la universidad | *in order to pass on to the university* |
| 2/19 | Este club se formó para aplaudir y | *This club was formed in order to* |

| | |
|---|---|
| estimular a un determinado equipo | *applaud and stimulate a certain team.* |

47/7 Para combatirla ignoro qué hay que hacer.

*In order to combat it I do not know what must be done.*

**c. En:**

2/12 Hay algunos especializados en atender a los problemas.

*There are some who are specialists in attending to the problems.*

**d. Por:**

2/22 Le da popularidad por ser una demostración de dinamismo.

*It gives him popularity because it is an indication of energy.*

**e. A:**

2/33 Tienen derecho a elegir sus propios amigos.

*They have the right to select their own friends.*

44/24 No iba a serlo de un modo clandestino.

*He wouldn't be [polygamous] in a clandestine way.*

44/35 Tengo el derecho a tenerlas.

*I have the right to have them.*

**f. Sin:**

44/29 Nunca la sacaba a la calle sin haberla empaquetado.

*He never took her out into the street without having wrapped her up.*

**3.20**   Some prepositions used with infinitives have special meanings:

**a. Al** with an infinitive is the equivalent of the English *upon* + *-ing*:

46/28 Al tirarse de la falda nos ha recordado que sus piernas son codiciables.

*Upon tugging at her skirt she has reminded us that her legs are desirable.*

45/19 Al ir a contraer matrimonio averiguará la verdad.

*Upon going to contract matrimony he will find out the truth.*

46/12 Todo el mundo le atribuía al hacerlo una intención pornográfica.

*Everyone attributed her doing that (showing her legs) to a pornographic intention on her part.*

**b.**  **De** or **a** may be used with an infinitive as a substitute for a hypothetical *if* clause:

de no ser así                                      **si no fuera así**
de no haber entrado usted aquí                     **si no hubiera entrado usted aquí**
a no estar usted aquí                              **si no estuviera usted aquí**

---

NOTE:      **A no ser que = a menos que**
a no ser que usted               a menos que usted
prefiera quedarse                prefiera quedarse

---

## The present participle

**3.21**  *Regular present participles*:

habl - a - ndo          com - ie - ndo          viv - ie - ndo

---

NOTE:      The theme vowel is **ie** for both **-er** and **-ir** verbs. After a vowel, or initially, the **i** is converted to **y**:
construir — construyendo
ir — yendo

---

**3.22**  Irregular present participles.      **-ir** verbs which have a vowel shift in the third person preterite have the same vowel shift in the present participle:

| **sentir** | **servir** | **dormir** |
|---|---|---|
| sintió | sirvió | durmió |
| sintiendo | sirviendo | durmiendo |

In addition, two of the verbs with irregular preterites have irregular past participles:

| **poder** | **decir** |
|---|---|
| pude | dije |
| pudiendo | diciendo |

**3.23**  The progressive tenses.      The present participle is used with **estar** to form the progressive tenses. There is a progressive tense corresponding to each simple tense, and a perfect progressive tense corresponding to each perfect tense:

<table>
<tr><td colspan="4" align="center">THE COMPOUND TENSES</td></tr>
<tr><td>SIMPLE<br>TENSES</td><td>PROGRESSIVE<br>TENSES</td><td>PERFECT<br>TENSES</td><td>PERFECT PROGRESSIVE<br>TENSES</td></tr>
<tr><td>hablo<br>hablé<br>hablaba<br>hablaré<br>hablaría<br>hable<br>hablara</td><td>estoy hablando<br>estuve hablando<br>estaba hablando<br>estaré hablando<br>estaría hablando<br>esté hablando<br>estuviera hablando</td><td>he hablado<br>(hube hablado)<br>había hablado<br>habré hablado<br>habría hablado<br>haya hablado<br>hubiera hablado</td><td>he estado hablando<br>(hube estado hablando)<br>había estado hablando<br>habré estado hablando<br>habría estado hablando<br>haya estado hablando<br>hubiera estado hablando</td></tr>
<tr><td>hablar<br>hablando</td><td>estar hablando<br>(estando hablando)</td><td>haber hablado<br>habiendo hablado</td><td>haber estado hablando<br>habiendo estado hablando</td></tr>
</table>

**3.24** The present participle with verbs other than **estar**.    Progressive tenses may also be formed with verbs of motion or of continuation or cessation:

| | | |
|---|---|---|
| 43/1 | Venía sosteniendo una ruda campaña. | *He was sustaining a rough campaign.* |
| 44/36 | Que los hijos de Islam sigan disfrutando de este derecho. | *Let the sons of Islam continue enjoying this right.* |
| 44/1 | Acaba casi siempre casándose con la sirvienta. | *He almost always winds up marrying his servant.* |

**3.25** The present participle used as an adverb.

**a.** To mean *by doing something*:

| | | |
|---|---|---|
| 44/23 | ¿Qué riesgo corrían frecuentando varias? | *What risk did they run by frequenting several (women)?* |
| 45/36 | Quizá diciéndoles esto no se mienta tanto como parece. | *Perhaps by telling them this one doesn't lie as much as it seems.* |
| 4/32 | Sugirieron que los niños de diferentes barrios se cambiasen de escuela trasladándose en autobús. | *They suggested that the children of different neighborhoods change schools by transferring in buses.* |

**b.** To indicate the result of a previous action:

| | | |
|---|---|---|
| 46/28 | Nos ha recordado que sus piernas son codiciables, haciendo que las codiciemos acto continuo. | *She has reminded us that her legs are desirable, making us desire them at once.* |

**c.**  To replace a clause:

46/20  ¿Por qué se tirará nuestra vecina de
       la falda, sabiendo su escasa elas-
       ticidad?                                    **...si sabe...**

 2/2  « Cómo colaborar aun no estando de          **...aun si no está de acuerdo**
       acuerdo »

45/14  No pudiendo proveerse a sí propios          **Si no pueden...**
       de esta comodidad, es muy poco
       probable que la exporten.


## Ejercicios orales

**A.**  Conteste a las preguntas usando un participio como adjetivo. Cuidado con los
verbos irregulares:

MODELO:   ¿Por qué no abre usted la puerta?
          Porque ya está abierta.

¿Por qué no escribe usted la composición?
¿Por qué no pinta usted la casa?
¿Por qué no rompe usted el vaso?
¿Por qué no arregla usted el coche?
¿Por qué no cubre usted la mesa?
¿Por qué no cierra usted las ventanas?
¿Por qué no hace usted los ejercicios?


**B.**  Conteste a las preguntas usando la voz pasiva:

MODELO:   ¿El profesor lee las frases?
          No, las frases son leídas por los estudiantes.

¿El profesor contesta las preguntas?
¿El profesor escribe las composiciones?
¿El profesor cierra las ventanas?
¿El profesor hace los ejercicios?
¿El profesor propone los tópicos?
¿El profesor sufre los exámenes?


**C.**  Conteste a las preguntas usando un participio como adjetivo:

MODELO:   ¿Cuál de estos discos rompió usted?
          El disco roto es éste.

¿Cuál de esas casas pintó usted?

¿Cuál de estos hombres dominó usted?
¿Cuál de estos cuadros colgó usted?
¿Cuál de estas señoras humilló usted?
¿Cuál de estos libros prefiere usted?

**D.**   Conteste a las preguntas usando un participio:

MODELO:   ¿Está sentándose Pablo a la mesa?
          No, ya está sentado.

¿Está arrodillándose Pablo al altar?
¿Está parándose Pablo?
¿Está acostándose Pablo?
¿Está durmiéndose Pablo?
¿Está despertándose Pablo?

**E.**   Conteste a las preguntas usando un participio:

MODELO:   ¿Cuándo terminaremos la lección?
          No sé, pero terminada la lección, saldremos a pasear.

¿Cuándo pintaremos la casa?
¿Cuándo escribiremos la composición?
¿Cuándo haremos los ejercicios?
¿Cuándo lavaremos la ropa?
¿Cuándo limpiaremos los muebles?

**F.**   Conteste a las preguntas usando un infinitivo:

MODELO:   ¿Se pasea usted ahora, o estudia la lección?
          Quisiera pasearme pero tengo que estudiar la lección.

¿Toma usted Coca Cola ahora o hace los ejercicios?
¿Baila usted un tango ahora o trabaja?
¿Juega usted a las cartas ahora o lava el coche?
¿Lee usted una novela ahora o escribe la composición?
¿Va usted a la fiesta ahora o pinta la casa?
¿Ve usted la televisión ahora o memoriza los verbos?

**G.**   Conteste a las preguntas con expresiones como **hay que, es necesario**, etc., y
un infinitivo:

MODELO:   ¿Se habla mucho español aquí?
          Sí, es preciso hablar mucho español aquí.

¿Se bailan muchos tangos aquí?
¿Se exterminan muchas ratas aquí?

¿Se escriben muchas composiciones aquí?
¿Se combaten muchos enemigos aquí?
¿Se hacen muchos ejercicios aquí?
¿Se estudian muchas asignaturas aquí?
¿Se aprenden muchos verbos aquí?

**H.**  Conteste a las preguntas usando un infinitivo:

MODELO:   ¿Por qué canta usted tan alto?
          Porque el profesor me manda cantar alto.

¿Por qué escribe usted tan rápido?
¿Por qué trabaja usted tan duro?
¿Por qué habla usted tan despacio?
¿Por qué estudia usted tan rigurosamente?
¿Por qué corre usted tan ambiciosamente?
¿Por qué se queda usted tan callado?

**I.**  Conteste a las preguntas usando **de** y un infinitivo:

MODELO:   ¿Oyó usted a los coros? ¿Tuvo la oportunidad?
          Sí, tuve la oportunidad de oir a los coros.

¿Fue usted a la fiesta? ¿Tuvo la oportunidad?
¿Escoge usted a sus propios amigos? ¿Tiene el derecho?
¿Habla usted en inglés en la clase? ¿Tiene el derecho?
¿Hace usted los ejercicios? ¿Tiene la obligación?
¿Son ladrones los gitanos? ¿Tienen la reputación?
¿Apaga usted las luces? ¿Tiene la responsabilidad?
¿Le pide usted dinero?  ¿Tiene la necesidad?

**J.**  Conteste a las preguntas usando **por** o **para** y un infinitivo:

MODELO:   ¿Para qué fue en autobús? ¿Llegó más rápido así?
          Sí, fui en autobús para llegar más rápido.

¿Para qué se formó el club? ¿Estimula al equipo?
¿Para qué tomó usted ese curso? ¿Pasará a la universidad?
¿Por qué es popular ese muchacho? ¿Es dinámico?
¿Para qué hace usted los ejercicios? ¿Aprende más así?
¿Por qué castiga usted a mi hijo? ¿Es malicioso?

**K.** Conteste a las preguntas usando **después de** o **antes de** y un infinitivo:

MODELO:   ¿Fue usted al cine y tomó cerveza después?
          Sí, tomé cerveza después de ir al cine.

¿Estudiará usted la lección y hará los ejercicios después?
¿Se pone usted la camisa y la corbata después?
¿Se levanta usted primero, o antes se despierta?
¿Llegó usted primero, o llegó Juan antes?
¿Entra usted a la clase y después cierra la puerta?
¿Se sienta usted en el diván y le da un tironcico a la falda después?


**L.** Conteste a las preguntas usando **al** y un infinitivo:

MODELO:   ¿Qué hace usted cuando entra en la clase?
          Al entrar en la clase...

¿Qué hace usted cuando sale de la clase?
¿Qué hace usted cuando ve a su amigo?
¿Qué hizo usted cuando terminó la lección?
¿Qué hizo cuando supo la noticia?
¿Qué hace usted cuando conoce una nueva persona?


**M.** Conteste a las preguntas usando un gerundio:

MODELO:   ¿Le gritó Juan a usted y le dio mucho miedo?
          Sí, Juan me gritó, dándome mucho miedo.

¿Le pegó Juan a usted y le echó al suelo?
¿Se atrasó Juan y le causó inconveniencia?
¿Le dio Juan la noticia y le quitó toda esperanza?
¿Hubo un examen y le dio mucha pena?


**N.** Conteste a las preguntas usando un gerundio:

MODELO:   ¿Cómo aprende usted? ¿Estudia mucho?
          Sí, estudiando aprendo.

¿Cómo se divierte usted? ¿Canta mucho?
¿Cómo pasa usted el tiempo? ¿Lee mucho?
¿Cómo llega usted aquí tan rápido? ¿Corre mucho?
¿Cómo averigua usted todo? ¿Escucha mucho?
¿Cómo conoce usted el mundo? ¿Viaja mucho?

## Ejercicios escritos

**1.** Construya frases usando las siguientes palabras:
Saber, conocer, pregunta, cuestión, preciso.

**2.** Rephrase the following sentences replacing the italicized verbs with a participle or an infinitive, and making any other necessary changes:

¿Por qué viene usted aquí si *sabe* que no lo necesitamos?
Tu siempre dices eso cuando *oyes* las noticias.
Le dieron el premio porque *es* el estudiante más industrioso.
Después que *escriba* esta carta podré jugar contigo.
Le mandé que *viniera* más temprano.
*Practico* mucho y así aprendo fácilmente.
Si no *estuviera* usted aquí, yo me iría a casa.
Es necesario que uno *estudie* mucho aquí.

# COMPOSITION

## The thesis

**3.26**  When writing a composition, many students undertake a general discussion of a topic without defending any specific point of view. In an effort to be objective they attempt to present both sides of the issue or fail to take a position at all. Objectivity certainly demands that we look at both sides of an issue; however, more interesting compositions will result when an effort is made to prove something.

It is important, therefore, to define a thesis before you begin to outline your essay. The following points should be kept in mind:

a. The topic you choose should be narrow enough so that you can cover it in an essay of the length requested. If you choose a topic from the lists in the text, you will frequently be able to narrow it down by considering only one or two of the questions given beneath it.

b. Choose a topic which interests you and which you have some knowledge of so that you can formulate a thesis and defend it adequately.

c. Decide what point of view you wish to defend, and express this point of view in a single clear sentence. This sentence should then be placed in a prominent position near the beginning of your essay so that your reader has a clear idea at the outset of what you are trying to prove. A general rule might be to place the thesis sentence first unless you have a specific reason for wanting to do otherwise.

d. Once you have formulated the thesis sentence, make a list of the major points that support this thesis, and decide on the best order of presentation of these points. In this way your outline emerges quite naturally from the topic, and your major paragraph divisions begin to be apparent.

## Composition # 3

Select one of the topics from this lesson and, after narrowing it down, if necessary, develop a thesis for an essay. In the construction of your outline, remember the following:

a. The logical order of presentation of major points.
b. topic sentences.
c. the continuity of paragraphs.

In writing your first draft, pay attention to:

a. correct use of all verb forms studied thus far.
b. correct use of Special problems items.

Remember to proofread your final draft.

# TOPICS FOR CONVERSATION AND COMPOSITION

### Sobre la poligamia

**1.** La poligamia

¿Debe haber leyes en contra de la poligamia en este país?
¿Qué problemas sociales o personales habría si tuviéramos la poligamia en nuestra sociedad? ¿Habría ventajas?

**2.** Los casados y los amantes

¿Hay tantos casos de infidelidad conyugal en nuestra sociedad como en otras?
En general, ¿cuál es la actitud en nuestra sociedad hacia los hombres casados que tienen amantes?
¿Cuál es la actitud hacía las mujeres casadas que tienen amantes? ¿Es justo tener estas actitudes?

**3.** La vida casada

¿Cuáles son los derechos de la mujer casada? ¿Cuáles son los del hombre casado?
¿Cuáles son las responsabilidades de cada uno?
Según sus preferencias, ¿qué cualidades tendría el hombre ideal o la mujer ideal?

**4.** Las leyes de matrimonio y de divorcio en este país

¿Son justas las leyes que tenemos? ¿Cuáles no lo son?
¿Es bueno permitir el divorcio? ¿Es demasiado fácil obtener un divorcio en nuestra sociedad?
¿Cuáles son algunas situaciones que pueden causar el divorcio?
¿Cree usted que las leyes de divorcio favorecen demasiado a las mujeres?

**Sobre la educación sexual**

**1.** La educación sexual y la escuela

¿Es el deber de las escuelas educar a los estudiantes en el asunto del sexo? ¿Es mejor hacerlo en familia?

**2.** La educación sexual y la vida personal y de familia

¿Cómo supo usted del sexo?
¿Cómo piensa usted educar a sus niños en esta cuestión? ¿Qué edad deben tener los niños para discutirla?
En su opinión, ¿cuál es la actitud más sana hacia el sexo? ¿Cómo se puede cultivar esta actitud en los jóvenes?

**3.** La educación y la familia

¿Hay veces cuando es mejor mentir a los niños, o hay que decirles la verdad siempre?
¿Recuerda usted un desengaño en algo que le había dicho su familia (por ejemplo, en eso de *Santa Claus* o en algunos aspectos políticos o religiosos)?
En general, ¿tiene usted las mismas creencias que sus padres? ¿En qué no están de acuerdo?

## Sobre la pornografía

**1.** La esencia de la pornografía

¿En qué consiste la pornografía?
¿En qué punto salimos del Arte para entrar en la pornografía?
¿Qué piensa usted de las « revistas para los hombres » que hay en nuestro país?
¿Son pornográficas?


**2.** La pornografía y la ley

¿Se puede combatir la pornografía eficazmente por la ley?
En las leyes contra la pornografía, ¿no habrá problemas de la censura y de control y poder por un pequeño grupo de personas?


**3.** El relajamiento moral

¿Hay un relajamiento moral ahora?
¿En qué consiste la moralidad?
Si hay un relajamiento moral ahora, ¿podemos atribuirlo a la pornografía y la violencia que se ven con mucha frecuencia en la televisión y en el cine?


**4.** Las modas

¿Qué le parecen las últimas modas?
¿Le gusta a usted la idea de que las modas cambien periódicamente?
¿Quiénes son los que inventan las últimas modas? ¿Cómo pueden tener tanto poder en dictar al público?
¿Le parece ridículo que los hombres profesionales tengan que vestirse de un modo bastante formal, llevando corbata y todo eso?
¿Deben regular las escuelas el modo de vestirse y de peinarse de los estudiantes?

piscina  
alberca  } swimming  
pileta  } pool

A nadie se lo había revelado  
to no one she had revealed it

   se — not reflexive  
    stands for   le (indirect object for nadie)  
     but @ 2 l's change to se ( le lo )  
                   selo

el fallecido - deceased  
el difunto -   "  
el muerto - dead one (common)

no word for drop · se le cayó el papel  
                   dejó caer el papel

# LESSON FOUR

## Emma Zunz

### Jorge Luis Borges

Jorge Luis Borges (1899–      ) is an Argentine author with a European education and an international outlook. Many of his works have been translated into other languages. His writings show great imagination and originality and often deal with philosophical themes. Borges is very skillful in creating suspense and is a master of the short story.

El catorce de enero de 1922, Emma Zunz, al volver de la fábrica de **tejidos** Tarbuch y Loewenthal, halló en el fondo del **zaguán** una carta, **fechada** en el Brasil por la que supo que su padre había muerto. La engañaron, a primera vista, el **sello**
5 y el **sobre**; luego, la inquietó la **letra** desconocida. Nueve o diez líneas **borroneadas** querían **colmar** la hoja; Emma leyó que el señor Maier había **ingerido** por error una fuerte dosis de **veronal** y había **fallecido** el tres **del corriente** en el hospital de Bagé. Un compañero de pensión de su padre firmaba la
10 noticia, un tal Fein o Fain, de Río Grande, que no podía saber que se dirigía a la hija del muerto.

Emma dejó caer el papel. Su primera impresión fue de malestar en el **vientre** y en las **rodillas**; luego de **ciega culpa**, de irrealidad, de frío, de temor; luego, quiso ya estar
15 en el día siguiente. **Acto continuo** comprendió que esa voluntad era inútil porque la muerte de su padre era lo único que había sucedido en el mundo, y seguiría sucediendo sin fin. Recogió el papel y se fue a su cuarto. Furtivamente lo guardó

_textiles_
vestíbulo de casa /
_postmarked / stamp_
_envelope /_ manera de
escribir / _scribbled_ /
llenar con abundan-
cia / tomado / una
droga hipnótica /
muerto / de este
mes

estómago o abdomen /
_knees / blind guilt_
Inmediatamente
después

69

*drawer* / lo que
ocurriría / imagi-
narlos, tener una
idea

vacaciones de verano
*pond*
*was auctioned to them*
*diamond-shaped*
*figures* / *prison*
*sentence* / la des-
honra / *anonymous*
*news items* / *cash-*
*ier's embezzlement*
*manager*
*she was avoiding*
*link*

*meager*

la luz del sol entró
por

*strike*

*swimming pool* / se
hicieron miembros
*spell* / nombre de
familia / *tolerate*
*the jokes of the*
*review board*

Al volver

el día antecedente

*relief*
hacer planes, cons-
pirar / llegaría a
su término
un periódico de
Buenos Aires
*would set sail* / *dock*

en un **cajón**, como si de algún modo ya conociera **los hechos ulteriores**. Ya había empezado a **vislumbrarlos**, tal vez; ya era la que sería. *She was already the one she was going to be*

5 En la creciente oscuridad, Emma lloró hasta el fin de aquel día el suicidio de Manuel Maier, que en los antiguos días felices fue Emanuel Zunz. Recordó **veraneos** en una **charca**, cerca de Gualeguay, recordó (trató de recordar) a su madre, recordó la casita de Lanús que **les remataron**, recordó los amarillos **losanges** de una ventana, recordó el **auto de prisión**, 10 **el oprobio**, recordó los **anónimos con el suelto** sobre «**el desfalco del cajero**», recordó (pero eso jamás lo olvidaba) que su padre, la última noche, le había jurado que el ladrón era Loewenthal. Loewenthal, Aarón Loewenthal, antes **gerente** de la fábrica y ahora uno de los dueños. Emma, desde 15 1916, guardaba el secreto. A nadie se lo había revelado, ni siquiera a su mejor amiga, Elsa Urstein. Quizá **rehuía** la profana incredulidad; quizá que el secreto era un **vínculo** entre ella y el ausente. Loewenthal no sabía que ella sabía; Emma Zunz derivaba de ese hecho **ínfimo** un sentimiento de 20 poder.

No durmió aquella noche, y cuando **la primera luz definió** el rectángulo de la ventana, ya estaba perfecto su plan. Procuró que ese día, que le pareció interminable, fuera como los otros. Había en la fábrica rumores de **huelga**; Emma se 25 declaró, como siempre, contra toda violencia. A las seis, concluido el trabajo, fue con Elsa a un club de mujeres, que tiene gimnasio y **pileta**. **Se inscribieron**; tuvo que repetir y **deletrear** su nombre y su **apellido**, tuvo que **festejar las bromas vulgares que comentan la revisación**. Con Elsa 30 y con la menor de las Kronfuss discutió a qué cinematógrafo irían el domingo a la tarde. Luego, se habló de novios y nadie esperó que Emma hablara. En abril cumpliría diecinueve años, pero los hombres le inspiraban, aún, un temor casi patológico… **De vuelta**, preparó una sopa de tapioca y unas legumbres, 35 comió temprano, se acostó y se obligó a dormir. Así, laborioso y trivial, pasó el viernes quince, **la víspera**.

El sábado, la impaciencia la despertó. La impaciencia, no la inquietud, y el singular **alivio** de estar en aquel día, por fin. Ya no tenía que **tramar** y que imaginar; dentro de algunas 40 horas **alcanzaría** la simplicidad de los hechos. Leyó en **La Prensa** que el *Nordstjärnan*, de Malmö, **zarparía** esa noche del **dique** 3; llamó por teléfono a Loewenthal, insinuó que deseaba comunicar, sin que supieran las otras, algo sobre la huelga y prometió pasar por el escritorio, al oscurecer. Le

<table>
<tr><td>

*was suitable to an*<br>
*informer*<br>
detalles<br><br><br>

*final stage*<br>
ofrecería, daría<br><br><br><br><br><br><br><br>

inadecuado<br><br><br>

improbable<br>
la persona que<br><br><br>

es cierto<br><br><br><br><br>

caminó o vagó sin<br>
  ser notada / *mob* / la<br>
conducta / Por fin<br>
encontró / cariño,<br>
amor<br><br><br>

confuso<br>
ventana<br><br>

corredor<br>
a veces<br>
roto o cortado /<br>
  futuro / a veces<br><br>

incoherentes y / bru-<br>
  tales<br>
creo<br><br><br>

miedo de poca<br>
  resistencia<br><br>

placer

</td><td>

temblaba la voz; el temblor **convenía a una delatora**. Ningún otro hecho ocurrió esa mañana. Emma trabajó hasta las doce y fijó con Elsa y con Perla Kronfuss los **pormenores** del paseo del domingo. Se acostó después de almorzar y recapituló, cerrados los ojos, el plan que había tramado. Pensó que la **etapa final** sería menos horrible que la primera y que le **depararía**, sin duda, el sabor de la victoria y de la justicia. De pronto, alarmada, se levantó y corrió al cajón de la cómoda. Lo abrió; debajo del retrato de Milton Sills, donde la había dejado la antenoche, estaba la carta de Fain. Nadie podía haberla visto; la empezó a leer y la rompió.

Referir con alguna realidad los hechos de esa tarde sería difícil y quizá **improcedente**. Un atributo de lo infernal es la irrealidad, un atributo que parece mitigar sus terrores y que los agrava tal vez. ¿Cómo hacer **inverosímil** una acción en la que casi no creyó **quien** la ejecutaba, como recuperar ese breve caos que hoy la memoria de Emma Zunz repudia y confunde? Emma vivía por Almagro, en la calle Liniers; **nos consta** que esa tarde fue al puerto. Acaso en el infame Paseo de Julio se vio multiplicada en espejos, publicada por luces y desnudada por los ojos hambrientos, pero más razonable es conjeturar que al principio **erró, inadvertida**, por la indiferente **recova**... Entró en dos o tres bares, vio la rutina o **los manejos** de otras mujeres. **Dio al fin con** hombres del *Nordstjärnan*. De uno, muy joven, temió que le inspirara **alguna ternura** y optó por otro, quizá más bajo de ella y grosero, para que la pureza del horror no fuera mitigada. El hombre la condujo a una puerta y después a un **turbio** zaguán y después a una escalera tortuosa y después a un vestíbulo (en el que había una **vidriera** con losanges idénticos a los de la casa en Lanús) y después a un **pasillo** y después a una puerta que se cerró. Los hechos graves están fuera del tiempo, **ya** porque en ellos el pasado inmediato queda como **tronchado** del **porvenir, ya** porque no parecen consecutivas las partes que los forman.

¿En aquel tiempo fuera del tiempo, en aquel desorden perplejo de sensaciones **inconexas y atroces**, pensó Emma Zunz una sola vez en el muerto que motivaba el sacrificio? Yo **tengo para mí** que pensó una vez y que en ese momento peligró su desesperado propósito. Pensó (no pudo no pensar) que su padre la había hecho a su madre la cosa horrible que a ella ahora le hacían. Lo pensó con **débil asombro** y se refugió, en seguida, en el vértigo. El hombre, sueco o finlandés, no hablaba español; fue una herramienta para Emma como ésta lo fue para él, pero ella sirvió para el **goce** y él para la justicia.

</td></tr>
</table>

Cuando se quedó sola, Emma no abrió en seguida los ojos. En la mesa de luz estaba el dinero que había dejado el hombre: Emma **se incorporó** y lo rompió como antes había roto la carta. Romper dinero es **una impiedad**, como tirar el pan;
5 Emma **se arrepintió**, apenas lo hizo. Un acto de **soberbia** y en aquel día... El temor se perdió en la tristeza de su cuerpo, en **el asco**. El asco y la tristeza la **encadenaban**, pero Emma lentamente se levantó y procedió a vestirse. En el cuarto no quedaban colores vivos; **el último crepúsculo se agravaba**.
10 Emma pudo salir sin que la **advirtieran**; en la esquina subió a un **Lacroze**, que iba al oeste. Eligió, conforme a su plan, el asiento más delantero, para que no le vieran la cara. Quizá le confortó verificar, en el insípido **trajín** de las calles, que **lo acaecido** no había contaminado las cosas. Viajó por barrios
15 **decrecientes y opacos**, viéndolos y olvidándolos en el acto, y **se apeó** en una de las **bocacalles de** Warnes. Paradójicamente su fatiga venía a ser una fuerza, pues la obligaba a concentrarse en los pormenores de la aventura y le **ocultaba** el fondo y el fin.

20     Aarón Loewenthal era, para todos, un hombre serio; para sus pocos íntimos, un avaro. Vivía en los altos de la fábrica, solo. Establecido en el **desmantelado arrabal**, temía a los ladrones; en el patio de la fábrica había un gran perro y en el cajón de su escritorio, nadie lo ignoraba, un
25 revólver. Había llorado **con decoro**, el año anterior, la inesperada muerte de su mujer — ¡una Gauss, que le trajo una buena **dote**! —, pero el dinero era su verdadera pasión. Con **íntimo bochorno** se sabía menos apto para ganarlo que para conservarlo. Era muy religioso; creía tener con el Señor un
30 pacto secreto, que lo **eximía de** obrar bien, a **trueque** de oraciones y devociones. Calvo, corpulento, **enlutado**, de **quevedos ahumados** y barba rubia, esperaba de pie, junto a la ventana, el informe confidencial de la obrera Zunz.

35     La vio **empujar la verja** (que él había **entornado** a propósito) y cruzar el patio sombrío. La vio hacer un pequeño rodeo cuando el perro atado **ladró**. Los labios de Emma se **atareaban** como los de quien reza en voz baja; cansados, repetían la sentencia que el señor Loewenthal oiría antes de morir.

40     Las cosas no ocurrieron como había previsto Emma Zunz. Desde la madrugada anterior, ella se había soñado muchas veces, dirigiendo el firme revólver, forzando al miserable a confesar la miserable culpa y **exponiendo la intrépida estratagema** que permitiría a la Justicia de Dios triunfar de

---

**Marginal glosses:**

se sentó en la cama
irreligioso
lo sintió mucho / orgullo falso, arrogancia / repugnancia / paralizaban
venía la noche
observaran
coche de tranvía

movimiento / lo que pasó
descrépitos y tristes
bajó / entradas a la calle
escondía

*dilapidated surroundings*

en forma correcta

*dowry*
humillación interior

hacía inmune a / cambio
*in mourning / sunglasses*

*push open the gate* / dejado un poco abierta
*barked*
movían

*laying bare the daring plan*

*punished*

*shot | chest*

*would seal the fate*

*abuso que sufrió*

*completa*

*theatrics*

*como una informa-
 dora*

*dejó de hablar*

*no creyendo las
 emociones de ella*

*she squeezed the trigger*

*se cayó | ruidos*

*miedo | furor | insultó*

*terminaban*

*salió*

*pudo*

*intense barking*

*reminded her | abrió*

*spattered glasses*

*filing cabinet*

*la modestia*

la justicia humana. (No por temor, sino por ser un instrumento de la Justicia, ella no quería ser **castigada**.) Luego, un solo **balazo** en mitad del **pecho rubricaría la suerte** de Loewenthal. Pero las cosas no ocurrieron así.

5     Ante Aarón Loewenthal, más que la urgencia de vengar a su padre, Emma sintió la de castigar el **ultraje padecido** por ello. No podía no matarlo, después de esa **minuciosa** deshonra. Tampoco tenía tiempo que perder en **teatralerías**. Sentaba, tímida, pidió excusas a Loewenthal, invocó (**a fuer de** 10 **delatora**) las obligaciones de la lealtad, pronunció algunos nombres, dio a entender otros y **se cortó** como si la venciera el temor. Logró que Loewenthal saliera a buscar una copa de agua. Cuando éste, **incrédulo de tales aspavientos**, pero indulgente, volvió del comedor, Emma ya había sacado del 15 cajón el pesado revólver. **Apretó el gatillo** dos veces. El considerable cuerpo **se desplomó** como si los **estampidos** y el humo lo hubieran roto, el vaso de agua se rompió, la cara la miró con **asombro** y **cólera**, la boca de la cara la **injurió** en español y en ídisch. Las malas palabras no **cejaban**; Emma 20 tuvo que hacer fuego otra vez. En el patio, el perro encadenado rompió a ladrar, y una efusión de brusca sangre **manó** de los labios obscenos y manchó la barba y la ropa. Emma inició la acusación que tenía preparada («He vengado a mi padre y no me podrán castigar…»), pero no la acabó, porque el señor 25 Loewenthal ya había muerto. No supo nunca si **alcanzó a** comprender.

    Los **ladridos tirantes le recordaron** que no podía, aún, descansar. Desordenó el diván, **desabrochó** el saco del cadáver, le quitó los **quevedos salpicados** y los dejó sobre el 30 **fichero**. Luego tomó el teléfono y repitió lo que tantas veces repetiría, con esas y otras palabras: Ha ocurrido una cosa que es increíble… El señor Loewenthal me hizo venir con el pretexto de la huelga… Abusó de mí, lo maté…

    La historia era increíble, en efecto, pero se impuso a todos, 35 porque sustancialmente era cierta. Verdadero era el tono de Emma Zunz, verdadero **el pudor**, verdadero el odio. Verdadero también era el ultraje que había padecido; sólo eran falsas las circunstancias, la hora y uno o dos nombres propios.

## Questions

1. ¿De dónde vino la carta que recibió Emma Zunz y quién la había escrito?
2. ¿Cómo se murió el padre de Emma?

3. ¿Qué impresión le dieron a Emma las noticias y cómo reaccionó ella?
4. ¿Dónde había estado el padre de Emma?
5. ¿Quién era Aarón Loewenthal?
6. ¿Qué hizo Emma el día después de recibir la carta?
7. ¿Qué opinion tenía Emma de los hombres?
8. ¿Qué era el *Nordstjärnan* y qué supo Emma de él?
9. ¿Con qué pretexto llamó Emma a Loewenthal?
10. ¿Quién era Milton Sills?
11. ¿A dónde fue Emma el sábado por la tarde?
12. ¿Por qué se decidió Emma a no escoger al joven, sino a otro?
13. ¿En qué pensó Emma cuando estaba con el hombre de *Nordstjärnan*?
14. ¿Qué hizo Emma con el dinero que había dejado el marinero?
15. Descríbase el lugar donde vivía Loewenthal.
16. ¿Cómo era Leowenthal físicamente?
17. Una vez ante Loewenthal, ¿qué motivo le impulsó más a Emma a matarlo?
18. ¿Qué dijo Loewenthal al morir?
19. ¿Cuáles eran las acciones de Emma después de matar a Loewenthal?
20. ¿Era necesario la primera parte del plan de Emma? ¿Por qué?

# GRAMMAR

---

## Special problems

**4.1**　*Time*

**a.**　**Tiempo** is used to refer to *time in general* or to an *amount of time*:

| | | |
|---|---|---|
| 73/8 | Tampoco tenía tiempo que perder en teatralerías. | *She did not have time to waste on theatrics, either.* |
| 71/31 | Los hechos graves están fuera del tiempo. | *Serious events are outside of time.* |
| | Hace mucho tiempo que vengo aquí. | *I have been coming here for a long time.* |

**b.**　**Hora, momento,** and other similar words are used to refer to a *specific point in time*:

| | | |
|---|---|---|
| 73/37 | Sólo eran falsas las circunstancias, la hora, y uno o dos nombres propios. | *Only the circumstances, the time, and one or two proper names were false.* |

45/21  Cuando les llegue la hora ya lo averiguarán por sí solos.

*When the time comes for them, they will find it out for themselves.*

46/39  ¿Cómo puede suponer esta mujer que en tal momento yo sea capaz de contemplarla con una intención pornográfica?

*How can this woman assume that I would be capable of looking at her with a pornographic intent at a time like that?*

23/8  Ello bastó para que desde aquel punto y hora estorbase que volvieran a verse.

*That was enough for her from that time on to prevent them from seeing each other again.*

---

NOTE:     *What time is it?* = ¿**Qué hora es?**

---

c.  **Vez** is used to mean *time* in expressions such as *three times, sometimes,* etc. (**una vez** = *once,* **dos veces** = *twice*):

73/30  Repitió lo que tantas veces repetiría con ésas y otras palabras.

*She repeated what she was to repeat so many times with those and other words.*

71/36  ¿Pensó Emma Zunz una sola vez en el muerto?

*Did Emma Zunz think about the dead man even once?*

---

NOTE:     *Sometimes* is **a veces, algunas veces,** or **de vez en cuando;** *sometime* is **algún día, alguna vez,** or **en algún tiempo.**

---

46/16  A veces, sin embargo, cuando sentada en su diván, le da un tironcico a la falda.

*Sometimes, however, while seated on her divan, she gives a little tug to her skirt.*

Algún día tendrás que venir a visitarnos.

*You'll have to come and visit us sometime.*

---

NOTE:     **Una vez** can also be used to mean *once* in the sense of *after*.

---

46/8  Una vez decidido a exterminar la pornografía, el español se pregunta — ¿Qué es la pornografía?

*Once he has decided to exterminate pornography, the Spaniard asks himself, "What is pornography?"*

**d.  De cuando en cuando** is *from time to time*:

24/25   La casualidad disponía de cuando en          *Chance arranged, from time to time,*
        cuando repentinos encuentros.                *for sudden meetings.*

**e.**  Other expressions:

> *to have a good time*   =   divertirse
> *on time, in time*      =   a tiempo
> *at this time*          =   ahora

## 4.2   *Then*

**a.**  *Then* in the sense of *afterwards* is **después** or **luego**:

73/30   Luego tomó el teléfono.                       *Then she picked up the phone.*
69/12   Su primera impresión fue de ma-              *Her first impresson was of discomfort*
        lestar en el vientre, luego de ciega          *in her belly, then of blind guilt.*
        culpa.

71/27   El hombre la condujo a una puerta,           *The man led her to a door, then to a*
        después a un zaguán, después a                *vestibule, then to a winding stair-*
        una escalera tortuosa.                        *case.*

---

NOTE:     **después de** = *after*

---

71/4    Se acostó después de almorzar.               *She went to bed after having lunch.*

**b.**  *Then* (*at that time*) is **entonces**.

Emma recordó su niñez. Entonces sí          *Emma remembered her childhood.*
había sido feliz.                            *Then she had been really happy.*

---

NOTE:     **Entonces** can also be used to mean *so*.

---

Entonces, ¿no vas a la fábrica?              *So, you're not going to the factory?*

## 4.3   *Think*

**a.**  *To think* (*to hold a certain belief or opinion*) is **creer**:

3/25    Creo que hoy no hay discriminación          *I don't think there is racial dis-*
        racial en los hospitales.                    *crimination in hospitals these days.*

47/6   Yo creo, como todo el mundo, que          *I think, like everyone else, that it is*
          es necesario combatirla.                     *necessary to combat it.*
       ¿Qué cree usted?                             *What do you think?*


**b.**   *To think about something*, not necessarily having any opinion about it, or *to think* in general is **pensar**:

71/39   Pensó que su padre la había hecho a        *She thought about the fact that her*
          su madre la cosa horrible que a ella         *father had done to her mother the*
          ahora le hacían.                             *horrible thing that was being done*
                                                       *to her now.*

71/36   ¿Pensó Emma Zunz una sola vez en         *Did Emma Zunz think about the*
          el muerto?                                   *dead man even once?*
       Es un hombre callado pero piensa          *He's a quiet man but he thinks a*
          mucho.                                       *great deal.*
       ¿En qué está pensando usted?              *What are you thinking about?*

---

NOTE:     **Pensar** can also be used with the meaning of **creer**.

---

¿Qué piensa usted?                              *What do you think?*


## 4.4   Acordarse, recordar, olvidar(se)

**a.**   **Acordarse** means to remember:

¿Ya no se acuerda usted?                        *Don't you remember?*

If the object of the verb is a noun, this noun is preceded by **de**:

¿Ya no se acuerda usted de mí?                  *Don't you remember me?*

If the object of the verb is a clause, this clause is preceded by **que**:

¿Ya no se acuerda usted que fuimos             *Don't you remember that we went to*
   a la playa ese día?                             *the beach that day?*

---

NOTE:     **Acordar** alone (without **se**) means *to agree*.

---

Acordaron ir a la playa.                         *They agreed to go to the beach.*

**b.**   **Recordar** means *to remember* or *to remind*. In the former case, the object follows without a preposition (unless, of course, the object is a person, when the regular personal **a** is used):

70/6   Recordó veraneos en una charca.          *She remembered summers at a pond.*
70/7   Recordó a su madre.                       *She remembered her mother.*

When **recordar** means *to remind*, the person reminded is the indirect object, and the person, thing, or fact that he is reminded of is the direct object:

46/28   Nos ha recordado que sus piernas son          *She has reminded us that her legs are*
        codiciables.                                  *desirable.*
        Tú me recuerdas a un amigo mío.               *You remind me of a friend of mine.*

c.   **Olvidar** means *to forget*, and it can be used in the following three ways:

        Olvidé su nombre.                     *I forgot his name.*
        Me olvidé de su nombre.               *I forgot his name.*
        Se me olvidó su nombre.               *I forgot his name.*
70/11   Eso jamás lo olvidaba.                *She would never forget that.*
        Jamás se olvidaba de eso.             *She would never forget that.*
        Jamás se le olvidaba eso.             *She would never forget that.*

## Forms and uses of the present subjunctive

### Forms

**4.5**   Regular present subjunctives.   Most verbs form the present subjunctive from the stem of the first person singular, present indicative, to which are added the opposite theme vowel (**a** for **-er** and **-ir** verbs, **e** for **-ar** verbs), and the regular person–number endings.

|       |   |     |       |   |     |      |   |     |
|-------|---|-----|-------|---|-----|------|---|-----|
|       | e | -   |       | a | -   |      | a | -   |
|       | e | s   |       | a | s   |      | a | s   |
|       | e | -   |       | a | -   |      | a | -   |
| habl  | e | mos | com   | a | mos | viv  | a | mos |
|       | é | is  |       | á | is  |      | á | is  |
|       | e | n   |       | a | n   |      | a | n   |

**4.6**   Verbs which have irregular first person singular forms have the same irregularity throughout the present subjunctive:

| | |
|---|---|
| conozca     | tenga    |
| conozcas    | tengas   |
| conozca     | tenga    |
| conozcamos  | tengamos |
| conozcáis   | tengáis  |
| conozcan    | tengan   |

**4.7**  Verbs which have vowel changes in the present indicative have the same changes in the present subjunctive:

pueda      piense<br>
puedas      pienses<br>
pueda      piense<br>
  podamos      pensemos<br>
  podáis      penséis<br>
  puedan      piensen

In addition, the vowels of the first and second persons plural of **-ir** verbs are changed as follows: **o → u, e → i**.

duerma      sienta      pida<br>
duermas      sientas      pidas<br>
duerma      sienta      pida<br>
  durmamos      sintamos      pidamos<br>
  durmáis      sintáis      pidáis<br>
  duerman      sientan      pidan

**4.8**  Irregular present subjunctives.  The following verbs, which have first person singular present indicative forms ending in **y** or **e**, have irregular present subjunctives:

saber      sepa, sepas, *etc.*<br>
haber      haya, hayas, *etc.*<br>
ser      sea, seas, *etc.*<br>
estar      esté, estés, *etc.*<br>
dar      dé, des, dé, *etc.*<br>
ir      vaya, vayas, *etc.*

## General view of the use of the present subjunctive

**4.9**  With very few exceptions, the subjunctive is used only in subordinate clauses (parts of sentences which have a conjugated verb but are dependent upon some other element in the sentence):

| INDEPENDENT<br>SENTENCES | COMPOUND<br>SENTENCES | |
|---|---|---|
| Tú te vas.<br>Juan me dice eso. | Juan me dice<br>MAIN<br>CLAUSE | que tú te vas.<br>DEPENDENT<br>CLAUSE |

In general, the subjunctive is used in a dependent clause when some element of the sentence (either what is described in the clause itself or what it modifies) is of a hypothetical nature.

| HYPOTHETICAL CLAUSE | Es muy poco probable que se dediquen a exportarlos. |
|---|---|
| HYPOTHETICAL ANTECEDENT | los problemas que puedan presentarse |

## The subjunctive in hypothetical clauses

**4.10**  The use of subjunctive or indicative in the first type of clause mentioned above is best determined by inspecting the word or words which introduce the clause. These cues fit into three main categories:

**a.**  *Uncertainty.*  There is some doubt expressed about the event described in the clause, or it is viewed as unreal or uncertain: **dudo que, es improbable que, es posible que, es dudoso que, en caso de que, sin que, a menos que, con tal que,** etc.

45/15  Es muy poco probable que se dediquen a confeccionarlos para la exportación.

*It is not very likely that they will devote themselves to producing them for exportation.*

46/39  ¿Cómo puede suponer que en ese instante yo sea capaz de contemplarla con una intención pornográfica?

*How can she suppose that at that time I would be capable of looking at her with a pornographic intent?*

---

NOTE:  **Supongo que** is usually followed by the indicative. The subjunctive is used in the above example to emphasize the hypothetical nature of what is in the clause.

---

45/36  Quizá diciéndoles esto no se mienta tanto como parece.

*Maybe by telling them this, one isn't lying as much as it seems.*

45/3  Acaso el mismo niño estudie a Newton.

*Maybe the same child will study Newton.*

NOTE:   **Tal vez**, **acaso**, and **quizá(s)** are three expressions that may take the subjunctive even though there is no actual subordinate clause. They can be thought of as equivalents of **es posible que**...

45/1   No es que se lo crea del todo.     *It's not that he believes it entirely.*
43/12  No digo que el hombre se aburra.   *I'm not saying that the man gets bored.*

NOTE:   These two constructions can be thought of as rough equivalents of **no creo que**...

45/4   Aunque parezca conformarse, lo cierto es que continuará sin saber el secreto de la luna.     *Even though he seems to be satisfied, the truth is that he will continue without knowing the secret of the moon.*

NOTE:   **Aunque** can be used with either the indicative or the subjunctive, depending upon whether what follows is a certainty or a possibility. In the former case, it is equivalent to *even though*, in the latter, to *even if*.

Aunque él va, no iré con él.     *Even though he is going (that is a fact), I am not going with him.*

Aunque él vaya, no iré con él.     *Even if he goes (I am not sure whether he will go or not), I am not going with him.*

2/21   El hecho de que un alumno pertenezca a varios clubs a un mismo tiempo le da popularidad.     *The fact that a student belongs to several clubs at the same time gives him popularity.*

NOTE:   Even though **el hecho de que** means *the fact that*, it can be used with the subjunctive when, as in this case, it refers to a hypothetical fact. The above sentence means: *If a student belongs to several clubs, he will be popular.* Compare:

El hecho de que Juan pertenece a varios clubs le da popularidad.     *The fact that John belongs to several clubs gives him popularity.*

Lo haré sin que Juan sepa.          *I will do it without John's knowing.*

---

NOTE:          John's knowing it is viewed as unreal.

---

No lo haré a menos que Juan me acompañe.          *I will not do it unless John comes with me.*

Terminaremos pronto con tal que todos cooperen.          *We will finish soon provided that everyone cooperates.*

**b.** *Influence.*    Some person or thing is attempting to influence the outcome of what is described in the clause, or the outcome of what is described in the clause is said to depend on some other event: **quiero que**, **le mando que**, **le digo que**, **es obligatorio que**, **es necesario que**, **para que**, **de modo que**, **a fin de que**, etc.

44/35    No veo inconveniente ninguno en dejar que los hijos de Islam sigan disfrutando de este derecho.          *I do not see any obstacle to letting the children of Islam continue to enjoy this right.*

46/14    Esto hará que uno contemple las extremidades de sus más deliciosas contemporáneas.          *This will make one contemplate the extremities of his most delicious contemporaries.*

Lo hago para que tú estés contento.          *I do it so that you will be happy.*

Hablaré despacio de modo que todos entiendan bien.          *I will speak slowly so that you will all understand me.*

Llegaremos temprano a fin de que nos den asientos buenos.          *We will arrive early so that they will give us good seats.*

**c.** *Emotion or subjective opinion.*     Some person expresses an opinion or a feeling about what is described in the clause. In this case the subjunctive is used even if there is no doubt that the event in the clause actually takes place: **es ridículo que**, **menos mal que**, **es una lástima que**, **siento que**, **me alegro (de) que**, **espero que**, **temo que**, etc.

3/32    Nuestro país es demasiado rico para que sucedan esas cosas.          *Our country is too rich for those things to happen.*

Es ridículo que tengamos que estudiar el subjuntivo.          *It's ridiculous for us to have to study the subjunctive.*

Es una pena que el profesor esté enfermo.          *It's a shame that the professor is ill.*

Espero que se mejore pronto.          *I hope he gets well soon.*

**d.** *Indicative clauses.*    When the expression that introduces a clause of this type does not express uncertainty, influence, or emotion, and what is described in the clause is viewed simply as a fact, the indicative is used: **es evidente que, estoy seguro (de) que, puesto que**, etc.

| | | |
|---|---|---|
| 45/17 | Podemos asegurarles impunemente que sus hermanos vienen de París. | *We can assure them without fear that their brothers come from Paris.* |
| 45/21 | Averiguarán por sí propios que en esto por lo menos, no somos tributarios del extranjero. | *They will find out for themselves that in this, at least, we do not depend on other countries.* |
| 46/10 | La cosa no hay duda de que tiene sus complicaciones. | *There is no doubt that the matter has its complications.* |
| 46/22 | Nuestra vecina cree que la exhibición de sus piernas constituye un espectáculo inmoral. | *Our neighbor thinks that the exhibition of her legs is an immoral spectacle.* |
| 2/42 | Puesto que la manera más segura de asistir a todas las fiestas es contar con un novio... | *Since the surest way to attend all the parties is to have a boyfriend...* |

---

NOTE:     Some verbs, such as **decir** and **insistir**, can function either as verbs of communication or of command. In the former case, they take the indicative and in the latter, the subjunctive.

---

| | | |
|---|---|---|
| 44/38 | Le decimos que está colgada de un alambre. | *We tell them that it is hung from a wire.* |
| | Insisto que él va. | *I insist that it is true that he goes.* |
| | Insisto que él vaya. | *I insist that he must go.* |

## The subjunctive in clauses that modify non-specific antecedents

**4.11**  In a clause being used as an adjective to modify a person, a thing, a place, a manner, or a time, the use of the subjunctive or indicative is best determined by inspecting the nature of that which is modified by the clause: if it can be identified as a specific person, thing, place, manner, or time, then the indicative is used in the clause. If not, the subjunctive is used.

---

NOTE:     Specific in this context does not mean the same thing as definite. We frequently use an indefinite article to refer to a specific being: *There is a man knocking at the door.* The indefinite article is used because the speaker is not sure of the identity of the man, but he is nevertheless speaking about a specific man—the man who is standing there knocking at the door.

---

**a.** *Persons and things.*　　In the following examples, the persons and things that are modified by the clauses are all viewed as specific, even though in some cases their identity is not known.

| | | |
|---|---|---|
| 44/36 | los señores que se ocupan de la educación sexual | *the men who concern themselves with sex education* |
| 45/30 | la verdad que los niños quieren conocer | *the truth that children want to know* |
| 3/5 | Los problemas que acarrean son distintos. | *The problems that arise are different.* |

In the following cases, however, the persons and things described can be identified simply as any member of a described category:

| | | |
|---|---|---|
| 1/9 | Pueden elegir las [asignaturas] que más les interesen. | *They can choose the subjects that interest them most.* |
| 2/13 | los problemas de toda índole que pueden presentarse | *the problems of all sorts that can arise* |
| 2/27 | No tiene un joven acompañante que la invite y vaya a buscarla. | *She does not have an escort to invite her and go pick her up.* |

**b.** *Places and manners.* Places and manners are either specific or not specific in roughly the same way as persons and things:

| | | |
|---|---|---|
| 44/18 | Yo he vivido en la Turquía, país donde la poligamia tiene estado legal. | *I have lived in Turkey, a country where polygamy is legal.* |
| 3/7 | La juventud americana tiene por norma asistir a una universidad muy alejada de donde vive su familia. | *American youths usually attend a university which is far away from where their families live.* |

---

NOTE:　　In the above sentence, the place modified by the clause is not expressed by an independent noun. The phrase **donde vive su familia** can be considered a shortened version of **el lugar donde vive su familia.**

---

Non-specific places and manners:

| | |
|---|---|
| Iré al lugar que tú digas. | *I will go to the place that you tell me me to go to.* |
| Iré adonde tú quieras. | *I will go wherever you want.* |
| Lo haré como tú mandes. | *I will do it as you tell me to.* |

**c.** *Times.*     Times have a slightly different treatment. A time that has been experienced habitually is considered specific, and the indicative is used:

44/37   Cuando un niño nos pregunta por qué la luna no se cae...

*When a child asks us why the moon doesn't fall...*

46/17   Cuando una de estas admirables criaturas advierte nuestra presencia, va y le da un tironcico a la falda.

*When one of these admirable creatures notices our presence, she goes and gives a little tug to her skirt.*

A time that is anticipated (a future time) is viewed as nonspecific, and the subjunctive is used:

45/21   Cuando les llegue la hora, ya lo averiguarán por sí propios.

*When the time comes for them, they will find it out for themselves.*

---

NOTE:     In the above examples, as in the example given earlier with **donde**, there is no noun which expresses the time that is modified by the clause. In these cases the antecedent is said to be included in the clause itself. The examples can be paraphrased as follows.

---

| Al momento | en que nos pregunta... | Cuando nos pregunta... |
| Al momento | en que advierte... | Cuando advierte... |
| Al momento | en que les llegue... | Cuando les llegue... |
| ANTECEDENT | CLAUSE | ANTECEDENT AND CLAUSE COMBINED |

**d.**   Frequently **donde**, **como**, and **cuando** are used in expressions with **-quiera (que)** to emphasize the non-specific nature of the place, manner, or time:

dondequiera que vaya        *wherever he goes*
comoquiera que lo haga      *however he does it*
cuandoquiera que venga      *whenever he comes*

## Ejercicios orales

**A.** Sustituya los nuevos sujetos en las frases cambiando los verbos subjuntivos:

**1.** Es probable que el profesor hable en español.
Nosotros, Francisco, tú, ustedes, él, la señorita, yo.

**2.** Dudo que tú sepas la teoría de Einstein.
Ellos, ustedes, Emma Zunz, nosotros, usted, vosotros, el profesor.

**3.** Es inevitable que el profesor venga tarde.
Usted, yo, ellos, nosotros, ustedes, Pablo, Loewenthal, tú, yo.

**4.** Invitaré a cualquier muchacha que digas.
Ellas, ustedes, el presidente del club, tú, vosotros, yo.

**5.** Es necesario que duermas ocho horas todas las noches.
Ustedes, yo, nosotros, tú, el marinero grosero, vosotros, ellos.


**B.** Conteste a las preguntas usando el subjuntivo con una expresión de duda o probabilidad:

MODELO:    ¿Viene Emma a la fábrica?
No creo que venga.

¿Robará Loewenthal el dinero?
Es probable que lo robe.

¿Se quedará el Nordstjärnan en Buenos Aires?
¿Sabrá la policía que Emma es asesina?
¿Contará su cuento a la policía el marinero?
¿Irá Emma Zunz otra vez al bar del puerto?
¿Habrá un examen al final de esta hora?
¿Tendremos que salir de aquí pronto?


**C.** Conteste a las preguntas usando el subjuntivo con una expresión de mandato o influencia:

MODELO:    ¿Por qué va Loewenthal a buscar un vaso de agua?
Porque Emma le pide que vaya.

¿Por qué entra Emma Zunz en el bar?
Porque es necesario que entre.

¿Por qué llama Emma Zunz a la policía?
¿Por qué sube Emma Zunz la escalera tortuosa?
¿Por qué escribe usted composiciones?
¿Por qué dormimos ocho horas todas las noches?
¿Para que estudia usted tanto tiempo?


**D.** Conteste a las preguntas usando el subjuntivo con una expresión de opinión o emoción:

MODELO:    ¿Va Emma Zunz a la fábrica?
Sí, y es ridículo que vaya.

¿Zarpa el Nordstjärnan esta noche?
Bueno, Emma Zunz espera que zarpe.

¿Va Emma Zunz al club de mujeres?
¿Mata Emma Zunz a Loewenthal?
¿Está enfermo su amigo?
¿Tendrá usted mucho trabajo que hacer esta noche?
¿Recibirá usted buenas notas este semestre?
¿Podrá usted visitar a sus padres esta semana?

**E.** Conteste a las preguntas usando el subjuntivo con un antecedente no específico:

MODELO:   ¿Cuándo vendrá usted a casa?
          Vendré cuando usted quiera.

          ¿A quién le dará usted el libro?
          Se lo daré al primer hombre que llegue.

¿Cómo hará usted los ejercicios?
¿Cuál de los libros comprará usted?
¿Dónde pasará usted sus vacaciones?
¿Qué necesita usted?
¿Cuándo cantará Juan una canción?

**F.** Forme frases nuevas con el subjuntivo o el indicativo según el sentido de las expresiones indicadas:

MODELO:   Es probable que el señor llegue tarde.   Es evidente
          Es evidente que el señor llega tarde.

1. Es dudoso que mi novia se olvide de mí.
   Es imprescindible, es lástima, prefiero, sé, me dicen, no creo.
2. Prefiero que no salgas con esa muchacha.
   Mando, lamento, saben, tu papá se alegra, creo, es rídiculo.
3. Es posible que piense en su papá.
   Dudoso, obvio, deseable, ridículo, innegable, imprescindible.
4. El hecho es que ya no se acuerda de mí.
   El problema, el plan, el resultado, la probabilidad, la tragedia.

## Ejercicios escritos

Construya frases con las palabras y expresiones siguientes:

Momento, tiempo, vez, pensar, creer, recordar, olvidársele, puesto que, sin que, temo que, es probable que, para que, me asegura que.

# COMPOSITION

## Development

**4.12**   The development is the body of the essay and consists of the explanation and proof of the thesis. Different elements of development will be considered in Lessons Four, Five, Six, and Seven.

## Definition

**4.13**   Before you can begin to prove a thesis, you must be certain that the terms that have been used to express it are understood. Suppose, for example, that you select as a topic **"la pornografía y la ley"** from the previous lesson, and your thesis is **"debe haber penas muy severas para los que venden pornografía a los menores de edad."** Before you begin to argue your case, you will have to define at least **"menores de edad"** and **"pornografía."** (How was Camba using the latter word? Was his definition the same as the definition usually implied in arguments about the thesis proposed above?) It may also be appropriate to explain what you mean by the term **"penas muy severas."**

## Illustration

**4.14**   One method of development is illustration. It can be used as part of the proof or as a way of defining one of the terms of the thesis. As an example of the latter, consider Camba's examples of **pornografía.** Nowhere does he tell us that he is using the word in a special sense. We arrive at this conclusion by considering the examples he gives.

### Composition # 4

Select a topic from this lesson and prepare an essay using an episode from your life as an illustration of your thesis. Remember to check the use of the subjunctive, as well as the points treated previously.

# TOPICS FOR CONVERSATION AND COMPOSITION

**1.** El correo y las cartas

¿Son adecuados nuestros servicios de correos y de paquetes postales? ¿Cómo podrían ser mejores?

¿Debe haber leyes para prohibir el uso de servicios públicos para cierta clase de correspondencia?

¿Le gusta recibir cartas? ¿Le gusta escribirlas?

¿A quién escribió su última carta?

**2.** La prostitución

¿Hay necesidad en nuestra sociedad para la prostitución? ¿Hay esta necesidad en otras sociedades?

¿Por qué motivos se dedicaría una mujer a esta profesión?

¿Es posible eliminar o limitar la prostitución? ¿Debe legalizarse, o sería peor esto?

**3.** Los recuerdos

¿Es usted sentimental? ¿Conserva usted objetos del pasado como recuerdos?

¿Cuáles son las primeras cosas que recuerda de su niñez?

¿Es más fácil recordar los tiempos felices o los tristes?

¿Quién es la persona más inolvidable que usted recuerda de su pasado?

**4.** Las armas de fuego

¿Sabe usted descargar un revólver? ¿Sería bueno si todos supieran hacerlo?

¿Qué piensa usted de las leyes actuales pertenecientes a las armas de fuego?

¿Debe haber leyes para requerir el registro de las armas?

¿Hay mejores formas de asegurar la protección que la de poseer armas de fuego?

**5.** Las huelgas y los sindicatos

¿Deben tener el derecho de declarar huelgas los empleados de servicios públicos (la policía, los bomberos, los maestros, etc.)?

¿Es injusto que los estudiantes declaren huelgas? ¿Ha participado o participaría usted en una huelga de sentados?

¿Tiene el sindicato de una fábrica el derecho de obligar a todos los obreros hacerse miembros?

**6.** Los perros y otros animales domesticados

¿Tiene usted un protegido?
¿Cuál es mejor para la casa, un perro o un gato?
¿Para qué sirven los protegidos?
¿Sabe usted de casos de protegidos raros?
¿Les damos demasiada importancia a los protegidos en este país?

**7.** Los medios y el fin

¿Se puede justificar cualesquier medios para obtener un fin deseado?
¿Hay veces cuando se puede condonar la violencia como medio de conseguir algo?
¿Es inmoral buscar una venganza?

**8.** Las bromas y los chistes

¿Es incorrecto que un hombre cuente un chiste verde a una mujer?
¿Cuáles son los elementos principales de un buen chiste? ¿La exageración? ¿Un juego de palabras?
¿Puede usted analizar un chiste que sabe?
¿Hay burlas o bromas que son crueles?

**9.** El gimnasio y el ejercicio corporal

¿Va usted al gimnasio a menudo?
¿Qué ejercicio corporal hace usted para quedarse en buenas condiciones físicas?
¿Cree usted que todos deben hacer ejercicio?
¿Por qué no lo hacen muchas personas?
¿Qué obstáculos hay?
¿Cuáles son algunas cosas que ponen la salud en peligro?

**10.** El acostarse después de almorzar

¿Es una buena idea acostarse después del almuerzo?
¿Por qué?
¿Qué desventajas ofrece la costumbre de la siesta?
¿Por qué se ha desarrollado la costumbre de la siesta en los países latinos y no en los anglosajones?
¿Conoce usted otras costumbres del mundo hispánico?

# LESSON FIVE

## Fe en el futuro

*José Luis Escario*

This selection is an article from *A B C,* a daily illustrated newspaper in Madrid.

a causa de mi edad

Aunque **por años** debía dejarme llevar por el poeta en aquello de que «cualquiera tiempo pasado fue mejor»,[1] apreciando éste en todo cuanto vale y significa, quiero contemplar el presente y pensar en el futuro con fe y optimismo.
5 Algunos creen que el mundo del mañana será mecanizado, donde el hombre no tendrá una misión, sino simplemente una función, como minúsculo **engranaje** del conjunto social al servicio del colosal **cerebro** electrónico, que rigurosamente **regirá** los destinos de nuestra sociedad. Hace unos meses
10 leíamos en A B C un artículo que, entre otras cosas, decía: «Por desconfianza en su cerebro lento, sujeto a emociones, variable en su funcionamiento, el hombre ha construido otro cerebro mecánico, **insensible, helado** igual a sí mismo y, por tanto, **capaz** de juzgar, recordar, decidir con precisión y
15 objetividad. Este cerebro comienza a **imponer** sus decisiones. Parece, pues, que la entrada del hombre en la era científica empieza con una **dimisión**: la de su libertad de decidir y juzgar», y entre otras cosas más adelante, dice que, en países

*gear*
*brain*
gobernará

sin emoción / frío
con la habilidad
obligar a aceptar

renunciación

---

[1] Line taken from the famous 15th century poem, *Coplas por la muerte de su padre,* by Jorge Manrique. (The modern form of *cualquiera* would be *cualquier* here.)

muy desarrollados, miles de personas dejan al cerebro electrónico la delicada tarea de «encontrarle entre montones de
tarjetas perforadas la que corresponde a la mujer o el hombre
que le conviene para matrimoniar». Hay en este panorama de la
5 Humanidad mecanizada un gravísimo error de concepto, que es
preciso **aclarar** para la tranquilidad del hombre libre; los
cerebros electrónicos — que no deben llamarse así — no
piensan; el que piensa es el cerebro del hombre que programa;
la máquina electrónica ejecuta; evita al hombre **pensante** el
10 trabajo manual, le libera, dejándole tiempo para actuar en un
campo superior. Las máquinas electrónicas permiten resolver
problemas ante los cuales, en años pasados, las matemáticas
eran impotentes; se sabía lo que había que hacer, pero el
trabajo material de hacerlo salía fuera de las posibilidades
15 reales.

Y no hay que olvidar que las matemáticas no son todo;
alguien dijo **con acierto**, «No son un sustitutivo del **sentido
común**, sino un auxiliar de él.» El pensamiento del hombre
libre será siempre el que dé la norma.

20 No son sólo las máquinas electrónicas el signo de nuestra
era, como lo fue el ferrocarril en el siglo pasado, sino, además,
la mecanización en la industria y la agricultura. Todo ello
¿dónde llevará al mundo? Indudablemente a producir más,
mejor y con menos trabajo. En 1965 Jean Fourastié publicó un
25 libro alentador: «**Les 40.000 heures**». El ritmo del progreso
**actual**, afirma, debe permitir al hombre, dentro de unos años,
vivir bien con sólo cuarenta mil horas de trabajo de las quinien-
tas sesenta y nueve mil cuatrocientas horas de una vida **media**
de sesenta y cinco años. Aunque **la cifra** de Fourastié sea
30 discutible, es evidente que en el futuro, en una sociedad
desarrollada, se podrá vivir con muchas menos horas de trabajo; el hombre tendrá tiempo para cultivar su espíritu, para
leer — a mí **me produce congoja** la afirmación de muchos
hombres **de altura** de que «no tienen tiempo para leer» —;
35 el hombre podrá vivir con los suyos, cuidar de su cuerpo y de
su espíritu con los libros de arte, el aire libre y el deporte. Si
la sociedad moderna se organiza, se podrá liberar de la **esclavitud** que ahora viven, no sólo **obreros**, sino muchos profesionales de la clase media. Para ello la sociedad moderna habrá de
40 **someterse a** profundos cambios; la **artesanía** en la agricultura y en la industria será artículo de **lujo**; habrá que ir a las
grandes **explotaciones** en uno y otro campo, donde se puedan
emplear con **eficacia** las normas de la organización del trabajo
y la mecanización, para producir más y más barato. En los

que forman parte
*increased*

distribuición | *profits*
crimen
que vale mucho / acti-
   vidad o organización
   comercial | *as far*
*as a shutdown and*
*suspension of work* |
   interés personal
adaptar
eliminar

*self-defeating*
efectiva | *motto* |
   extendiendo
estados de indepen-
   dencia económica
anticuadas | *tariff*
   *barriers*

conformarse... a

*size*

indispensable | que-
   remos entrar | de
   otra manera
considerarse iguales
*tariff barriers crumble*
   *down*
*research*
puede producir
   beneficio | *means,*
   *resources*
de la distribución

países **encuadrados dentro** de la O.E.C.D.[2] los últimos años, mientras la población ha **aumentado** un cincuenta por ciento, la producción industrial se ha multiplicado por cuatro. Con un justo **reparto** de **beneficios** será posible elevar considerable-
5 mente el nivel de vida; el beneficio no es un **delito**, sino, por el contrario, un servicio social **inestimable**; la **empresa** que no gana no puede pagar y llegará **incluso al cierre y paro** de sus gentes; la que obtiene beneficios «puede» y «debe» hacer subir el nivel de vida de los suyos; por justicia... y por un bien
10 entendido **egoísmo**.

En los países desarrollados hay una noble intranquilidad intelectual para **encajar** este nuevo estado de cosas en forma lógica y estable; no es fácil; **borrar** la vieja organización no solamente sería injusto, pues permitió el progreso actual, sino
15 **contraproducente**. Pero la modificación ha de ser profunda para que sea **eficaz** y permanente; el **lema**, ir **ensanchando** los mercados para que sea posible producir mucho, barato y de calidad; hay que olvidar **las autarquías**, que están **pasadas de moda**; las **fronteras arancelarias** tienden a desaparecer.
20 España tiene ante sí un problema delicado; industrias nacidas en momentos de aislamiento, cuando nuestro desarrollo estaba sólo basado en el mercado interior, tendrán que adaptarse a las nuevas tendencias; habrán de **cumplir** rigurosamente las condiciones competitivas de precio y calidad. El precio impone
25 un **tamaño** mínimo de las industrias para que sea posible la adecuada mecanización; la calidad es fundamental; el problema no es sólo presentar bien, sino fabricar bien; el control riguroso de calidad es **imprescindible** si **pretendemos asomarnos** con éxito al exterior: **de no ser así** nuestras industrias no podría
30 salir fuera con continuidad y garantía. Las hay que pueden **codearse**, con la cabeza muy alta, con las extranjeras; las que quieran competir en un mercado donde las **barreras aduaneras se derrumban**, habrán de seguir su ejemplo.

Hay otro factor fundamental para el progreso: **la investi-**
35 **gación**; cuesta cara pero **es rentable**, y los técnicos españoles, si les dan **medios**, son capaces de hacer lo que cualquier otro. La vieja frase «que investiguen otros» es hoy tan absurda como la infantil teoría **del reparto**. Si queremos competir tendremos que investigar nosotros, para mejorar la producción y abrir
40 nuevos horizontes; si no lo hacemos así, siempre estaremos al servicio de los que investigan y nos será difícil mantener una calidad y un precio.

[2] Organization for Economic Cooperation and Development.

combatir sus<br>problemas

El problema del tercer mundo… es más complicado; no podrá **abordarse** con las mismas normas del nuestro; ni simplemente con ayuda económica. Los países del tercer mundo necesitan, ante todo, una cultura que a muchos falta
5 totalmente; en el progreso de descolonización se ha actuado con una idea simplista y demasiado de prisa. Bien es verdad que, **egoístamente,** muchas antiguas metrópolis se cuidaron poco de elevar el nivel cultural de los **indígenas**, sin el cual es imposible el progreso y, menos, el autogobierno.

por interés personal<br>habitantes naturales

## Questions

1. ¿Cual es la actitud del autor ante el futuro?
2. ¿Qué temores tienen algunas personas al pensar en el mundo del mañana?
3. Según otro artículo publicado anteriormente en *A B C,* ¿qué hay de malo en la era científica?
4. ¿Qué opiniones tiene el autor sobre el artículo que había aparecido en *A B C*?
5. ¿Qué problemas han resuelto las máquinas electrónicas? ¿Se habrán podido resolver estos problemas sin la ayuda de los cerebros electrónicos?
6. ¿Por qué menciona el autor el ferrocarril del siglo pasado? ¿Cree usted que el ferrocarril haya servido bien en el desarrollo de los países modernos?
7. ¿Para qué servirá la mecanización en la industria y la agricultura?
8. ¿Qué significa el título del libro escrito por Jean Fourastié?
9. Si el hombre podrá vivir con menos horas de trabajo, ¿qué hará con su tiempo libre?
10. El autor emplea la expresión « esclavitud de obreros y profesionales ». ¿Qué querrá decir con la palabra «esclavitud »?
11. ¿Habrá artesanía en la agricultura y en la industria si la sociedad se somete a los profundos cambios que menciona Escario?
12. En los países de la O.E.C.D., ¿qué ha aumentado más en su porcentaje durante los últimos años — la población o la producción industrial?
13. ¿Qué ideas tiene el autor sobre el beneficio?
14. ¿Cómo se debe hacer la transición de la vieja organización al nuevo estado de cosas?
15. ¿Cómo se puede « ir ensanchando los mercados »?
16. ¿Qué problema tendrán algunas industrias españolas si las fronteras arancelarias desaparecen?
17. ¿Qué piensa Escario de los técnicos españoles?
18. ¿Por qué es necesario que los españoles hagan sus propias investigaciones?
19. ¿Qué querrá decir « el tercer mundo » mencionado en este artículo?
20. ¿Cuáles son las cosas importantes en el desarrollo de los países del tercer mundo?

# GRAMMAR

## Special problems

### 5.1  Actual

**a.  Actual** means *contemporary, present day*; **actualmente** means *now, these days, at present.*

| | | |
|---|---|---|
| 92/25 | el ritmo del progreso actual | *the rhythm of current progress* |
| 93/14 | Permitió el progreso actual. | *It permitted the progress of today.* |
| 46/13 | Actualmente, ¿qué chica no lleva las faldas cortas? | *What girl does not wear short skirts these days?* |

**b.**  *Actual* is **real, verdadero**; *actually* is **realmente, verdaderamente**:

| | | |
|---|---|---|
| | Realmente las máquinas electrónicas no piensan. | *Actually, electronic machines do not think.* |
| | Esta es la verdadera razón por la falta de progreso. | *This is the actual reason for the lack of progress.* |
| 92/14 | El trabajo salía fuera de las posibilidades reales. | *The work went beyond the actual possibilities.* |

### 5.2  *Capable*

*Capable* is **capaz** in Spanish:

| | | |
|---|---|---|
| 91/14 | Es capaz de juzgar, recordar, decidir con precisión y objetividad. | *It is capable of judging, remembering, deciding with precision and objectivity.* |
| 93/35 | Los técnicos españoles son capaces de hacer lo que cualquier otro. | *Spanish technicians are capable of doing what any other can.* |

## 5.3  Medio(s)

**a.**  **Medio** can mean *average, middle,* or *half*:

| | | |
|---|---|---|
| 92/28 | una vida media de unos 65 años | *an average life of 65 years or so* |
| 92/38 | muchos profesionales de la clase media | *many professionals of the middle class* |
| | medio kilo de azúcar | *half a kilo of sugar* |

**b.**  **Medios** usually means *means*:

| | | |
|---|---|---|
| 93/36 | si les dan los medios | *if they are given the means* |

## 5.4  Solo, sólo

**a.**  **Solo** (without an accent mark) means *alone* or *single* and agrees with the noun it modifies in gender and number (**sola, solos, solas**):

| | | |
|---|---|---|
| 71/36 | ¿Pensó Emma Zunz una sola vez en el muerto? | *Did Emma Zunz think even one single time about the dead man?* |
| 72/1 | Cuando se quedó sola, Emma no abrió en seguida los ojos. | *When she was alone, Emma did not open her eyes at once.* |

**b.**  **Sólo** (with an accent mark) is short for **solamente**, *only*:

| | | |
|---|---|---|
| 93/21 | Estaba sólo basado en el mercado interior. | *It was only based on the interior market.* |
| | Sólo voy a decirte esto una vez. | *I am only going to tell you this once.* |

**c.**  In English, *just* is frequently used in place of *only* in this sense. This also corresponds to the Spanish **sólo**:

| | | |
|---|---|---|
| | Había sólo tres lápices. | *There were just (only) three pencils.* |

However, when *just* means *precisely* rather than *only*, **precisamente** is used:

| | | |
|---|---|---|
| | Llegó precisamente a las tres. | *He arrived just at three o'clock.* |

Of course, when *just* means *with justice*, **justo** is used:

| | | |
|---|---|---|
| 93/3 | un justo reparto de beneficios | *a just distribution of profits* |

**d.**  There are two other uses of *only* which do NOT correspond to Spanish **solo**. When *only* precedes a noun, as in *the only book*, the Spanish equivalent is **único**:

| | | |
|---|---|---|
| | Juan fue el único estudiante que vino. | *John was the only student who came.* |

In addition, *only* is sometimes used in place of *but* in colloquial English. In these cases, the Spanish equivalent is **pero**:

> Él me dijo que viniera, pero yo no quería.
>
> *He told me to come, only I didn't want to.*

## 5.5  Haber de

This expression is used with a subject (as contrasted with **haber que**, which is not).

When the present tense is used, the normal forms of **haber** (**he, has, ha,** etc.) rather than **hay** are used.

92/39  La sociedad moderna habrá de someterse a profundos cambios.
*Modern society will have to submit to drastic changes.*

93/15  La modificación ha de ser profunda.
*The modification must be severe.*

93/31  Las que quieren competir habrán de seguir su ejemplo.
*Those who wish to compete will have to follow their example.*

## 5.6  *Because of*

In Spanish, **porque** can only be followed by an expression containing a conjugated verb. *Because of* followed by a nominal expression is simply **por** or **a causa de**:

91/11  por desconfianza en su cerebro lento
*because of mistrust of his slow brain*

93/9  por un buen entendido egoísmo
*because of a well-understood self-interest*

73/1  No por temor, sino por ser un instrumento de la justicia, ella no quería ser castigada.
*Not because of fear, but because she was an instrument of justice, did she not wish to be punished.*

A causa de usted tenemos que ir.
*Because of you we have to go.*

# The subjunctive (continued)

## The imperfect subjunctive

**5.7  Forms.**    The imperfect subjunctive is formed from the third person plural of the preterite by deleting **-on** and adding **a** and the regular person-number endings. There are no exceptions to this rule:

| **hablar** |
| --- |
| hablaron |
| -<br>s<br>-<br>hablar  a  mos<br>is<br>n |

| **comer** |
| --- |
| comieron |
| -<br>s<br>-<br>comier  a  mos<br>is<br>n |

| **vivir** |
| --- |
| vivieron |
| -<br>s<br>-<br>vivier  a  mos<br>is<br>n |

| **seguir** |
| --- |
| siguieron |
| -<br>s<br>-<br>siguier  a  mos<br>is<br>n |

| **ir / ser** |
| --- |
| fueron |
| -<br>s<br>-<br>fuer  a  mos<br>is<br>n |

| **decir** |
| --- |
| dijeron |
| -<br>s<br>-<br>dijer  a  mos<br>is<br>n |

---

NOTE:      In certain parts of the Spanish-speaking world, and frequently in writing, another imperfect subjunctive is used. This alternate form can be constructed by replacing the **ra** of the forms given above with **se**.

---

## Uses of the imperfect subjunctive

**5.8**   The main use of the imperfect subjunctive is as the past equivalent of the present subjunctive. The imperfect subjunctive is used in a dependent clause requiring a subjunctive tense when the main verb is preterite, imperfect, or conditional.

| | |
| --- | --- |
| Dudo que Juan venga. | Dudaba que Juan viniera. |
| Mando que Juan venga. | Mandé que Juan viniera. |
| Dice que esperará hasta que Juan venga. | Dijo que esperaría hasta que Juan viniera. |

---

NOTE:     In general, the rules that determine whether a sub-junctive or an indicative tense is to be used in the past are the same as the rules given in Lesson Four for the present tenses. However, time clauses such as the one given above require some additional explanation. In Lesson Four, it was pointed out that the subjunctive is used in time clauses to refer to an anticipated event. The imperfect subjunctive is used to refer to an event which WAS ANTICIPATED at some past moment.

---

Dicen que van a quedarse hasta que venga Juan.

*They say they are going to stay until John comes.*

Dijeron que iban a quedarse hasta que viniera Juan.

*They said they were going to stay until John came.*

BUT

Se quedaron hasta que vino Juan.

*They stayed until John came.*
[Two past events, no anticipation]

EXAMPLES

**a.**   Uncertainty and unreality:

25/41   Cayó una flor sin que él viera la mano que la había arrojado.

*A flower fell without his seeing the hand that had thrown it.*

70/31   Nadie esperó que Emma hablara.

*Nobody expected Emma to speak.*

70/43   Deseaba comunicar, sin que supieran las otras, algo sobre la huelga.

*She wished to communicate, without the others knowing about it, something about the strike.*

72/10   Pudo salir sin que la advirtieran.

*She was able to leave without being noticed.*

**b.**   Command and influence:

73/12   Logró que Loewenthal saliera.

*She got Loewenthal to leave.*

70/23   Procuró que ese día fuera como los otros.

*She tried to make that day just like the others.*

44/36   Yo les recomendaría que no exagerasen.

*I would recommend that they not exaggerate.*

72/11   Eligió el asiento más delantero para que no le vieran la cara.

*She chose the front seat so that her face would not be seen.*

**c.**  Opinion and emotion:

23/3  Era natural que creciera.  
*It was natural for it to grow.*

71/25  Temió que le inspirara alguna ter-  
nura.  
*She was afraid that he would inspire some tenderness in her.*

**d.** Non-specific persons, things, times, etc.:

25/34  No quedó alma viviente que no se  
enterara de quien había llegado.  
*There was not a living soul who did not realize who had arrived.*

---

NOTE:      A nonexistent being is viewed as nonspecific, and consequently the subjunctive is used, as in the above example.

---

45/32  Su curiosidad quedaría satisfecha en  
cuanto se les explicase el mecanis-  
mo fisiológico.  
*Their curiosity would be satisfied as soon as the physiological mechanism was explained to them.*

**5.9**   The imperfect subjunctive can also be used after a present tense verb in the main clause when the event described in the subjunctive clause takes place in the past:

Yo dudo que usted supiera todos los verbos irregulares antes de empezar el curso.  
*I doubt that you knew all the irregular verbs before the course began.*

**5.10**   The present perfect subjunctive can also be used in sentences of this type:

Yo dudo que usted haya aprendido todos los verbos irregulares antes de empezar el curso.  
*I doubt that you learned all the irregular verbs before beginning the course.*

---

NOTE:      The imperfect subjunctive is sometimes thought of as the equivalent of the imperfect tense in sentences of this type, and the present perfect subjunctive as the equivalent of the preterite; however, this distinction is not always observed.

---

¿Cantó Juan?  
Es dudoso que haya cantado.

¿Tenía sueño Juan?  
Es dudoso que lo tuviera.

NOTE:    This construction (present main clause verb + imperfect subjunctive or present perfect subjunctive) occurs most frequently in doubt and uncertainty cases, and in opinion and emotion cases. It is less frequent in non-specific antecedent cases and cannot be used at all in command and influence cases.

EXAMPLES:

Es dudoso que nuestras abuelas llevaran faldas cortas.
*It is doubtful that our grandmothers wore short skirts.*

Es ridículo que le hayas dicho que los niños vienen de París.
*It is ridiculous that you told him that children come from Paris.*

No creo que Emma supiera lo que iba a hacer.
*I do not believe that Emma knew what she was going to do.*

Es improbable que los españoles hayan investigado mucho en el pasado.
*It is improbable that the Spaniards did much research in the past.*

Necesito hablar con un hombre que haya viajado a Roma.
*I need to speak with a man who has traveled to Rome.*

Él está dispuesto a ir dondequiera haya ido usted.
*He is determined to go wherever you have been.*

**5.11**   The imperfect subjunctive is also used to refer to a present event that is viewed as contrary to fact or highly unlikely:

Juan no está aquí, pero ojalá que estuviera.
*John is not here, but I wish he were.*

Frequently this use of the imperfect subjunctive appears in combination with a verb in the conditional tense that indicates the hypothetical result of this contrary-to-fact or unlikely event:

Juan no está aquí, pero si estuviera, yo hablaría con él.
*John is not here, but if he were, I would speak with him.*

This use of the imperfect subjunctive also occurs with **como si** and **aunque**:

Juan no está aquí, pero aunque estuviera, yo no hablaría con él.
*John is not here, but even if he were, I would not speak with him.*

Juan da órdenes como si fuera el rey.
*John gives orders as if he were king.*

NOTE:    **Aunque** may be followed by the present indicative the present subjunctive, or the imperfect subjunctive. In each case the meaning is slightly different.

| | |
|---|---|
| Aunque la cifra de Fourastie es discutible, la aceptamos. | *Even though Fourastie's figure is debatable, we accept it. (It is for a fact debatable.)* |
| Aunque la cifra de Fourastie sea discutible, la aceptamos. | *Even if Fourastie's figure is debatable, we accept it. (It may or may not be debatable.)* |
| Aunque la cifra de Fourastie fuera discutible, la aceptaríamos. | *Even if Fourastie's figure were debatable, we would accept it. (It is not debatable.)* |

EXAMPLES:

| | | |
|---|---|---|
| 43/12 | Si vieran ustedes lo que es estar frente a una delegacioncita... | *If you could see what it's like to be in front of a delegation . . .* |
| 70/1 | Como si de algún modo conociera los hechos ulteriores... | *As if somehow she knew what was going to happen . . .* |
| 73/11 | Se cortó como si la venciera el temor. | *She stopped as if overcome by fear.* |

**5.12**   To indicate contrary-to-fact or highly unlikely events in the past, the past perfect subjunctive is used. If a hypothetical result is given, it is in the conditional perfect:

| | | |
|---|---|---|
| | Juan no vino, pero si hubiera venido yo habría hablado con él. | *John did not come, but if he had come I would have spoken with him.* |
| 25/37 | Antonio hubiera tenido que verse en capilla para perdonar al marchoso. | *Antonio would have had to be in church in order to forgive the conceited guy.* |

**5.13**   The imperfect subjunctive is used to soften a request, a suggestion, or a criticism:

| | | |
|---|---|---|
| | Yo quisiera un vaso de agua. | *I would like a glass of water.* |
| | Usted no debiera hablar mal de sus amigos. | *You should not speak ill of your friends.* |
| 45/8 | Lo que quisiéramos averiguar es esto. | *What we would like to find out is this.* |

## Uses of the subjunctive without introductory clauses

**5.14**   There are several uses of the subjunctive in sentences that appear to be independent main clauses. In some cases there is an understood main clause that is simply omitted from the actual sentence:

| | | |
|---|---|---|
| | Que venga Juan. | **Mando que venga Juan.** |
| | Que Dios te ampare. | **Espero que Dios te ampare.** |
| 93/37 | Que investiguen otros. | **Dejemos que investiguen otros.** |

**Tal vez** and **quizás** can be thought of as equivalents of **es posible que**:

Tal vez venga. **Es posible que venga.**

**Ojalá** is used with the present subjunctive to mean *I hope*. (Compare this with the use of **ojalá** with the past subjunctive to mean *I wish*). In both cases it can be thought of as the equivalent of **espero que**:

Ojalá que venga. **Espero que venga.**

### The subjunctive versus the infinitive after verbs of command, influence, or emotion

**5.15**  When there is no change of subject (e.g., when a person is expressing an emotion about something he may do himself), the infinitive is generally used. If there is a change of subject (e.g., if someone is expressing an emotion about something someone else may do), a clause with the subjunctive is generally used:

$$\left.\begin{array}{l}\text{Quiero}\\\text{Espero}\\\text{Prefiero}\end{array}\right\} \quad + \quad \left\{\begin{array}{l}\text{salir ahora.}\\\text{que tú salgas ahora.}\end{array}\right.$$

Even when there is a change of subject, with certain verbs of command or influence: the infinitive (with an object pronoun indicating the other person involved) may be used as an alternative to a clause with the subjunctive:

$$\text{Te} \left\{\begin{array}{l}\text{mando}\\\text{hago}\\\text{dejo}\\\text{prohibo}\end{array}\right\} \text{salir.} \quad = \quad \left\{\begin{array}{l}\text{Mando}\\\text{Hago}\\\text{Dejo}\\\text{Prohibo}\end{array}\right\} \text{que tú salgas.}$$

In the case of verbs of command that are also verbs of communication (**decir**, **indicar**, **insistir**, etc.), however, only a clause with the subjunctive is possible:

$$\left.\begin{array}{l}\text{Digo}\\\text{Insisto}\\\text{Indico}\end{array}\right\} \quad \text{que salgas.}$$

## Ejercicios orales

**A.** Sustituya los nuevos sujetos en las frases.

1. Era necesario que todos fuéramos a la fiesta.

   Tú, ellos, usted, yo, vosotros, la banda, el presidente actual.

2. Me dijeron que estuviera aquí a las ocho.

   El, nosotros, ellas, ustedes, usted, tú, vosotros, ella.

**3.** Era probable que fuéramos capaces de hacerlo.

Tú, ellos, vosotros, Susana, los técnicos, las matemáticas.

**4.** El profesor quería que trajéramos los libros a la clase.

Tú, yo, ellas, los estudiantes, vosotros, usted, ellos, yo.

**B.** Cambie las frases al pasado (los dos verbos deben cambiarse, el primero al imperfecto, el segundo al imperfecto de subjuntivo). Siga el modelo:

MODELO:   Es necesario que sepamos los verbos.
          Era necesario que supiéramos los verbos.

Es ridículo que tengamos que estudiar tanto.
Es lamentable que haya tantos verbos irregulares.
Me dice que salga de la clase.
Prefieren que hagamos los ejercicios en casa.
Mandan que escribamos las cartas en español.
Lo peor es que ya no se acuerde de mí.

**C.** Conteste a las preguntas usando el subjuntivo perfecto:

MODELO:   ¿Vino Juan a la fiesta?
          No estoy seguro, pero es probable que haya venido.

¿Estudió física su hermano?
¿Fue a la playa el señor González?
¿Estudió en San Francisco su profesor?
¿Llovió la semana pasada?
¿Hubo tiempo para cantar en la fiesta?
¿Recibiste muchas cartas hoy?

**D.** Conteste a las preguntas usando el imperfecto de subjuntivo:

MODELO:   ¿Por qué leía Juan el libro de español?
          Porque era necesario que lo leyera.

¿Por qué estudiaba Carlos sus lecciones?
¿Por qué traían los estudiantes sus libros a la clase?
¿Por qué estaban los profesores en la sala?
¿Por qué tenían las muchachas las faldas tan largas?
¿Por qué lavabas el auto ayer?
¿Por qué ibas al laboratorio todos los días el año pasado?

**E.** Conteste a las preguntas usando el imperfecto de subjuntivo y el condicional:

MODELO:     ¿Va Juan a la iglesia?
                    No, pero si fuera, yo iría también.

¿Estudia Pablo sus lecciones?
¿Escriben sus amigos las cartas?
¿Vienen las chicas a la clase?
¿Están sus padres en San Francisco?
¿Se baña su hermano en la playa de Oriente?
¿Trae discos a la fiesta mi hermana?

**F.** Conteste a las preguntas usando los equivalentes pasados de los tiempos usados en el ejercicio anterior:

MODELO:     ¿Fue Juan a la iglesia?
                    No, pero si hubiera ido, yo habría ido también.

¿Estudió Pablo sus lecciones?
¿Escribieron sus amigos las cartas?
¿Vinieron las chicas a la clase?
¿Estuvieron sus padres en San Francisco?
¿Se bañó su hermano en la playa del Oriente?
¿Trajo discos a la fiesta mi hermana?


## Ejercicios escritos

**1.** Construya frases con las palabras y expresiones siguientes:

Actual, medio, medios, solo, sólo, verdaderamente, haber de, a causa de, actualmente.

**2.** Exercise on the correct use of the past tenses

The following paragraph describes events that take place at the present moment. First read the entire paragraph as it appears. Then reread the paragraph imagining that the events described took place at some previous time. For each *italicized* verb, supply the correct past form (preterite, imperfect, conditional, imperfect subjunctive, or a perfect tense).

El profesor *entra* en la clase donde *están* los estudiantes y les *habla* despacio para que ellos *entiendan* bien, porque *es* el primer día y él *teme* que durante el verano se les *haya olvidado* a ellos mucho de lo que *han aprendido* el año anterior. *Es* dudoso que Henry Smith *recuerde* el significado del verbo **levantarse**, porque si él lo *recordara*, se *levantaría* cuando el profesor le *pide* que se *levante*. Es probable que el profesor le *diga* en inglés lo que quiere decir pero todos *saben* que después que *pasen* unos días, el profesor ya no *hablará* más en inglés.

# COMPOSITION

## Subdivision of the topic

**5.16**   If your thesis is quite complex, you may find it convenient to subdivide the argument in order to discuss its various aspects separately. For example, geographical areas or various moments in history may be discussed separately in relation to the thesis. Another type of subdivision might involve the identification of various parts of a university decision-making machinery with a separate discussion of each. Alternatively, different aspects (legal, religious, philosophical) of an issue might be dealt with independently.

## Comparison, contrast, and analogy

**5.17**   Showing how two elements are alike or different can be useful in the development of a thesis. In making contrasts or comparisons, you should be careful to organize your statements in such a way that they are easy to follow. For example, if you list all the attributes of one of the two elements in question before you begin to discuss the other, the reader may not remember what these attributes were and may lose the thread of the comparison.

If you are attempting to illustrate a point by analogy, you should make certain that the analogy is reasonably sound (all analogies are somewhat suspect—if the two sides of an analogy were equal in all respects, it would not be an analogy). This is one area where 'taking the other side' (in your mind only, not in your essay) can help you build a sound argument. Ask yourself what objections would you raise if you were trying to refute this analogy. Is there an important difference between the items compared that makes the analogy invalid? If so, the analogy would best be discarded. If you can think of objections that might be raised, but you think you can answer them, it might be profitable to state the objections and your answer.

### Composition # 5

Choose a topic from this lesson, and develop a thesis using comparison and contrast. If you use an analogy in your development, be sure there is a basis for it. As has been suggested in Lesson Four, it would be a good idea to look over the composition sections of previous lessons before you begin to write.

# TOPICS FOR CONVERSATION AND COMPOSITION

**1.** Cualquier tiempo pasado fue mejor

¿Hay aspectos de la vida que fueron mejores antes?
¿Hay algo en sus experiencias personales que le haya gustado más en el pasado?
¿Le habría gustado a usted vivir en el pasado? ¿En qué época?

**2.** Cambios en la vida humana por la ciencia

¿Qué progreso científico se ha realizado durante su vida?
¿Habrá problemas morales o éticos con los conocimientos y descubrimientos científicos?
¿De qué se compone el progreso? Es evidente que la vida ha cambiado mucho desde los días del hombre de Neanderthal pero, en otros sentidos, ¿podemos decir que el hombre ha progresado verdaderamente?

**3.** El tiempo libre

¿Permitirá la ciencia más tiempo libre?
¿Cómo lo pasaría la mayoría de las personas?
¿Cómo lo pasaría usted?
¿Será cosa buena si las masas humanas tienen más tiempo libre? ¿Habrá problemas?

**4.** El nivel cultural

¿De qué se compone el nivel cultural? ¿Se puede elevar el nivel cultural de una persona por mandarla a la universidad?
En general, ¿cómo es el nivel cultural de este país?
¿Cómo se puede elevar el nivel cultural de los países poco desarrollados?

**5.** La investigación

¿Cree usted que le damos demasiada importancia a la investigación? ¿Qué valor tiene la investigación que se hace en las Humanidades?
¿Es una buena idea que los profesores de la universidad dediquen parte de su

tiempo a la investigación en sus especialidades?

La expresión «que investiguen otros» puede extenderse a «que lo hagan otros». ¿Sabe usted de casos en que, por necesidad, una persona tuvo que hacer algo de que no se sentía capaz antes, y le salió bien?

**6.** Presentar bien y fabricar bien

En general, ¿de qué calidad son los productos y servicios de este país?
¿Cómo son comparados con los del extranjero?
¿Cómo son comparados con los del pasado?
¿Qué piensa usted de la propaganda comercial que hay en este país? ¿Hasta qué punto es necesaria? ¿Debe haber leyes más estrictas para regularla?
¿De qué factores psicológicos y sociales se aprovecha la propaganda comercial para vender los productos? ¿Por qué escoge usted una marca en vez de otra cuando compra algo?

**7.** Los cerebros electrónicos

¿Cómo pueden ayudar a la raza humana los cerebros electrónicos?
¿Cómo pueden dañar a la raza humana?
Hay servicios por los cuales se les puede arreglar citas con un miembro del otro sexo a los clientes. ¿Usted se ha aprovechado, o sabe de alguien que se ha aprovechado, de este servicio? ¿Cómo les salió a los dos? ¿Qué le parece la idea?

**8.** El incentivo del beneficio

¿Tienen los obreros el derecho de recibir una parte de los beneficios de una empresa?
¿Cuáles son las ventajas de un sistema capitalista? ¿Cuáles son las desventajas?
¿Se puede evitar las depresiones económicas y la inflación monetaria? ¿Cuáles son las ventajas y desventajas del sistema socialista?

**9.** Protección arancelaria

¿Para qué sirven las tarifas?
¿Qué pasaría si hubiera tarifas en los productos que van de un estado a otro en los Estados Unidos?
¿Es posible abandonar las tarifas que hay en el mundo? ¿Qué obstáculos hay?
¿Se ha hecho progreso en eliminar parte de las tarifas?

**10.** El futuro

¿Es usted optimista ante el futuro? ¿Cómo explica su optimismo o su pesimismo?
¿Qué predicciones haría usted para el futuro? ¿En la política? ¿En la vida diaria?
¿En los acontecimientos nacionales y mundiales? ¿En las ciencias? ¿En las relaciones humanas?

# LESSON SIX

## *Rescate*

(primera parte)

*Alfonso Hernandez Catá*

Alfonso Hernández Catá (1885–1940) was a Cuban author and diplomat. He cultivated almost all literary genres and is considered one of the finer writers of the Spanish American short story. *Rescate,* the selection included here, reflects his stylistic craftsmanship and sense of drama.

*calling card | stuck out his chest | levantar | streaked his lapel*

El caballero alargó su **tarjeta, bombeó el pecho** como para **realzar** la condecoración que **rayaba su solapa** y dijo imperativamente:

— Necesito ver al señor juez en seguida. Dígale que es
5 para algo relacionado con el crimen de anoche.

*portero*

Cuando el **ujier** cerró tras sí la puerta y el visitante sintió cruzarse con la suya la mirada interrogativa del magistrado, más para asegurar su voluntad que para darle una lección de cortesía, preguntó:

10 — ¿Puedo sentarme?

— Sin duda... Dispénseme: Conozco y respeto su nombre, pero como ésta no es mi casa particular y tengo un trabajo **abrumador**...

*que molesta mucho*

— Seré breve. He leído que el asesino de ayer trata de
15 establecer una **coartada** afirmando que a la misma hora en que se cometió el crimen, es decir, a las cinco, estaba en el canalillo de Oeste, pescando.

*alibi*

— Así es.

— Pues bien, ayer era día de fiesta y yo pasé toda la tarde al borde de ese canalillo, pescando también. Pensando y pescando: trabajo y recreo.

— Comprendo, sí. Y es muy interesante. El canalillo es
5 corto. De ser cierta la alegación, no sería posible que usted no lo haya visto, ¿verdad? Por muy distraído que sea…

— Sólo dos pescadores habíamos allí, así que…

— El agente ciclista que pasó a las cuatro afirma que en el canalillo no había nadie.

10    — A las cuatro y cuarto llegué yo, y el otro pescador ya estaba.

**dos**    — El agente que pasó a las seis tampoco recuerda haber visto
**warned** a nadie. Vio nada más que **una pareja de** enamorados, a la que **amonestó** y a la que se busca.

15    — A las seis menos cinco miré yo el reloj, estoy seguro, y
**la cuerda para pescar** recogí **el sedal**. Mi vecino estaba recogiendo también sus
**cosas para pescar** **bártulos**. Acaso el guardia ese pasara algo después.

— ¿Usted no habló con su compañero de pesca?

— Naturalmente. No es costumbre mía hablar sin estar
20 presentado. Además, el hombre no parecía de nuestra clase.

— El presunto criminal tampoco lo es. Algunos periódicos explican su caso: se trata de un ex soldado de la Gran Guerra, citado tres veces por actos heroicos. La primera citación nada
**soldados alemanes y** 25 menos que por haberse defendido contra varios **ulanos**,
**rusos** haberles dado muerte, y haber traído a nuestras líneas, casi estrangulado, a un jefe que llevaba sobre sí documentos impor-
**Las circunstancias** tantes. **Los indicios** que hay contra él son que estaba **sin**
**sin trabajo** **colocación** y que le debía dinero a la víctima. Al ser interrogado
30 estableció ya la coartada, pero ha contestado torpemente a
**confundiéndose** varias preguntas, **embrollándose**.
**confundirse** — Todo acusado puede **turbarse**, igual sea culpable o inocente. Es de psicología elemental. ¿Y la víctima?
**'shady character' /** — Un **sujeto equívoco**, rico, **usurero**. En verdad uno de
**'loan shark'** 35 esos hombres a quienes se encuentra en el límite de la ley. Si hubiera muerto en su cama en vez de morir en una calle ob-
**slit throat** scura, de un **tajo en el cuello**, poca pérdida.

— ¿Entonces?…

Echándose atrás en la silla y saboreando el humo de su
40 cigarro, el juez se entregó a una lamentación de orden personal en vez de responder a la pregunta que acaba de hacérsele:
**crímenes / at best** — Es fastidiosa esta profesión, entre **delitos** estúpidos,
**afortunados** bestiales **cuando más**. Ah, ¡**dichosos** ustedes los que se ocu-
**tranquilidad** pan de ciencia y trabajan con **sosiego** por la gloria!… Ha sido

para mí un verdadero gusto el tener ocasión de conocer a una de las **lumbreras** más jóvenes de hoy.

— **Ahórreme lisonjas**, señor juez. Ahora soy yo quien le recuerdo que mi tiempo es corto.

5 — Tiene razón, perdóneme. **Me sería grato** que ese pobre héroe fuera su vecino de pesca: al fin uno es patriota, **¡qué caray!** Un testimonio de la calidad del suyo, **a todas luces irrecusable**, **desvanecería de golpe** los mayores indicios, y la policía tendría que buscar por otra parte hasta que 10 diera con una nueva **pista** o se cansara. Voy a mandar que suban al detenido. Será cuestión de poco.

**Oprimió un timbre, hojeó** unos papeles y **cursó** luego una orden. Al salir el ujier a transmitirla, el visitante había sacado del bolsillo **pruebas de imprenta**, que se puso a 15 corregir apoyándose en uno de los brazos de sillón.

— Hay que **aprovechar** los minutos, señor juez. Dispénseme. Así le doy a usted libertad plena para no **malgastar** los suyos por mí.

Y los dos quedaron en silencio, **sobre sendos papeles**, 20 hasta que, pasado un cuarto de hora, sonó en el pasillo **tropel** de pasos.

— Ya lo traen, dijo el juez.

Se abrió la puerta y, **maniatado**, entre cuatro policías, entró un hombre **macilento**, roto el traje — y el cuerpo 25 también — de su choque contra la Justicia, los ojos **empavorecidos** hasta casi cerrárseles en el **morado febril de las ojeras**. El juez, con brusquedad súbita, lo interpeló:

— ¿Sigue obstinándose en negar?

Uno de los guardias creyó oportuno decir algo:

30 — El sargento, **por más que le ha apretado las clavijas, no lo ha sacado de su trece**. Dice siempre lo mismo: Que él no ha sido; que estuvo de pesca.

— Bien — terció el magistrado enrojeciendo un poco —, puede decirle al sargento que el juez no ha agradecido su indi-35 cación. Un interrogatorio hábil vale más que cien clavijas apretadas... Así se da pretexto a los **papeluchos** de la izquierda para que hablen de la Inquisición y otras **zaranjadas**.

Y volviéndose, sin apenas cambiar de tono, hacia el hombre que removía con acobardada cólera sus huesos, le preguntó:

40 — ¿Conoce usted a este caballero?

Los ojos a medio cerrar entre el morado de las ojeras se abrieron con lentas luces de precaución, y la boca tardó casi un angustioso minuto en articular una respuesta ambigua:

— No... Es decir... No sé... No sé.

*net | fishing pole*

*frame, setting*

legal

hacían lo necesario

*handcuffs* | sorprendido

mano derecha

abogado que habla mucho | *flourish* prisionero | *rid them of numbness*

*bright threshold*

*marks left by the handcuffs on his wrists*

como si algo secreto siguiera deteniendo

*famous scientist*

— Pues yo a usted sí lo recuerdo perfectamente. Usted estaba pescando ayer, a pocos metros de mí, en el canalillo del Oeste. Tenía usted aquella **red** y aquella **caña** que están en ese rincón, y fumaba cigarrillo tras cigarillo, que luego echaba al agua, como si quisiera castigar a los peces por no picar.

— ¡Ah, sí!... ¡sí!

— Cuando yo llegué, poco después de las cuatro, usted estaba ya; y cuando me fui, a eso de las seis, se quedaba usted recogiendo. Es él, señor juez, sin la menor duda. Cuando se ve a un hombre en un **marco** de soledad y de silencio, no puede olvidarse. Lo reconocería entre mil. El no me recuerda quizás porque estaba vuelto un poco de espaldas, en dirección a la corriente. ¿Puedo firmar mi declaración?

Podía firmarla, sí: el secretario la redactó en pocos minutos, dándole un tono ya por completo **curial** y todavía más categórico. Mientras **se evacuaban los trámites**, el hombre seguía con las **esposas** en los pulsos y miraba **atónito** a todas partes, sin perder el recelo de bestia acorralada.

Cuando la **diestra** del caballero puso bajo la prosa del **rábula** un nombre y una **rúbrica**, el juez, volviéndose hacia los guardias, ordenó que quitaran al **preso** los hierros, y al verlo tender los brazos y **desentumecerlos** después con alegría animal, le dijo:

— Ha tenido usted una suerte inmensa. Sin la intervención providencial de este señor, los indicios que sobre usted pesaban lo habrían tenido sabe Dios cuánto tiempo en la cárcel. Mucho, porque se hubiera dejado de buscar otra pista. Ahora mismo voy a firmar el auto de libertad.

— ¿Yo puedo irme?

La pregunta no venía de quien, milagrosamente, veíase salir del fondo obscuro de los castigos al **umbral luminoso**, sino del apresurado salvador, a quien el juez acompañó con reverencias hasta la puerta del despacho.

Todavía durante largo rato el preso se contempló las **huellas dejadas por las esposas en las muñecas**. Al decirle que estaba libre, echó a andar muy despacio, volviendo la cabeza hacia atrás; y sólo al trasponer el pasillo aceleró el paso, **cual si un secreto resorte frenase todavía** su ansia de correr. De pronto, desanduvo el camino y volvió a golpear en la puerta: Quería saber el nombre y la dirección del caballero a cuya comparecencia debía estar libre.

Se los dieron, y le dijeron también que era un **sabio célebre** y enriquecido por el primero de sus inventos. El se encogió de hombros y tornó a salir. Una idea única, y no de

gratitud, guiaba sus pasos. Anduvo por muchas calles hasta llegar, en una muy mucha y recta, a un portal suntuario, en donde le dijeron que la persona a quien buscaba no vendría a comer ni sería posible verla hasta quince días más tarde, pues
5 esa misma noche partía para el campo. No cabía, pues, otro recurso que esperar.

## Questions

1. ¿Para qué fue el caballero a ver al juez?
2. ¿De qué crimen se trata en el cuento?
3. ¿Por qué preguntó el caballero si podía sentarse?
4. ¿Qué coartada trata de establecer el acusado?
5. Según lo que dice, ¿dónde estaba el caballero cuando se cometió el crimen? ¿Por qué estaba allí?
6. ¿Quién estaba pescando en el canalillo cuando un agente pasó por allí a las cuatro?
7. Cuando el segundo agente pasó por el canalillo, ¿qué hora era y quiénes estaban allí?
8. ¿Por qué no habló el caballero con su compañero de pesca?
9. ¿Qué sabemos del pasado del hombre acusado del crimen?
10. Según el magistrado, ¿por qué mató el acusado a la víctima?
11. ¿Cómo era la víctima y qué oficio tenía?
12. ¿Por qué cree el magistrado que el acusado es culpable?
13. ¿Por qué es tan importante el testimonio del caballero?
14. ¿Qué hacen el caballero y el juez mientras esperan la llegada del acusado?
15. Descríbase la entrada del acusado.
16. ¿Cómo es el primer encuentro entre el caballero y el acusado?
17. Después de las acciones en la presencia del juez, ¿quién pide permiso para irse?
18. Antes de irse del juzgado, ¿qué hace el acusado?
19. ¿Quién es el caballero que había visitado al juez?
20. ¿Por qué tuvo que esperar dos semanas el acusado para ver al caballero?

# GRAMMAR

## Special problems

### 6.1  Particular

**Particular** usually means *private* rather than *particular*:

| | | |
|---|---|---|
| 109/12 | Esta no es mi casa particular. | *This is not my private residence.* |
| | Se dan clases particulares. | *Private lessons are given here.* |

### 6.2  Volver

**a.**  **Volver** can mean *to turn* or *to return*:

| | | |
|---|---|---|
| 112/12 | Estaba vuelto un poco de espaldas. | *You were turned a bit the other way.* |
| 112/36 | Echó a andar muy despacio, volviendo la cabeza para atrás. | *He started to walk very slowly, turning his head back.* |
| 112/39 | De pronto desanduvo el camino y volvió a golpear en la puerta. | *Suddenly he stopped and returned to knock on the door.*[1] |
| 70/34 | De vuelta preparó una sopa de tapioca. | *Upon her return, she prepared a tapioca soup.* |

**b.**  **Volverse** can mean *to turn around* or *to become*:

| | | |
|---|---|---|
| 112/20 | El juez, volviéndose hacia los guardias, ordenó que quitaran los hierros. | *The judge, turning around towards the guards, ordered them to take off the handcuffs.* |
| | Uno puede volverse loco pensando en estas cosas. | *One can become crazy, thinking about these things.* |

---

[1] Although **volvió a golpear en la puerta** can also mean *knocked on the door again*, the context shows that the translation given is the correct one (since he had not previously knocked on the door).

**c. Volver a** + INFINITIVE means *to do again*:

| | |
|---|---|
| 23/8 | Bastó para que estorbase que su hija y Antonio volvieran a verse. | *It was enough for her to prevent her daughter and Antonio from seeing each other again.* |

## 6.3  Ponerse

**a. Ponerse** can mean *to put on*:

Se puso la chaqueta nueva.          *He put on his new jacket.*

**b.** *To become* (similar to **volverse**, given above):

Juan se puso enfermo.          *John became ill.*

**c. Ponerse a** + INFINITIVE means *to begin* (*to do something*):

| | |
|---|---|
| 111/13 | Había sacado pruebas de imprenta que se puso a corregir. | *He had taken out galley proofs which he began to correct.* |

## 6.4  Tratar

**a. Tratar de** + INFINITIVE means *to try* (*to do something*):

| | |
|---|---|
| 70/7 | Trató de recordar a su madre. | *She tried to remember her mother.* |

**b. Tratar** can also mean *to treat*:

A veces tratan muy mal a los prisioneros.          *Sometimes they treat prisoners very poorly.*

**c. Tratarse de** means *to have to do with, to be a case of,* or sometimes simply *to be*:

| | |
|---|---|
| 110/23 | Se trata de un ex soldado de la gran guerra. | *It is a case of an ex-soldier of the great war.* |
| 45/13 | Evidentemente se trata de una falsedad. | *Evidently it is a falsehood.* |

## 6.5  Pasar

**a. Pasar** can mean *to pass by*:

| | |
|---|---|
| 110/8 | el agente ciclista que pasó a las cuatro | *the policeman who went by at four o'clock.* |
| 70/44 | Prometió pasar por el escritorio. | *She promised to pass by the office.* |

**b.**  *To spend (time):*

110/1  Yo pasé toda la tarde al borde de ese canalillo.  |  *I spent the whole afternoon on the edge of that canal.*

## 6.6   *To take*

**a.**  *To take*, when it means *to carry*, or *to take somewhere*, is **llevar**:

110/27  Llevaba sobre sí documentos importantes.  |  *He was carrying important documents on his person.*

92/22  Todo ello, ¿dónde llevará al mundo?  |  *All this, where will it take the world?*

23/2  una semilla que lleva un día el viento a una tierra fecunda  |  *a seed that the wind carries one day to a fertile ground*

---

NOTE:    **Llevar**, when it refers to clothing, usually means *to wear*.

---

46/14  ¿Qué chica no lleva las faldas cortas?  |  *What girl does not wear short skirts?*

**b.**  *To take*, when it means *to pick up*, is **tomar**:

73/30  Tomó el teléfono.  |  *She picked up the telephone.*

---

NOTE:   **Tomar** can also mean *to drink*.

---

Tomó una coca cola.  |  *He drank a coke.*

**c.**  *To take out* is **sacar**:

73/14  Ya había sacado del cajón el pesado revólver.  |  *She had already taken the heavy revolver out of the drawer.*

**d.**  *To take off* is **quitar**:

73/29  Le quitó los quevedos salpicados.  |  *She took off his sunglasses.*

**e.**  *To take something away from someone* is also **quitar**:

Le quitó los documentos.  |  *He took away his papers.*

**f.**  *To carry off* is **llevarse**:

Alguien se llevó mi libro.  |  *Someone has taken my book.*

# The equivalents of *to be*

**6.7**   Although **ser** and **estar** are the most frequent equivalents of *to be*, there are certain expressions that require other constructions:

| | | |
|---|---|---|
| WEATHER | **Hace frío.**<br>**Llueve.** | *It is cold.*<br>*It is raining.* |
| WHAT SOMEONE FEELS | **Tengo sueño.**<br>**Tengo frío.**<br>**Tengo hambre.** | *I am tired.*<br>*I am cold.*<br>*I am hungry.* |
| THERE IS<br>THERE ARE | **Hay un hombre aquí.**<br>**Hay hombres aquí.** | *There is a man here.*<br>*There are some men here.* |

## Ser **and** estar

**6.8**   Generally the use of **ser** or **estar** in a particular sentence depends upon the nature of the predicate (the noun, adjective, or adverb that is linked by the verb to the subject of the sentence):

| PREDICATE | INDICATING | VERB | EXAMPLE |
|---|---|---|---|
| NOUN | (in all cases) | ser | **Juan es profesor.** |
| ADJECTIVE | a characteristic | ser | **Juan es inteligente.** |
| | a condition | estar | **Juan está contento.** |
| ADVERB | the location of something | estar | **Juan está aquí.** |
| | time or place something "takes place" | ser | **La fiesta es mañana.**<br>**La clase es aquí.** |
| | time | ser | **Son las tres. Es jueves.** |

## Uses of ser

**6.9**  **Ser** is used:

**a.**  Whenever the predicate is a nominal (a noun or pronoun, or a phrase or clause functioning as a noun):

| | | |
|---|---|---|
| 109/12 | Esta no es mi casa particular. | *This is not my private residence.* |
| 110/1 | Ayer era día de fiesta. | *Yesterday was a holiday.* |
| 92/8 | El que piensa es el cerebro del hombre que programa. | *The one that thinks is the brain of the man who programs.* |

---

NOTE:     There are three types of sentences that may appear to students to be exceptions to the rule. It is necessary to bear in mind the following: (a.) the predicate is not always the element that follows the verb: **Aquí está el libro que necesitas.** The predicate is **aquí**, therefore the use of **estar.** (b.) The use of **ser** or **estar** depends upon the nature of the WHOLE predicate. Therefore some non-nominal predicates that contain nouns may be used with **estar**: **Estamos de vacaciones.** The predicate is **de vacaciones**, which is not a nominal. (c.) The word order of Spanish sentences is very free, and some sentences allow variations that appear to have a nominal predicate. Thus **El día está tan hermoso** can be converted to **Está el día tan hermoso.**

---

**b.**  In expressions involving the incorporation of an entire sentence or idea into the predicate:

Juan no tiene que salir → Juan no es el que tiene que salir.

If the idea included in the predicate is sufficiently clear to the hearer, then it may be eliminated, thus leaving **ser** without an expressed predicate:

> **Yo no hice eso.**  →
> **Yo no fui el que hizo eso.**  →
> **Yo no fui.**

| | | |
|---|---|---|
| 111/31 | Dice siempre lo mismo: que él no ha sido. | *He keeps on saying the same thing: that he didn't do it.* |

**c.**  When the predicate is a time adverbial (with or without a subject):

Son las tres.                          *It is three o'clock.*
La fiesta es mañana.                   *The party is tomorrow.*


**d.**  When the predicate is an adjective that refers to an inherent or normal characteristic of the subject:

| | | |
|---|---|---|
| 110/4 | El canalillo es corto. | *The canal is short.* |
| 110/42 | Es fastidiosa esta profesión. | *This profession is bothersome.* |
| 111/4 | Mi tiempo es corto. | *My time is short.* |
| 91/2 | Cualquier tiempo pasado fue mejor. | *Any time past was better.* |
| 91/5 | El mundo de mañana será mecanizado. | *Tomorrow's world will be mechanized.* |
| 92/12 | En años pasados las matemáticas eran impotentes. | *In past years mathematics was im-impotent.* |

---

NOTE:     The frequently cited distinction between permanent and temporary is inaccurate and misleading. An inherent characteristic can be temporary (**es joven**), and a condition can be permanent (**está muerto**).

---

The following types of adjectival phrases are used with **ser** because the qualities they describe are viewed as characteristics:

| | |
|---|---|
| POSSESSIVE | Este libro es de Juan. |
| ORIGIN | Nuestro profesor es de Salamanca. |
| MATERIAL | Esta mesa es de madera. |


**e.**  In almost all impersonal expressions:

| | | |
|---|---|---|
| 92/30 | Es evidente que en el futuro se podrá vivir mejor. | *It is evident that in the future it will be possible to live better.* |
| 93/4 | Será posible elevar considerablemente el nivel de vida. | *It will be possible to raise considerably the standard of living.* |
| 23/3 | Era natural que creciera. | *It was natural for it to grow.* |


**f.**  When the predicate is a place adverbial if it tells where something TAKES PLACE (to give simple location, **estar** is used):

La conferencia es en la sala 3.        *The conference is in room 3.*

**g.**  To mean *to act* or *to behave*. In these cases **ser** refers to a described or desired behavior, not to a quality:

109/14   Seré breve.                                   *I will be brief.*
        Yo siempre fui sincero con usted.        *I was always sincere with you.*
        No seas tonto.                           *Don't be foolish.*

**h.**  With the **-do** form of a verb to indicate passive voice, when what is referred to is an action:

73/2   Ella no quería ser castigada.            *She did not want to be punished.*
110/29   Al ser interrogado estableció ya la      *Upon being interrogated, he estab-*
        coartada.                                  *lished his alibi.*
71/26   Lo hizo así para que la pureza del        *She did it that way so that the purity*
        horror no fuera mitigada.                  *of the horror would not be miti-*
                                                   *gated.*

## Uses of estar

**6.10   Estar** is used:

**a.**  With a place adverbial to give the location of something:

109/16   Estaba en el canalillo de Oeste.         *He was in the West Canal.*
112/3   Tenía usted aquella red y aquella         *You had that net and that pole that*
        caña que están en el rincón.               *are in the corner.*

---

NOTE:     **Estar** can be used without a predicate if the place referred to is sufficiently clear (usually either *here* or *there* is implied).

---

110/10   El otro pescador ya estaba.              *The other fisherman was already*
                                                   *there.*
112/7   Usted estaba ya.                          *You were already there.*
        Dile que no estoy.                         *Tell him I'm not here.*

**b.**  When the predicate is an adjective that refers to a state or condition:

110/15   A las cinco miré el reloj, estoy se-     *At five o'clock I looked at my watch,*
        guro.                                      *I'm sure.*
93/18   Hay que olvidar las autarquías, que      *It is necessary to forget autarchies,*
        están pasadas de moda.                     *which are out of style.*
70/22   Ya estaba perfecto su plan.              *By then her plan was perfect.*
25/18   ¡Huy! ¡Cómo está esto!                   *Wow! Look at this.*

2/37    Trata de conseguir otro coche si el      *He tries to obtain another car if his is*
        suyo está viejo.                         *old.*

Just as was the case with **ser**, certain types of adjectival phrases with **de** or other prepositions are used with **estar**, because the qualities they refer to are thought of as conditions:

110/28   Estaba sin colocación.                  *He was without a job.*
 25/2    Ella imaginó que el cielo estaba de     *She imagined that heaven was on her*
         su parte.                               *side.*
 2/12    Los profesores están a su servicio.     *The teachers are at their service.*

  **c.**   With the **-do** form of a verb to refer to a condition that is a result of the action of the verb:

110/19   No es costumbre mía hablar sin          *It is not my custom to speak without*
         estar presentado.                       *having been introduced.*
 44/22   Les estaba prohibido casarse con        *Marrying more than one woman was*
         más de una mujer.                       *forbidden to them.*
 45/1    Está colgada de un alambre.             *It is hung from a wire.*

  **d.**   With the **-ndo** form in progressive tense constructions:

110/16   Mi vecino estaba recogiendo tam-        *My neighbor was picking up his*
         bién sus bártulos.                      *things also.*
112/1    Usted estaba pescando ayer.             *You were fishing yesterday.*


**Ser and estar in contrast**

**6.11**   Whether a given adjective refers to an inherent characteristic or a condition is often a subjective judgment made by the speaker. The following examples will serve to illustrate:

Tu hermana es muy bonita.          *(She is a pretty girl).*
Tu hermana está muy bonita.        *(She looks nice now).*
Nuestra casa es muy vieja.         *(It is an old house).*
Nuestra casa está muy vieja.       *(It needs repairs).*
Pablo es muy gordo.                *(He is a fat man).*
Pablo está muy gordo.              *(He has gained weight).*

**6.12**   Some adjectives have two meanings, one more frequently used with **ser**, one more frequently used with **estar**:

Este coche es malo.          *(It is of poor quality).*
Este coche está malo.        *(It is not working).*
Este estudiante es listo.    *(He is bright).*

Este estudiante está listo.          *(He is ready)*.
El profesor es aburrido.             *(He is boring)*.
El profesor está aburrido.           *(He is bored)*.
Tu hijo es muy limpio.               *(He keeps himself clean)*.
Tu hijo está muy limpio.             *(He is clean right now)*.

## The equivalents of *was, were:*

**6.13**  Because there are two verbs which mean *to be* and two past tenses in Spanish, there are a total of four forms that mean *was*:

|  | PRETERITE | IMPERFECT |
|---|---|---|
| SER | Refers to the entire time during which an inherent quality is said to have been associated with a person or thing:<br><br>**Napoleón fue emperador.**<br><br>**Yo fui estudiante desde 1945 hasta 1966.** | Refers to an inherent quality that was associated with a person or thing at some past time without regard to when the association may have begun or ended.<br>**Las matemáticas eran impotentes.**<br>**Yo era un soldado en esos días.** |
| ESTAR | Refers to a condition that existed during a specific time period that is thought of as a unit:<br><br>**Juan estuvo enfermo ayer.**<br>**Yo estuve en el canalillo toda la tarde.** | Refers to a condition that existed at some time past without regard to when the condition may have begun or ended:<br>**Mi puesto estaba ocupado.**<br>**No vine a clase porque estaba enfermo.** |

## Ejercicios orales

**A.** Sustituya los nuevos sujetos en las frases:

**1.** Nuestro profesor es de San Francisco.
Yo, usted, ellas, ese señor, mi compañero, tú, ustedes, vosotros.
**2.** Esa señorita es muy simpática.
Usted, ellos, el profesor, los estudiantes, tú, nosotros, Pablo.
**3.** Mi papá está de vacaciones en Río de Janeiro.
Ellos, nosotros, tú, yo, el presunto criminal, el profesor.
**4.** Mis padres están en casa.
Tú, usted, nosotros, los estudiantes que faltan, el inventor.

**5.** Yo soy de Los Ángeles pero estoy en Nueva York.
El profesor, tú, nosotros, ustedes, María, vosotros.
**6.** El profesor es simpático pero está enojado.
Tú, ustedes, ese señor, mi novia, mis padres, ustedes, nosotros.

**B.** Forme frases según el modelo.

MODELO:   El profesor no puede estar equivocado, es muy inteligente.
Pues, aunque es inteligente, está equivocado.

El capitán no puede estar enfermo, es muy fuerte.
El tocadiscos no puede estar descompuesto, es nuevo.
La casa no puede estar sucia, fue limpiada ayer.
El libro no puede estar en mi cuarto, es de mi hermano.
El muchacho no puede estar cansado, es muy joven.
Juan no puede estar de vacaciones, es empleado público.
Usted no puede estar triste, es su cumpleaños.
Ustedes no pueden estar aquí, la conferencia será en este cuarto.

**C.** Conteste a las preguntas según el modelo.

MODELO:   ¿Está abierta la puerta?
Sí, fue abierta por ese hombre y ahora está abierta.

¿Estan lavados los platos?
¿Están rotos los discos?
¿Está preparada la cena?
¿Están acostados los bebés?
¿Están escritos los ejercicios?

**D.** Forme frases según el modelo.

MODELO:   ¡Qué gordo está tu hermano ahora!
Sí, y antes era tan flaco.

¡Qué rico está el Sr. González ahora!
¡Qué inteligente está este estudiante hoy!
¡Qué bonita está tu hermana con su nueva peluca!

## Ejercicios escritos

**1.** Forme frases con las siguientes palabras. Con cada palabra se debe formar dos frases: una con **ser** y otra con **estar**. Las frases deben ser bastante largas para justificar los usos de **ser** y **estar**.

Juan siempre canta y ríe; es muy alegre.
No sé lo que te pasa que estás tan alegre.

Borracho, detenido, libre, estupendo, difícil, amable, pintado.

**2.** Construya frases con las siguientes palabras y expresiones:
Pasar tiempo, llevar, tomar, tratarse de, particular.

# COMPOSITION

## Reasoning

**6.13**   After you have completed each paragraph, and again after you have finished the essay, you should inspect your work to make sure that your reasoning is sound. In this lesson and Lesson Seven we will investigate several types of unsound reasoning that you should try to avoid.

## Fallacies in inductive reasoning

**6.14**   Inductive reasoning proceeds from a body of specific statements to a generalization. The chief fallacies are the following:

*a. Insufficient evidence.*   The writer makes a premature generalization based upon too few facts. It is sometimes claimed that no generalization can be truly supported, no matter how much evidence is available. However, it is clear that the more factual detail can be brought into the discussion to support a generalization, the stronger the case.

*b. Unverifiable facts.*   The writer makes a generalization based upon specific statements that he claims are facts; however, he provides no method for the skeptical reader to verify their factual value. Often the verification will consist merely of citing the source of information. If this source is one that is usually considered reliable, the reader will probably accept the facts as verified.

*c. Improper use of statistics.*   The writer manipulates statistical data in his favor. For example, if a university of 10,000 students has just one black student one year and five black students the following year, it could claim that it has five times as many black students as in the previous year. The statistic would be true, but rather irrelevant to a sound evaluation of the university's enrollment policies.

*d.   Post hoc ergo propter hoc.*   Literally translated this means "after this, therefore because of this," A writer assumes that because one event followed another in time, the second event was caused by the first. For instance, evaluations of capital punishment frequently contain data about changes in the crime rate in states that have recently abolished capital punishment. Taken by themselves, these facts do not prove a cause and effect relationship between capital punishment and the crime rate, since there may be other relevant differences between the two time periods compared.

## Composition # 6

Select a topic from this lesson, define a thesis, and attempt to develop it using inductive reasoning as your primary type of proof. After you have written your first draft, inspect it for the fallacies described above.

# TOPICS FOR CONVERSATION AND COMPOSITION

1. Las clases sociales

   ¿Cuántes clases sociales hay en este país?
   ¿Qué diferencia hay entre ellas y a qué se debe la diferencia?
   ¿Hay falta de comunicación entre las clases?
   ¿Puede existir algún día una sociedad de una sola clase?


2. El pescar y otros pasatiempos

   ¿Le gusta a usted pescar o cazar? ¿Cree usted que éstos son pasatiempos inmorales?
   ¿Qué deportes le gustan a usted? ¿En qué deportes participa usted? ¿Se da demasiada importancia a los deportes en los colegios y las universidades?
   ¿Cuáles son sus pasatiempos preferidos? ¿Sabe usted de algunos pasatiempos o juegos raros?

3. Los periódicos y su influencia

En general, ¿cómo son los periódicos de este país?
¿Cómo son los de esta ciudad y de esta escuela?
¿Cree usted que los periódicos tienen demasiado poder? ¿Cómo pueden influir al pueblo?
¿Ha escrito usted alguna vez una carta a un periódico?
¿Hace usted comparaciones entre artículos de fondo de diversos periódicos? ¿Jamás ha formado usted opiniones por la lectura de artículos de fondo?

4. La cortesía y la etiqueta

¿Cuáles son las reglas fundamentales de la cortesía?
¿Hay mucha diferencia entre la cortesía y la etiqueta?
¿Le parecen a usted ridículos o superfluos algunos formalismos que tenemos? ¿Cuáles?
¿Sabe usted de algunas diferencias entre nuestra etiqueta general y la de otros países?
¿Hay mucha falta de cortesía y de formalismo aquí?

5. La policía

En general, ¿es eficaz la policía de este lugar?
¿Abusan algunos policías de su poder? ¿Sabe usted de algunos casos de brutalidad policíaca?
¿Deben los policías residir en la misma ciudad en que trabajan?
¿Cómo se puede mejorar las condiciones del policía?

6. Aprovechando los minutos

¿Es usted una persona organizada? ¿Puede usted aprovechar los minutos como hizo el caballero del cuento?
¿Es usted una persona ocupada? Describa lo que hace durante el día. ¿Le gustaría tener otro horario?

7. El meterse o no meterse en los asuntos que se observan

¿Hasta qué punto debe uno no meterse en los asuntos de otros? ¿Puede usted comentar esto con casos específicos?
¿Son los ciudadanos de hoy indiferentes o apáticos hacia sus conciudadanos?
¿Cómo son la mayoría de los estudiantes con respecto a esto?
¿Ha sido usted testigo de un crimen o incidente alguna vez? Descríbalo. ¿Jamás ha hecho usted testimonio o declaración por alguien?

8. La suerte

¿Cree usted que el acusado del cuento haya tenido suerte con la intervención del caballero?

¿Cree usted en la suerte? Si cree en la suerte, ¿puede dar unos ejemplos personales? Si no cree en la suerte, ¿a qué se deben las circunstancias extraordinarias que a veces ocurren en la vida?
¿Es verdad que el hombre siempre crea sus propias oportunidades? Explique con ejemplos.

# LESSON SEVEN

*Rescate*

(segunda parte)

gusto, placer

      Fueron para él dos semanas de estupor, de **goce** físico de la libertad, de pase gradual del miedo a una confianza cada vez

*demanding*

más firme, y, sobre todo, una curiosidad creciente, **exigente**

no tenía miedo

como la sed y el hambre. **No tembló** al ser llevado por la
5 policía de su casa al Juzgado, tanto como quince días después, al ir de la puerta de la calle a la del despacho en donde su salvador lo esperaba, rígido, pálido, trémulos los labios, y en pie.

      Cuando el criado cerró la puerta y los dos se quedaron solos, hubo un grave silencio. El caballero lo rompió con voz

*very dry*

10 **reseca:**

No había necesidad.

    — No debió usted venir. **No hacía falta.**

    — Es que...

    — No hacía falta, digo. Ni lo merezco ni me importa su agradecimiento. No hacía falta que viniera, y puede irse.

15       El hombre dio varios pasos hacia atrás, dominado; mas de

muy rápido

pronto se acercó **en dos trancos** al borde de la mesa, e incli-

murmuró

nado el busto, **barbotó:**

    — Usted no pudo verme en el canalillo... ¡Yo no estuve!

*attic*

Los aparejos de pesca los cogieron en mi **buhardilla**, pero yo
20 no estuve!... No estuve allí, y además, estuve en la calle del crimen a las cinco. ¿Entiende? Estuve, y fue con esta mano, de un golpe, ¡así! que le rompí el cuello a aquel cochino... Como

*that doesn't fail*

se lo digo: de un solo golpe **que no falla**. ¡Lo sé dar bien! Así: ¡ras!

— Ah, de la guerra acá no lo he olvidado: Eso no se olvida. ¿Por qué me ha salvado usted? ¿Qué le importaba el que me llevaran o no a la guillotina? Lo quiero saber, y no me voy. ¡Tiene que decírmelo!

5   Entonces el caballero le señaló un sillón y **se dejó caer** en el suyo.

— Casi de seguro no va usted a entenderme — dijo —. No importa. Mi deber es tratar de hacer que usted me comprenda, y además necesito decir en alta voz mi «por qué».

10 Hablaré igual que si estuviera ante un **espejo**. Y esta comparación es la mejor... En usted, lo mismo que si me mirara en una **luna turbia**, me veo a mí mismo. Yo he sido, a pesar de venir de otra clase de familia y de tener otra educación, algo parecido a lo que usted es. Pasé por el gran **nivelador**, por el gran

15 rompedor moral de la guerra, y he sido citado también una vez en la orden del ejército por un acto heroico. ¡Heroico!... Estaba en una cueva, **guareciéndome** contra los **obuses**, era de tarde, iba a ponerse el sol. Y entró por el agujero, **agazapándose**, un hombre alto: un oficial enemigo. ¿Se hace cargo?

20 Entró sin verme — yo estaba escondido tras una piedra — y empezó a respirar a grandes sorbos, echando de sí de miedo, y absorbiendo el aire húmedo, sin olor a explosiones, que se había salvado del horror del bombardeo en aquel oasis subterráneo que seguía oliendo a primavera... Siempre sin sentirme

25 empezó a sonreír, a reír después, y, por último, se quitó el cinturón y la pistola y los puso a un lado, para extenderse mejor... **De un salto yo me agarré a** su cuello, y cuando ya estaba sofocado y sin posibilidad de defenderse, **de un tajo**, igual que usted, ¡así!, le eché la cabeza para atrás para siempre

30 ... Los compañeros de patrulla que me buscaban le sacaron del bolsillo unos documentos, y **dieron cuenta de mi hecho al Estado Mayor.** Fui citado, felicitado. Hasta aquí, nada; lo que ha ocurrido muchas veces...

— Pero después, al acabar la guerra y entrar de nuevo en

35 mi vida, encontré que mi existencia no era ya la misma. Un muro de incomprensión me separaba de los que no habían vivido en el volcán, y una repugnancia de **remordimiento**, que en vano **pretendíamos disfrazar**, al encontrarnos, con el **argot de las trincheras**, de mis compañeros de sacrificio. Mi

40 **puesto** de la vida de paz estaba ocupado ya. Yo era como un superviviente importuno, como un Lázaro que volvía **apestando a** tumba... Y pasé días crueles, de soledad, de hambre, ¡de hambre, sí, no lo dude!

— La depresión **me ofuscó**, y creí que todas las puertas

se me habían cerrado. Una tarde, ante una tienda, sentí el impulso, legitimado tantas veces por la necesidad en tantos pueblos de los que ocupamos y atacamos o defendíamos, de procurarme por mí mismo y sin cuidarme de los gritos del propietario, aquello que me era **imprescindible**. Y otra me sucedió algo peor: Vi entrar un **hombrachón** muy bien vestido y **enjoyado** en el urinario: un hombrachón que se parecía al oficial enemigo que antes le hablé, y que no estaba más indefenso que mi víctima... Y sentí una impresión terrible: la facilidad de dar un golpe, de **arrancar** una vida. También yo recordaba el golpe **certero**: ¡ras!... Era un **paraje** solitario, y no había nadie entre nosotros, igual que en la cueva. ¿Comprende usted? Acaso no. A mí me costó mucho percibir el sentido de aquel impulso de los músculos hacia una costumbre de matar adquirida durante cinco años al servicio de la patria.

— Pero la visión de que para ciento y miles de hombres el robo y el crimen que acababan de perpetrar en nombre de sus patrias no podría volver a entrar en la misma restricción moral de antes, **me asustó**. Si yo, que había cultivado mi alma y mi inteligencia, tenía que **sobreponerme** a la tentación terrible por haber tenido una vez **impunemente** entre mis dedos un cuello y un cuchillo, ¿qué serían de los hombres de instintos obscuros, de mentes rudimentarias, incapaces de olvidar la tremenda eficacia de un ademán y el olor de la sangre? El **matarife** no puede opinar del **ganado** lo mismo que el **pastor**, y ¡yo había sido matarife **a sueldo y a premio por número de muertos**, durante cinco años!

— La sociedad que dice de pronto: «Ahora matar es bueno, santos», porque unos cuantos hombres firman unos cuantos papeles, proclama después: «Ahora el robo no puede tolerarse y el que mata ha de responder con su vida...». Yo lo comprendía con trabajo, puesto que para **arrancarme** de los pasos del hombre cargado de joyas **hube de realizar** un gran esfuerzo. Pero usted, los cientos, los miles iguales a usted, hallarían una contradicción peligroso entre el premio a haber matado y la prohibición de matar en nombre de una lógica **harto** compleja para cerebros primitivos.

— Un poco más de **ofuscación**, y aquella noche yo habría hecho lo que usted hizo hace dieciséis, y lo que hicimos los dos muchas veces en el campo de batalla... Yo me **forjé** otra vida, tuve esa fuerza de carácter... Usted siguió bajo el **yugo** potente y bestial de la guerra, y ha vuelto a matar, y tal vez vuelva a matar aún. ¿Comprende? No diga que sí sin comprender. ¿Comprende?

*redeem*

detalles / *nightmare*

*stroke of luck*

cortarlo
*bunker*
*helmet*
furiosamente

*claws*

escúcheme bien
pagado mi cuenta

*grabbed the bundle*

*hesitate*

— Lo he salvado para **rescatar** en usted el crimen que pude cometer yo aquella noche. La noticia me saltó en el periódico con todos sus **pormenores**, y la **pesadilla** ya disipada por la costumbre de una nueva vida de paz, de afanes de estu-
5 dios y por el **aletazo de la suerte**, revivió de pronto. Me sentí avergonzado ante mi mujer, ante mis hijos, que ignoraban que había apretado un cuello para **segarlo** después de un tajo solo, y que muchos días había esperado horas y horas tras el **parapeto**, a que apareciese en la trinchera opuesta un **casco** para
10 tirar sobre él **sañudamente**, como si estuviera en una partida de caza...

— Salí a emplear toda mi autoridad para salvarle a usted, y mentí, ¡y lo salvé! Por eso tomé precauciones que usted ignora, antes de declarar; y por eso he puesto entre su salvación
15 y estas palabras quince días que serenaran no su remordimiento de haber matado, sino su estupor de haber escapado a las **garras** de la ley.

— Pero ahora **atiéndame**, porque ahora sí que es preciso que comprenda. Con lo hecho por usted he **saldado mi deuda**,
20 y ya no nos conocemos, no nos conoceremos desde hoy jamás. ¡Jamás! Aquí tiene usted este dinero. Váyase. ¡Ni una palabra siquiera! Váyase y olvídese de mí y, si puede, de la guerra también. Adiós.

El hombre se alzó con trabajo, **ampuñó el fajo** de billetes
25 y salió en silencio. Desde la ventana, con el busto ansiosamente inclinado hacia él, el caballero lo vio **titubear** un momento en la acera y perderse después en la calle, recta y obscura como un destino.

## Questions

1. ¿Cómo pasó el acusado las dos semanas que tenía que esperar para ver al caballero?
2. ¿Qué dijo el caballero al acusado después de quedarse los dos solos?
3. ¿Para qué fue a ver el acusado al caballero?
4. ¿Dónde estaba el acusado cuando se cometió el crimen?
5. Según el acusado, ¿quién había matado a la víctima?
6. ¿De qué manera murió la víctima?
7. ¿Cómo son similares la vida pasada del caballero y la del acusado?
8. En el episodio de la cueva, ¿dónde estaba el caballero cuando entró el oficial enemigo?
9. Descríbase lo que pasó en la cueva y lo que ocurrió después.
10. ¿Qué problema tenía el caballero después de la guerra?
11. ¿Qué impulso sentía el caballero una tarde ante una tienda?

12. ¿Quién era el hombrachón al cual se refiere el caballero?
13. ¿A quién se parecía el hombrachón?
14. ¿Qué pensamientos tenía el caballero después de haber pensado en matar al hombrachón?
15. ¿Cuál es la contradicción peligrosa de que habla el caballero?
16. Según el caballero, ¿por qué había matado el acusado?
17. ¿Por qué había salvado el caballero al acusado?
18. ¿Por qué había esperado quince días el caballero antes de decirle la verdad al acusado?
19. ¿Cuál es la última cosa que dice el caballero al acusado?
20. ¿Cómo termina el cuento?

# GRAMMAR

## Special problems

### 7.1   Orden

**a.**   **El orden** is *order (succession)*, *orderliness*, or *category*:

| | | |
|---|---|---|
| 110/40 | Se entregó a unas lamentaciones de orden personal. | *He indulged in a lament of a personal nature.* |
| | He dejado todo en perfecto orden. | *I have left everything in perfect order.* |
| | Es necesario tener cuidado con el orden de las palabras. | *It is necessary to be careful with word order.* |

**b.**   **La orden** is *order (command)* or the name of an organization:

| | | |
|---|---|---|
| 111/12 | Cursó luego una orden. | *Then he gave an order.* |
| | Tenemos nuestras órdenes. | *We have our orders.* |
| 130/15 | He sido citado también en la orden del ejército. | *I have also been awarded a citation in the military order.* |
| | Ellos pertenecen a la orden dominicana. | *They belong to the Dominican Order.* |

---

NOTE:     A written order for a purchase, or the like, is **pedido**.

---

    Hemos recibido su reciente pedido.     *We have received your recent order.*

## 7.2 *Front*

**a.**   **Frente** is *the front of an object, the forehead,* or *a military front*:

25/11   Ella no llevaba más que una idea en la frente.     *She had but one idea in her forehead.*

    Todos matamos en la frente.     *We all kill at the front.*

**b.**   **Enfrente (de)** usually means *opposite (across the street from)*:

    Lo compré en la tienda de enfrente.     *I bought it in the store across the street.*

    Está enfrente del mercado.     *It is across from the market.*

**c.**   **Ante** and **delante de** mean *in front of*:

25/15   Se detuvieron un momento ante una casa.     *They stopped for a moment in front of a house.*

3/23   Detuvo el automóvil delante de un hospital de niños.     *She stopped the car in front of a children's hospital.*

**d.**   **Adelante** means *forward*:

    Hay que seguir adelante.     *We must go forward.*

**e.**   *Front* used as an adjective is **delantero**:

72/11   Eligió el asiento más delantero.     *She chose the front-most seat.*

## 7.3 *Save*

**a.**   **Ahorrar** is *to save money* (in a bank) or *to spare*:

111/3   Ahórreme lisonjas, Sr. Juez.     *Spare me the flattery, Your Honor.*

    Con todos nuestros gastos, es imposible ahorrar.     *With all our expenses, it is impossible to save.*

**b.**   **Economizar** is *to save money* (in a store):

    Haciendo las compras en los grandes mercados se puede economizar.     *By shopping in the big markets it is possible to save.*

**c.**   **Salvar, rescatar** mean *to rescue*:

130/2   ¿Por qué me ha salvado usted?     *Why did you save me?*

132/1   Le he salvado para rescatar en usted
      el crimen que pude cometer yo
      aquella noche.

*I saved you to rescue [myself] through you from the crime that I might have committed that night.*

**d.** **Librar** (or **liberar**) **de** is *to save from*:

92/37   Se podrá liberarles de la esclavitud
      que ahora viven.

*It will be possible to save them from the slavery that they now endure.*

### 7.4 *Free*

**a.** **Libre** means *free* as in *a free man, a free country, a free room*:

112/36   Le dijo que estaba libre.
*He told him that he was free.*

92/18   El pensamiento del hombre libre será siempre el que dé la norma.
*The thinking of a free man will always be what provides the norm.*

44/13   Me sentiría más libre que a solas con una.
*I would feel freer than alone with one [woman].*

**b.** **Gratis** means *without cost*:

La fiesta escolar no es gratis, es muy cara.
*The school party is not free, it is very expensive.*

---

NOTE:     When **liberar** is used without **de** it means *to free*.

---

92/10   Le libera dejándole tiempo para actuar en un campo superior.
*It frees him, leaving him time to act on a higher plane.*

### 7.5 *But*

**a.** **Pero** and occasionally **mas** (without accent) are used to mean *but* when what follows is a qualification of what precedes. There must always be a conjugated verb in the clause that follows **pero** or **mas**:

3/28   Era maravilloso en la sección de los blancos, pero cuando se pasaba a la de negros parecía otro mundo.
*It was marvellous in the section for whites, but when you passed over to the black section, it seemed like another world.*

45/1   No es que se lo crea del todo pero provisionalmente se conforma.
*It's not that he believes it completely, but provisionally he's satisfied.*

47/6   Yo creo que es necesario combatirla pero ignoro qué hay que hacer.
*I think it is necessary to combat it, but I do not know what should be done.*

70/32   En abril cumpliría diecinueve años
        pero los hombres le inspiraban
        aun un temor casi patológico.

*In April she would be nineteen, but men still inspired in her an almost pathological fear.*

---

NOTE:    It is possible to construct a sentence with **pero** in which the conjugated verb that follows it is understood; that is, it is not actually present in the sentence because it is identical to the verb that precedes **pero**.

---

Él va a ir pero yo no.

*He is going to go but I am not.*

**b.**    **Sino (que)** is used when what follows is an alternative to what precedes. (**Que** is used when there is a conjugated verb in the clause that follows **sino**. **Sino** alone is used if there is no conjugated verb.)

45/26   No se debe decirle nunca a un niño
        que los otros vienen de París, sino
        que debe decírseles la verdad.

*One should never tell a child that the others come from Paris, but rather one should tell him the truth.*

47/1    Se hace una idea muy pobre no tan
        sólo de mi moralidad sino también
        de mi pornografía.

*She has a very poor opinion not only of my morality, but also of my idea of pornography.*

92/37   Se podrá liberar no sólo a obreros,
        sino también a muchos profesio-
        nales de la clase media.

*It will be possible to free not only workers, but also many professionals of the middle class.*

93/5    El beneficio no es un delito, sino por
        el contrario un servicio social
        inestimable.

*Profit is not a crime, but on the contrary, an inestimable social service.*

---

NOTE:    In all the above examples involving **sino (que)** the clause that precedes is negative. This is usually the case. Thus the student need only distinguish between **sino** and **pero** when the preceding clause is negative. To do this he should ask the following question: Is what follows an alternative to the negative clause or a qualification of it? In some sentences both **pero** and **sino que** are possible depending upon the interpretation.

---

No vino a clase sino que estudió en
la biblioteca.

*He did not come to class but rather studied in the library.*

No vino a clase pero estudió en la
biblioteca.

*He did not come to class but (at least) he studied in the library.*

**c.**   **Menos**, and less frequently **salvo**, are used when *but* means *except*:

Todos vinieron menos Carlos.          *Everyone came but Charles.*

## 7.6   Ignorar

**a.**   **Ignorar** does NOT mean *to ignore*, it means *to be ignorant of*:

72/24   Había en el cajón de su escritorio, nadie lo ignoraba, un revólver.
*There was in the drawer of his desk, everyone knew it, a revolver.*

47/8   Ignoro si hay que perseguir a las chicas que enseñan las piernas o a las que las ocultan.
*I do not know if it is necessary to persecute girls who show off their legs, or those who hide them.*

132/13   Por eso tomé precauciones que usted ignora.
*For that reason I took precautions that you are ignorant of.*

**b.**   *Ignore* is **no hacer caso de**, or **no hacerle caso a**:

Dígaselo usted, a mí no me haría caso.
*You tell him, he would just ignore me.*

Él nunca hace caso de mis sugerencias.
*He always ignores my suggestions.*

## 7.7   *Remain*

**a.**   **Quedar** is used to mean *to be left*:

25/34   No quedó alma viviente que no se enterara de quién había llegado.
*There was not a living soul left who had not found out who had arrived.*

72/8   En el cuarto no quedaban colores vivos.
*There were no lively colors left in the room.*

**b.**   **Quedarse** is used to mean *to stay behind*:

112/8   Cuando me fui se quedaba usted recogiendo.
*When I left, you remained, picking up your things.*

---

NOTE:   Both **quedar** and **quedarse** can be used in place of **estar** to emphasize the fact that the condition that follows is the result of an action.

---

129/8   El criado cerró la puerta y los dos se quedaron solos.
*The servant closed the door, and the two were alone.*

3/29   Todo había quedado viejo y despintado.
*Everything had become old and faded.*

### 7.8  Hacer falta

**Hacer falta** means *to be necessary* and can be used either with a subject or impersonally.

**a.**  **Le hace falta** is *he needs* (the thing needed is the subject, and the person who needs it is the indirect object—**le, te, me, nos, les**):

| | |
|---|---|
| Me hace falta un lápiz. | *I need a pencil.* |
| ¿Te hacen falta estos discos? | *Do you need these records?* |

**b.**  **Hace falta (que)** means *it is necessary (that)*. This expression has no subject. **Que** is used when a conjugated verb follows the expression **hace falta**:

| | | |
|---|---|---|
| 129/11 | No debió usted venir. No hacía falta. | *You shouldn't have come. It wasn't necessary.* |
| 129/14 | No hacía falta que viniera. | *It wasn't necessary for you to come.* |

---

NOTE:  **Faltar** alone means *to be missing* or *lacking*.

---

| | |
|---|---|
| Necesitan una cultura que a muchos falta totalmente. | *They need a culture, which is lacking completely to many.* |
| Me falta un lápiz. | *I'm missing a pencil.* |

## Articles, demonstratives, and possessives

**7.9**  These words (and certain adjectives discussed in 7.14–7.19) all help to identify the referent of the noun that follows.

### The definite article

**7.10**  The definite article is used more frequently in Spanish than in English. The student should pay particular attention to the following cases:

**a.**  Before **señor** or **señora** or a title such as **doctor**, **profesor**, **general**, etc. (but not **don** or **san**), when the person is SPOKEN ABOUT, but NOT when he is SPOKEN TO:

| | | |
|---|---|---|
| 109/4 | Necesito ver al señor juez. | *I need to see the judge.* |
| 111/3 | Ahórreme lisonjas, señor juez. | *Spare me the flattery, Your Honor.* |
| | Viene el profesor González. | *Professor Gonzalez is coming.* |
| | Esta mañana hablé con don Luis. | *This morning I spoke with don Luis.* |

**b.**  When a noun is used in a general sense, that is, referring to an idea or to a category of things:

| | | |
|---|---|---|
| 24/5 | Los gitanos tienen la fama de ladrones. | *Gypsies have the reputation of being thieves.* |
| 73/9 | Invocó las obligaciones de la lealtad. | *She invoked the obligations of loyalty.* |
| 129/1 | goce físico de la libertad | *physical enjoyment of freedom* |
| 129/3 | una curiosidad creciente, exigente como la sed y el hambre | *a growing curiosity, demanding like thirst and hunger* |
| 72/7 | El asco y la tristeza la encadenaban. | *Disgust and sadness oppressed her.* |
| 72/13 | Lo acaecido no había contaminado las cosas. | *What had happened had not contaminated things.* |
| 131/30 | Ahora el robo no puede tolerarse. | *Now robbery can not be tolerated.* |

**c.**  With time expressions the definite article is used as follows:

*i.*  With the hours:

| | | |
|---|---|---|
| 71/2 | Emma trabajó hasta las doce. | *Emma worked until twelve o'clock.* |
| | Va a venir a las tres. | *He's coming at three o'clock.* |
| | Son las cinco. | *It's five o'clock.* |
| | Es la una. | *It's one o'clock.* |

*ii.*  With the days of the week, the singular definite article used alone usually means either *this coming Monday* or *this past Monday*, depending upon the tense of the verb:

| | | |
|---|---|---|
| | Lo venderé el lunes. | *I will sell it this coming Monday.* |
| | Lo vendí el lunes. | *I sold it this past Monday.* |
| 70/37 | El sábado la impaciencia la despertó. | *On Saturday impatience woke her up.* |

If the sentence would otherwise be ambiguous, **pasado** or **que viene** is frequently added in order to clarify:

| | |
|---|---|
| Dijo que vendría el martes que viene. | *He said he would come this coming Tuesday.* |
| Dijo que vendría el martes pasado. | *He said he would come this past Tuesday.* |

*Friday the fifteenth* is **el viernes quince**:

| | | |
|---|---|---|
| 70/35 | Así, laborioso y trivial, pasó el viernes quince. | *Thus, industriously and trivially, she spent Friday the fifteenth.* |

The plural definite article usually means *every Monday* or *on Mondays*:

| | |
|---|---|
| Los lunes tengo mi clase de piano. | *On Mondays I have my piano lesson.* |

After **ser** no article is used with unmodified days of the week:

| | |
|---|---|
| Hoy es jueves. | *Today is Thursday.* |

BUT

| | |
|---|---|
| El examen fue el lunes pasado. | *The exam was last Monday.* |

---

NOTE:        When words such as **semana, mes, año**, which designate a period of time, are used in expressions that mean *next week, last week,* etc., the construction is the same as that of *next Monday, last Monday,* etc. discussed above.

---

| | |
|---|---|
| No hay clases la semana que viene. | *There are no classes next week.* |

*iii.*   With seasons the definite article is used except after **ser** and sometimes after **en** or **de**:

| | |
|---|---|
| Me gusta estar en París durante la primavera. | *I like to be in Paris in the spring.* |
| El invierno es muy frío aquí. | *Winter is very cold here.* |
| Cuando es invierno en Chile, es verano en los EE.UU. | *When it's winter in Chile, it's summer in the U.S.A.* |
| las noches de primavera | *spring nights* |
| Hace calor en verano. | *It's hot in the summertime.* |

**d.**   The definite article is used with the names of languages except after **hablar, saber, en,** or **de**:

| | |
|---|---|
| El alemán es una lengua difícil. | *German is a difficult language.* |
| ¿Tienes un libro de español? | *Do you have a Spanish book?* |
| Hay que escribir las composiciones en español. | *It is necessary to write the compositions in Spanish.* |

**e.**   The definite article is frequently used in place of a possessive with parts of the body, articles of clothing, and personal effects.

| | | |
|---|---|---|
| 72/1 | Emma no abrió en seguida los ojos. | *Emma did not open her eyes at once.* |
| 109/1 | El caballero bombeó el pecho. | *The gentleman stuck out his chest.* |
| 110/15 | A las seis menos cinco miré yo el reloj. | *At five of six I looked at my watch.* |

If the item mentioned belongs to someone other than the subject of the verb of the clause in which it appears, an indirect object pronoun is frequently added in order to specify ownership.

| | | |
|---|---|---|
| 73/29 | Le quitó los quevedos salpicados. | *She took off his sunglasses.* |
| 72/12 | para que no le vieran la cara | *so that no one would see her face* |

| | | |
|---|---|---|
| 129/22 | Le rompí el cuello a aquel cochino. | *I broke that dirty pig's neck.* |
| 24/6 | Me ha robado el corazón. | *He has stolen my heart.* |
| 130/30 | Le sacaron del bolsillo unos documentos. | *They took some documents out of his pocket.* |

## The indefinite article

**7.11**   The indefinite article is used less frequently than in English. The student should pay particular attention to the following cases:

**a.**   The indefinite article is usually omitted in the predicate before a noun used to classify a person as to profession, religion, nationality, etc., unless the noun is accompanied by an adjective that indicates a value judgment (such as **buen**, **excelente**, etc.):

| | | |
|---|---|---|
| 23/14 | Sí parecía gitano. | *He certainly looked like a gypsy.* |
| | El señor García es instructor de física. | *Mr. García is a physics instructor.* |
| | Mis abuelos son españoles pero yo soy americano. | *My grandparents are Spaniards, but I am an American.* |

BUT

| | | |
|---|---|---|
| | Era un sabio célebre. | *He was a famous scholar.* |
| | Es un profesor magnífico. | *He is a great teacher.* |

---

NOTE:    Some nouns imply more than mere classification of the subject, even though they are not modified by an adjective. In these cases the indefinite article is generally used.

---

| | | |
|---|---|---|
| 72/20 | Loewenthal era un avaro. | *Loewenthal was a tightwad.* |

**b.**   The indefinite article is frequently omitted after a preposition:

| | | |
|---|---|---|
| 71/7 | Le depararía sin duda el sabor de la victoria. | *It would give her, without a doubt, the taste of victory.* |
| 23/7 | con perversa intención | *with a perverse intention* |
| 24/33 | Predicaba con voz resonante. | *He was preaching with a resonant voice.* |
| 112/18 | el recelo de bestia acorralada | *the fear of a cornered beast* |
| | No se puede entrar aquí sin corbata. | *You can't come in here without a tie.* |

**c.**   With **tener** and certain other verbs such as **llevar** (*to wear*), **quedar**, **buscar**, **traer**, **dar**, etc., especially in negative or interrogative sentences where *any* might be used in English, the article is frequently omitted in Spanish:

| | | |
|---|---|---|
| 25/34 | No quedó alma viviente que no se enterara de quién había llegado. | *There was not a living soul who did not realize who had arrived.* |

70/26   un club de mujeres que tiene gim-          *a women's club that has a gym and a*
            nasio y pileta                             *pool*
        No tengo libro.                             *I don't have a book.*
        ¿Tienes lápiz?                              *Do you have a pencil?*
        Busco jardinero.                            *I'm looking for a gardener.*

**d.**  Although the plural indefinite article (**unos**, **unas**) can be used to mean *some* or *any*, it is usually omitted:

71/24   Dio al fin con hombres del Nordst-         *At last she found some men from the*
            järnan.                                    *Nordstjärnan.*

72/14   Viajó por barrios decrecientes.            *She travelled through some run down*
                                                       *neighborhoods.*

24/12   Hubo pícaras gentes que propalaron         *There were some mischievous people*
            la calumniosa invención.                   *who spread the slanderous lie.*

71/19   Se vio multiplicada en espejos.            *She saw herself multiplied in some*
                                                       *mirrors.*

## Demonstratives

**7.12**   There exists in Spanish in addition to **este**, *this*; and **ese**, *that*; a third demonstrative—**aquel**, *that, over there*. The three Spanish demonstratives are used as follows:

|          |                                              |
|----------|----------------------------------------------|
| **este** | *here, near the speaker*                     |
| **ese**  | *there, near the hearer*                     |
| **aquel**| *there, separated from both speaker and hearer* |

NOTE:    **Aquel** is being used somewhat less frequently at present.

129/21   Fue con esta mano que le rompí el         *It was with this hand that I broke his*
             cuello.                                    *neck.*

132/21   Aquí tiene usted este dinero.             *Here, take this money.*

131/13   Me costó mucho percibir el sentido        *It was very difficult for me to grasp*
             de aquel impulso.                          *the meaning of that impulse.*

NOTE:    There is a tendency to neutralize the distinction between **ese** and **aquel** and use both for *that*.

112/3    aquella red y aquella caña que están    *that net and that fishing pole that are*
en ese rincón.    *in that corner*

---

NOTE:    **Ese** is sometimes used after a noun in a deprecatory manner.

---

110/17    Acaso el guardia ese pasara algo    *Maybe that guard went by sometime*
después.    *later.*

## Possessives

**7.13**    Aside from the preferred usage of the definite article rather than a possessive with parts of the body, clothing, and personal effects (discussed above in section 7.10e), there are the following points to be remembered in connection with possessive adjectives:

**a.**    Possessive adjectives, except **nuestro** and **vuestro**, have two forms, a short form used before a noun, and a long form used elsewhere (either after the noun or as a predicate adjective):

| | |
|---|---|
| mi libro | el libro mío |
| tu libro | el libro tuyo |
| su libro | el libro suyo |
| nuestro libro | el libro nuestro |
| vuestro libro | el libro vuestro |
| su libro | el libro suyo |

**b.**—Agreement. All forms except **mi**, **tu**, and **su** have feminine and plural forms. **Mi**, **tu**, and **su** have no feminine forms but do have plurals.

129/4—Fue llevado por la policía de su casa.    *He was taken by the police from his house.*

130/8    Mi deber es tratar de que usted me comprenda.    *My duty is to try to make you understand me.*

130/39    mis compañeros de sacrificio    *my companions in sacrifice*

110/19    No es costumbre mía hablar sin estar presentado.    *It is not a custom of mine to speak without being introduced.*

**c.**    In direct contrast to English usage, the third person possessive adjective **su**, **suyo** does not vary according to the sex or number of the possessor(s), but rather according to the gender and number of the item(s) possessed. The following chart should be studied carefully:

| | | |
|---|---|---|
| *his book* *her book* *its book* *your book* *their book* | su libro | el libro suyo |
| *his house* *her house* *its house* *your house* *their house* | su casa | la casa suya |
| *his books* *her books* *its books* *your books* *their books* | sus libros | los libros suyos |
| *his houses* *her houses* *its houses* *your houses* *their houses* | sus casas | las casas suyas |

---

NOTE:   Because of the ambiguity of the third person forms, **su** is often replaced by **de usted, de él**, etc.,[1] if there is a possibility of misunderstanding. This **de** + NOUN construction is the normal way of expressing possession in cases that do not involve a pronoun: *John's* = **de Juan.**

---

## Limiting adjectives

**7.14**   These adjectives usually specify the number of items referred to by the noun; **todo, cada, único, otro, varios, algún, cierto**, etc., are limiting adjectives.

**7.15**   **Todo** (singular) is used in the following ways:

**a.**   With nouns that indicate an amount of substance, time, etc., **todo** precedes an article, a possessive, or a demonstrative:

| | |
|---|---|
| toda la leche | *all the milk* |
| todo este mes | *all this month* |

[1] The form for *its*—**de ello**—is rare.

|  |  |  |
|---|---|---|
|  | todo su dinero | *all his money* |
|  | todo un año | *a whole year* |
| 110/1 | Yo pasé toda la tarde al borde de ese canalillo. | *I spent the whole afternoon at the edge of that canal.* |

**b. Todo** may be used alone before a noun to refer to the entire set of items named by the noun (i.e., absolute totality):

|  |  |  |
|---|---|---|
|  | Todo hombre quiere la libertad. | *All men want freedom.* |
|  | Todo sapo salta. | *All frogs jump.* |
| 110/32 | Todo acusado puede turbarse. | *Any accused person can get confused.* |

**7.16  Todos** and **todas** are used preceding the definite article, a possessive, or a demonstrative in order to refer to all of a particular subset of the items named by the noun (i.e., partial totality):

|  |  |  |
|---|---|---|
|  | Todos los estudiantes se declararon en huelga. | *All of the students [of a particular school] went on strike.* |
|  | Todas sus casas fueron vendidas en un mes. | *All of his houses were sold in one month.* |
|  | Todos estos hombres necesitan ayuda. | *All of these men need help.* |
| 130/44 | Creí que todas las puertas se me habían cerrado. | *I believed that all doors [in that particular city] had been closed to me.* |

**7.17  Cada** is used before a singular noun without any other determiner. Its form does not change:

|  |  |
|---|---|
| cada libro | *each book* |
| cada casa | *each house* |

**Cada** may also be used before the indefinite article followed by **de**:

|  |  |
|---|---|
| cada una de sus novias | *each one of his girlfriends* |
| cada uno de los libros | *each one of the books* |

---

NOTE:     In the above structure, **uno** may NOT be omitted.

---

**7.18  Único** is used after a definite article:

|  |  |
|---|---|
| el único libro que he leído | *the only book I have read* |

**7.19  Otro** may be used alone or after a definite article (NEVER after an indefinite article):

|  |  |  |
|---|---|---|
|  | El otro libro es mejor. | *The other book is better.* |
|  | Prefiero que salgas con otra chica. | *I would rather that you go out with a different girl.* |
| 130/13 | Vengo de otra clase de familia y tengo otra educación. | *I come from a different class of family and have a different upbringing.* |
| 131/40 | Yo me forjé otra vida. | *I made another life for myself.* |
| 110/10 | El otro pescador ya estaba. | *The other fisherman was there already.* |

## Pronominalization

**7.20**  Most of the words discussed in this lesson can be used as pronouns before an adjective, an adjectival phrase, or a relative clause:

|  |  |  |
|---|---|---|
|  | Yo prefiero el azul. | *I prefer the blue one.* |
|  | No leí el que tú me diste. | *I didn't read the one that you gave me.* |
| 129/6 | Fue de la puerta de la calle a la del despacho. | *He went from the door of the street to that of the office.* |

---

NOTE:     Whereas in English the possessive can be used alone as a pronoun, in Spanish it must always be accompanied by another word (**el, uno, este,** etc.). Therefore no separate class of possessive pronouns is relevant to the understanding of Spanish usage, as shown by the following examples.

---

|  |  |  |
|---|---|---|
| 130/5 | Entonces el caballero le señaló un sillón y se dejó caer en el suyo. | *Then the gentleman showed him to a chair and fell into his.* |
| 111/7 | un testimonio de la calidad del suyo | *a testimony of the quality of yours* |
| 109/6 | El visitante sintió cruzarse con la suya la mirada interrogativa del juez. | *The visitor felt the inquisitory glance of the judge meet his own.* |

---

NOTE:     A pronominalized definite article followed by a relative clause frequently means *the person who* (*he who*).

---

131/31   El que mata ha de responder con la        *He who kills must answer with his*
         vida.                                      *life.*
110/43   los que se ocupan de la ciencia           *those who concern themselves with*
                                                    *science*

**7.21**   Indefinite articles can be pronominalized in the same situations given above for definite articles, and, in addition, they may stand alone as pronouns. (When the masculine singular indefinite article is used as a pronoun it becomes **uno**):[2]

No me gusta este guía. Prefiero uno        *I don't like this guide. I prefer one*
   que sepa más inglés.                     *who speaks more English.*
Yo te mando uno si quieres.                 *I will send you one, if you like.*

**7.22**   Demonstratives.     When the demonstratives are used as pronouns, they bear a written accent:

Quiero este coche.                          Quiero éste.
¿Te gusta aquella casa?                     ¿Te gusta aquélla?

**7.23**   Neuter pronouns.     The definite article and the demonstratives have, in addition to the forms discussed above, pronominal variants ending in **-o**, which are more abstract, more general than the others:

| | | |
|---|---|---|
| el que tú quieres | = | *the one which you want* |
| lo que tú quieres | = | *the thing that you want (what you want)* |
| éste | = | *this one* |
| esto | = | *this* |

NOTE:     The neuter pronouns do not have written accents.

131/5    aquello que me era imprescindible      *that which was essential to me*
131/39   lo que hicimos los dos muchas veces    *what we both did many times*
132/13   Por eso[3] tomé precauciones que       *For that reason I took precautions*
         usted ignora.                          *which you are not aware of.*

[2] The same applies to **algún**, **ningún**, and certain adjectives such as **buen** and **mal**. **Gran** alternates with **grande** under the same conditions; however, there is a slight shift in meaning.

[3] **Por eso** means *therefore* (**por esa razón**). The noun can be omitted because the preposition **por** implies it.

**7.24**   Limiting adjectives.

**a.**   **Todos** and **todas** may be used as pronouns:

Que pasen los estudiantes. Quiero hablar con todos.

*Have the students come in. I want to speak with all of them.*

Debemos pintar estas casas. Todas parecen muy viejas.

*We should paint these houses. They all look very old.*

**b.**   **Todo** may be used as a pronoun to mean *everything*. It is similar to the neuter pronouns discussed above.

No queda nada. Los revolucionarios se llevaron todo.

*There is nothing left. The revolutionaries took everything.*

**c.**   **Cada** may not be used as a pronoun. It must be followed by **uno, -a,** if no noun is used. (See section 7.17 above.)

**d.**   **Único** used with a pronominalized definite article means *the only one*. No equivalent of the word *one* is required:

Este es el único que me gusta.

*This is the only one that I like.*

**e.**   **Otro** can be used like **único** (after a pronominalized definite article) or it can be used alone to mean *another*. It is NEVER used after an indefinite article:

No me gusta este libro. Dame otro.

*I don't like this book. Give me another one.*

¿Dónde está el otro?

*Where is the other one?*

## Ejercicios orales

**A.**   Conteste a las preguntas afirmativa o negativamente:

¿Tiene usted problemas con el orden de la palabras?
¿Le gusta a usted el chocolate?
¿Tiene usted alguna idea valiosa en la frente?
¿Hace falta que defendamos la libertad con la vida?
¿Ignora usted el valor de la sinceridad?
¿Ha visto usted al señor González?
¿Le quitó usted la chaqueta a su hermano?
¿Qué es su hermano? ¿Es abogado?
¿Qué quiere ser usted después de la universidad? ¿Quiere ser médico?
¿Tiene usted libro?
¿Quiere usted tocar otro disco?

**B.** Conteste a las preguntas afirmativa o negtivamente sustituyendo un pronombre
por el sustantivo:

Modelo:   ¿Quiere usted todar otro disco?
          Sí, quiero tocar otro.

¿De quién es ese coche? ¿Es su coche?
¿Puede prestarme un lápiz?
¿Recibió usted la carta que le mandé el sábado?
¿Le gusta a usted este libro?
¿Tiene usted un dulce para cada muchacho?
¿Puede usar ese escritorio?
¿Éste es el único cuarto que hay?

## Ejercicios escritos

**1.** Complete las frases con una forma del artículo definido o una forma del artículo
indefinido si hace falta. Si la frase está completa sin añadir nada, ponga una raya en
el sitio indicado.

En _______ guerra defendemos _______ libertad con _______ rifles.
Necesito _______ criada.
Mi padre es _______ abogado.
_______ español viene de _______ latín.
Siempre hablamos _______ español en la clase.
No  tengo _______ lápiz.
Nos dio un regalo a cada _______ de nosotros.
Anoche vi a _______ señora de López.
_______ brasileños hablan portugués.
Yo creo que _______ educación sexual es muy importante.
He estudiado hasta _______ una.
Mi papá es americano pero parece _______ mexicano.
Este señor es _______ profesor magnífico.

**2.** Complete las frases con **pero, sino,** o **sino que:**

Yo estoy aquí ——— no me quedo.
No he estudiado francés _______ lo hablo un poco.
Nunca he visitado Europa _______ pienso ir este verano.
No soy de San Francisco _______ de Los Ángeles.
Este señor no baila mucho _______ se queda siempre sentado.
Mi hermano no puede venir _______ me ha mandado a mí.

No te dije que te sentaras ______ te pedí que salieras.
No canta  él ______ ella.

**3.** Forme frases con las siguientes palabras:

Orden, ante, libre, quedar, único, salvar, cada, otro, ignorar.

# COMPOSITION

## Fallacies in deductive reasoning

**7.25**  Deductive reasoning proceeds from general premises, which are known or assumed to be true, to specific conclusions. The typical argument consists of a broad generalization, a related statement about a particular entity, and a conclusion about that entity. For example:

Dogs are animals.
Fido is a dog.
Therefore Fido is an animal.

The conclusion (Fido is an animal) logically follows from the premise; since Fido is included in the category of dogs, he must be included in the category of animals, which includes all dogs. Four fallacies of deductive reasoning are discussed below.

*a.*   *Non-distributed middle.*   This fallacy is present in the following argument:

Dogs are animals.
Tabby is an animal.
Therefore Tabby is a dog.

Since Tabby can be a member of the class of animals without being a member of the smaller class of dogs, the conclusion is not proven. Although fallacies of this sort are harder to detect in arguments written in paragraph form, they are not uncommon.

In order to avoid this fallacy, you should always inspect your  arguments in order to be certain that the middle term (the entity not mentioned in your conclusion) is the INCLUDED element in one of the premises and the INCLUDING element in the other.

*b. Concealed premise.* If one of the premises of an argument is a fact that is known and generally accepted as true by the probable readers of the essay, then it can be omitted. However, if the omitted part of the argument is itself controversial, then the fallacy of concealed premise has been committed. For example: "Jones should be elected to the student government because he has been endorsed by the dean." The concealed premise is that candidates endorsed by the dean make good representatives, a statement with which many may disagree.

*c. Begging the question.* Some arguments are circular, which means that they assume the very thing that they are attempting to prove. The following is a rather transparent example of circularity: "There is a real danger that the communists will try to conquer the world, because the communists want to conquer the world." Actual instances of circularity are usually more complex and may be detected only after careful scrutiny.

*d. Evading the issue.* Frequently a writer will direct the reader's attention, not to the thesis that he is trying to prove, but to a discussion of side issues. For example, if the writer approves of a statement made by a well-known person, he may attempt to convince the readers of the truth of the statement by discussing the virtues of that person. If he disapproves of the statement, he will do the opposite. In this way he presents the facade of an argument without ever coming to grips with the issue.

## Composition # 7

Select a topic from this lesson, define a thesis, and attempt to prove it using deductive reasoning as your primary method of development. Be sure to inspect your rough draft for the types of fallacies discussed above, as well as for grammatical errors and problems of organization.

# TOPICS FOR CONVERSATION AND COMPOSITION

**1.** La guerra y sus consecuencias

¿Hay guerras justificables? ¿Qué ejemplos puede usted dar? ¿Qué opiniones tiene usted sobre las guerras recientes?
Se ha observado que, de todos los años de la civilización, hay muy pocos en que no ha habido guerra en alguna parte del mundo. Comente.

Algunos dicen que, por una razón u otra, la guerra sirve una función necesaria. Dé una opinión.

¿Qué dificultades tienen los soldados en adaptarse a la vida normal después de una guerra? ¿Sabe usted de algunos casos personales?

**2. El crimen**

¿Se ha aumentado el porcentaje de crímenes en este país? ¿A qué se debe esto?
¿Cuáles son las causas de la conducta criminal?
¿Cuáles son los mejores métodos para combatir el crimen?
¿Es posible reformar a un criminal?

**3. El heroísmo**

¿Qué es el heroísmo? Dé unos ejemplos.
¿Quiénes son los héroes de este país? ¿Quiénes son los de otros países? ¿Qué tienen en común?
¿Es igual ser héroe que ser patriota?
¿Quién es su héroe personal?

**4. La pena de muerte**

¿Hay criminales que merecen la pena de muerte? ¿Tiene la sociedad el derecho de quitarle la vida a un asesino?
¿Son humanos los métodos actuales de cumplir la pena de muerte?
¿Cree usted que la pena de muerte sirve para reducir el número de crímenes graves? En su opinión, ¿se debe abolir completamente la pena de muerte? ¿Por qué?

**5. El efecto de las experiencias sobre la personalidad**

¿Cuál es más importante en formar la personalidad, la herencia o el ambiente? ¿Hay ejemplos?
¿Qué experiencias recuerda usted de su niñez? ¿Por qué recuerda a éstas y no a otras?
¿Qué experiencias mortificantes ha tenido usted?
¿Qué experiencias en su vida le han impresionado más?

**6. El patriotismo**

¿De qué elementos se forma el patriotismo?
¿Puede uno ser patriota aunque esté en contra de la opinión de la mayoría?
¿Es patriota el que se niega a servir en las fuerzas armadas de su país?
¿Qué diferencias hay entre una persona que es patriota y una que no lo es?

**7.** Nuestro sistema judicial

En general, ¿hay justicia en las cortes de este país?
¿Sabe usted de algunos casos de injusticia en las cortes?
¿Tienen los pobres la misma justicia que los ricos?
¿Qué piensa usted de la manera de escoger a los jueces?
¿Cuáles son algunas decisiones recientes que se hicieron en la Corte Suprema?
¿Está usted de acuerdo con ellas?

**8.** El matarife y el pastor

¿Qué significa el dicho que se usa en el cuento: «El matarife no puede opinar del ganado lo mismo que el pastor»?
¿Se puede aplicar el significado a situaciones generales o personales de la vida actual?

Lo mas curioso — the ~~strange~~ thing

El hecho es que — the fact is that

se trata de — it deals with, has to do with

ninguna parte — no part

la falta de — the lack of


su cara — his face

a primera vista — at first sight

poco tiempo — a while, a short time
   un rato

de vez en cuando — from time to time

de repente — suddenly
   de pronto

tiene razon — you're right


no hay remedio — there's no choice

una vez por semana — once per week

a(l) mediodía — at midday        midnight — medianoche

los únicos que — the only ones who

los últimos que — the last ones who

mi querido amigo — my dear friend

# LESSON EIGHT

## 5.632

*Roberto J. Payró*

Roberto J. Payró (1867–1928) was an Argentine author, journalist, and political activist. His narrative art is at its best when he presents a picaresque view of Argentine life. Although some social criticism is apparently intended in *5.632*, we are given an honest and humorous account of an episode in the life of a *pícaro*

Lo más curioso — comenzó diciendo el doctor Jiménez Albornoz — es que oí esta historia de labios del mismo protagonista, y que me atrevo afirmar categóricamente su autenticidad. Ustedes podrán ponerla en duda, y pensar que invento los hechos y el cínico personaje. Pero no hay **tal**, palabra de honor. Les diré, eso sí, que se trata de uno de los aventureros **acudidos de lejanos** países, y para quienes no hay **tarea vergonzosa** ni **escrúpulo eficaz** cuando el dinero entra en acción.

El que les presento, y llamaré Hendrick para mayor claridad, había nacido en una de esas tierras del Norte de Europa que **suelen** enviarnos la mejor de las inmigraciones, pero que no **carecen**, naturalmente, de **pícaros**, especie que prospera desde los Polos hasta el Ecuador. **Hacía gala** de noble **abolengo** intelectual, era hombre bastante «**leído y escribido**», hablaba correctamente varias lenguas germanas y latinas, **chapurreaba** algunos dialectos e idiomas exóticos, pues había andado por todo el mundo sin **fijarse** en ninguna parte, y conocía teórica y prácticamente la vida más o menos **airada** de las colonias europeas del Asia y del Africa, que eran como otro Arcadia[1] para él, por la libertad extraordinaria, la falta de sanción moral y material y el predominio absoluto de que los blancos gozan en ellas.

Era un pícaro simpático y que inspiraba confianza a primera vista. Su cara redonda, **rojiza** y algo **abotagada** respiraba la bonhomía de los grandes **comilones** y bebedores, y sus ojillos vivaces, semiperdidos entre la **adiposidad** de los **párpados**, eran risueños y parecían brillar de afectuosa franqueza. **Dicho queda** que era gordo, muy gordo, pero se movía con **soltura**, si no con agilidad. Como a buen aventurero **correntón** le gustaban las mujeres, **el juego** y el vino... mejor dicho la cerveza, pero a todo prefería los placeres **gastronómicos**.

Llegó probablemente a la Argentina **provisto de muy eficaces** recomendaciones, o **bien** hizo **prodigios** para introducirse y **ganar voluntades**; el hecho es que, en poco tiempo, Hendrick consiguió el no muy **rentado** pero sí muy cómodo puesto de Inspector de la Lotería en una provincia de cuyo nombre no quiero acordarme.

**Dicho esto** voy a repetir, con la precisión de un **acta** bien hecha, lo que me contó de sus aventuras — o de su principal aventura — en aquella curiosa **etapa** de su vida. **Salvo** la manera de construir las frases y el acento peculiar del narrador, no quito ni **agrego** nada.

Yo me aburría muchísimo en los primeros tiempos — me contó Hendrick —, porque en el club y otros puntos de reunión de la ciudad no se hablaba sino de política, y a mí no me gusta ni me conviene la política; sólo la hago cuando **hay que defender el puchero**... y lo demás; pero aún en ese caso trato de hacerla por **cuenta ajena**.

Andaba, naturalmente, muy pobre, y ni siquiera me atrevía a jugar **un rato** en el club, de miedo a perder los centavos necesarios para **alcanzar** el fin del mes, porque soy más **cauto** de lo que parece, y no quería **dar que hablar** demasiado pronto.

**Paraba** en un mal llamado hotel — el Hotel de las Naciones —, miserable **fonda** colonial, en cuya mesa no aparecía jamás un plato apetitoso, ni siquiera **medianamente comestible**. Y nunca pescado. Como buen hombre del norte, como buen **ribereño**, adoro el pescado, los crustáceos, **los mariscos. Nada vale lo que una raya a la molinera, si no**

---

[1] Mountainous region in ancient Greece, known for the pastoral innocence of its people.

es una fuente de ostras frescas, un buen cangrejo bien picante, a la americana, o una langosta con mayonesa... No hablemos de **camarones** y **langostinos, golosinas** para abrir el apetito... Nada de esto, **ni con mucho**, me presenta-
5 ban en el famoso Hotel de las Naciones — en honor de la verdad, sea dicho que no lo tenían tampoco las mejores mesas familiares de la ciudad —, y **me costó Dios y ayuda que**, muy de vez en cuando y como plato luculiano,[2] me prepararan un poquito de **bacalao cocido o un mal guisado y peor**
10 **oliente «stock fish» o pejepalo.**

Ya ve usted si me aburría, y me hubiese muerto de tedio a no **mediar** ciertas **fugaces** conquistas **arrabaleras** que no tengo para qué contar y que, afortunadamente, no dejaron **rastro.**

15 En cuanto a mis ocupaciones ni eran muchas ni me ayuda- ban a matar el tiempo: dos o tres horas pasadas en la Admini- stración de la Lotería, una vez por semana y **pare usted de contar.**

**No era para desarticularse los meninges**, como suelen
20 decir los franceses.

El jueves después de mi feliz **arribo** a la provincia — con- tinuó Hendrick — tuve el honor de **presenciar el** primer **sorteo** de la lotería, practicado en presencia de **un público escaso** y poco entusiasta, según me pareció.

25 Más tarde supe que los billetes eran artículo de exporta- ción y no de consumo local.

El sorteo, ante **escribano** público, empezó dando las doce en le reloj de la Catedral, y se hizo con toda honradez. Por la mañana, en efecto, yo había practicado minuciosamente
30 el **recuento** y examen de las **bolillas** una por una, había inspeccionado los **bombos** con **la mayor prolijidad** y me había asegurado de que ni los números salidos ni sus respecti- vos premios pudieran ser cambiados en los **tableros**, puestos bien a la vista del público y los **fiscales**. Nada más limpio ni
35 más legal.

Lo mismo, exactamente, ocurrió los jueves sucesivos. Yo cumplía con todo **celo** mis obligaciones, sin que nadie me observara nada. Por el contrario, los de la Administración de la Lotería se mostraban contentísimos y comenzaban a tratarme
40 como a un amigo viejo, **obsequiándome de** lo mejor cuan- do venía el caso. Y el administrador llevó sus atenciones al

[2] Reference is to Lucullus, Roman general and epicure, famous for his luxurious living and accustomed to sumptuous meals.

---

Marginal glosses:

*good as a ray 'a la molinera,' unless it's a dish of fresh oysters, a good and spicy crab 'a la americana,' or a lobster with mayonnaise.* | *shrimp crawfish* | *tidbits*
ni nada similar
con mucha dificultad
*baked cod or a badly cooked and worse smelling stock fish*
estar ocupado con
*fleeting* | *suburban*
*a trail*
eso es todo
*It wouldn't take you apart at the joints (It wasn't difficult)*
llegada | asistir al
*drawing*
poca gente
notario
*recount* | *small num- bered balls* | *cylin- ders (for 'bolillas')*
cuidado excesivo | *drawing tables*
inspectores
fervor
*treating me to*

buscar para des-
cubrir

después de pasar
las primeras di-
ficultades y de
recibir mi primer
salario

*cards | I can handle
myself*

'gab session'

*with this heat it won't
keep any longer*

disgustado / la situa-
ción infortunada

eliminando todo
obstáculo / apetito
excesivo / bastante
limitada / es más de
lo necesario para
supervisar / *I feas-
ted without restraint
by Jove! | fore-
finger | bouillabaisse,
a fish stew | mujer
que es de
Need I say more?*

extremo de **averiguar** mis gustos, no por simple curiosidad, sino para tratar de satisfacerlos, según vi después.

Como soy inclinado a tentar fortuna, **pasados los primeros apuros y cobrado el primer sueldo** — que no era, por
5　cierto, el de un Ministro de la Nación —, comencé a jugar prudentemente en el club, y a comprar uno que otro entero[3] de mi lotería. En el club no me iba mal, porque conozco **el naipe** y **tengo mucha conducta**; pero mis números o, mejor dicho, mi número, porque nunca compré sino el 5.632 — no puedo
10　olvidarlo — se quedaba siempre en el bombo: las probabilidades del jugador de lotería no son muchas.

En esto, un miércoles por la noche, y en el habitual **corrillo** del club, el administrador me dijo de repente:

— ¿Sabe, Hendrick, que mañana tenemos pescado
15　fresco de Buenos Aires? Naturalmente, el primer invitado es usted. Lo comeremos aquí, en el club, a las doce en punto, porque **con estos calores no puede conservarse más.**

— Pero mañana es día de sorteo — exclamé.

20　—Tiene razón — dijo el otro, **fastidiado** por **el contratiempo** —. Pero no hay remedio, porque el gran expreso no pasa sino el jueves...

— Eh, por una vez — repliqué, **allanándolo todo** con tal de satisfacer mi **gula, harto reprimida** hasta entonces —.
25　Comeremos el pescado. El escribano **basta y sobra para fiscalizar** el sorteo. Yo firmaré después.

**Me regalé a mis anchas.** Había unos pejerreyes de Mar del Plata, dignos de Apicio...[4] y de mí. ¡Qué pescado, **por Wotan!**...[5] Y unos langostinos... más gordos que mi
30　**índice**, lo que no es poco decir... Y aquello comenzó con una **bullabesa** preparada por las blancas — supongo — manos de la mujer del cantinero del club, **hija de** la Barceloneta)...[6] **No le digo nada.**

¡Lástima que el expreso no pasara sino los jueves!

35　Lástima, sí, pero no por los sorteos, que se fueran al diablo, sino porque el festín no podía celebrarse más que una vez por semana... Ya habrá supuesto usted, en efecto, que nuestro

[3] Lottery tickets are normally divided into ten portions, and the buyer may purchase any number of portions (*décimos*) or the whole ticket (*entero*).

[4] Famous Roman gourmet of the time of Augustus and Tiberius.

[5] Germanic god (corresponding to the Scandinavian Odin) of eloquence, wisdom, and poetry, among other things.

[6] Port section of Barcelona, famous for seafood.

*female*

el pescado / *alive and wriggling*

siempre estaba / *surrounded* / compañeros de mesa / *It just so happened*

*won the entire 1st prize* / Celebró la feliz ocasión / asociados / de pescado

comida

*blow* / *trade winds*

me buscó

no quise

empezar otra vez

*staring at me*

sospechoso

mismo

hombres fuertes

---

Vatel[7] **hembra**, más feliz que el otro, recibía puntualísimamente **la «marée»** enviada de la capital, **vivita y coleando** o poco menos, todos los jueves por la mañana... y que todos los jueves a mediodía **era infaltable** en la mesa del club, **rodeada**
5 de alegres y apetentes **comensales.**

**Cuadró la casualidad de** que uno de estos últimos — los únicos que, en la provincia, compraban lotería... de la provincia — **se sacara íntegra la grande** de diez mil. **Festejó el fausto acontecimiento** reuniéndonos a todos,
10 más o menos **vinculados** a la lotería, con un almuerzo extraordinario, pero no **ictiofágoco**, por lo del tren expreso. Pero el jueves tuvimos la **francachela** acostumbrada.

Y desde entonces empecé a nadar de fiesta en fiesta, pues muchas veces eran dos por semana, porque la suerte comenzó
15 a **soplar,** invariable como los **vientos alisios,** hacia el lado de nuestros administradores y sus amigos: casi no había sorteo en que no les cayera el premio gordo o alguno de los mayores. Yo, inocente, seguía asistiendo muy satisfecho a las comidas, como si hubiese olvidado por completo mis deberes.
20 Pero no los había olvidado, no, señor.

Un jueves del mes de mayo, lo recuerdo como si fuese ayer, cuando el administrador **fue en mi busca** para llevarme al club, **me negué** cortésmente a acompañarle, agradeciéndole la amabilidad, y le dije:
25 — No, mi querido amigo, no. Demasiado me ha divertido; ahora es necesario volver a la seriedad y atender mis obligaciones.

— ¿Cómo? ¿No viene?

— Ya hace meses que no asisto a un sorteo, y eso no está
30 bien. Voy a **reanudar** mis trabajos de inspector...

Se quedó **mirándome de hito en hito.**

— ¡Pero, hombre! — exclamó.

No sé qué leería en mis ojos; el hecho es que, muy cordialmente, me tomó del brazo y me hizo dulce violencia para
35 llevarme al club.

— No sea **desconfiado** — me dijo —. «Todo se andará si el palito no se quiebra.»

Me dejé llevar, pasivo y satisfecho al **propio** tiempo. Y comimos como reyes, y bebimos como **gañanes**.

---

[7] French chef of the Prince of Condé. He took such pride in his work that, in preparing a meal for Louis XIV, he considered himself dishonored and committed suicide when he thought that the fish he was to serve would not arrive.

A la semana siguiente quiso mi fortuna que la grande de diez mil cayera en el 5.632...

Y en el primer vapor salí para Europa, cansado de fiscalizar lotería. **¡ Lo que gocé!**...

¡Cuánto me divertí!

5    Volví hace dos años sin un peso. Y de vez en cuando pienso en buscar el 5.632... pero ya no tengo tantas probabilidades de que salga...

## Questions

1. ¿De dónde vino Hendrick?
2. ¿Por qué eran las colonias del Asia y del Africa otro Arcadia para Hendrick?
3. Descríbase el aspecto físico de Hendrick.
4. ¿Qué tipo de hombre era Hendrick?
5. ¿En qué parte de la Argentina fue a trabajar Hendrick?
6. ¿Qué puesto tenía Hendrick?
7. ¿Qué diversiones o pasatiempos tenía Hendrick en los primeros tiempos?
8. ¿Qué opinión tenía Hendrick del hotel en que se quedaba?
9. ¿Qué comentarios hace Hendrick sobre el pescado?
10. Descríbase la responsabilidad del trabajo de Hendrick.
11. ¿Por qué había un público escaso en el sorteo de la lotería?
12. ¿Qué invitación le ofreció un día el Administrador de la Lotería a Hendrick?
13. ¿Qué respuesta le dio Hendrick a la invitación del administrador?
14. ¿Bajo qué condiciones llegaba el pescado a la provincia?
15. ¿Qué ocurrió en la provincia después de las primeras comidas de pescado?
16. ¿Cómo se puede explicar la suerte de los administradores y sus amigos?
17. ¿Qué pasó un día de mayo cuando el administrador fue a buscar a Hendrick?
18. ¿Cómo pudo el administrador convencer a Hendrick que éste le acompañara al club?
19. ¿Qué hizo Hendrick con el premio que ganó?
20. ¿Por qué tiene Hendrick poca fe en que salga el 5.632 otra vez?

# GRAMMAR

## Special problems

**8.1**  *Work, job*

**a.**  *Work, as* a noun, is **trabajo**:

| | | |
|---|---|---|
| 159/30 | Voy a reanudar mis trabajos de inspector. | *I'm going to renew my work as an inspector.* |
| 109/12 | Tengo un trabajo abrumador. | *I have a bothersome job.* |
| 70/25 | A las seis, concluido el trabajo, fue a un club. | *At six, when the work was finished, she went to a club.* |
| 92/9 | Evita al hombre pensante el trabajo manual. | *It spares the thinking man the manual work.* |

**b.**  *To work*, meaning *to do work*, is **trabajar**:

| | | |
|---|---|---|
| 110/43 | Dichosos ustedes los que trabajan con sosiego. | *Lucky you, who work in peace.* |
| | ¿Dónde trabaja su padre? | *Where does your father work?* |

**c.**  *To work*, meaning *to function properly, to be in working order*, is **funcionar**:

| | |
|---|---|
| Esta máquina no funciona bien. | *This machine is not working well.* |
| A veces no funciona el televisor. | *Sometimes the television doesn't work.* |

**d.**  *To work*, meaning *to be suitable for a particular purpose*, is **servir**:

| | |
|---|---|
| Este martillo es muy pequeño; a ver si el tuyo sirve mejor. | *This hammer is too little; let's see if yours works better.* |

**e.**  *Job*, in the sense of *task*, is **tarea**:

| | | |
|---|---|---|
| 155/7 | Hay hombres para quienes no hay tarea vergonzosa. | *There are men for whom there is no shameful job.* |

**f.** *Job*, in the sense of *position*, is **puesto, empleo**:

130/39   Mi puesto de la vida de paz estaba ocupado. — *My peacetime job was filled.*

156/17   Hendrick consiguó el puesto de inspector de la lotería. — *Hendrick got the job of inspector of the lottery.*

No tengo empleo. — *I don't have a job.*

## 8.2   *Introduce*

**a.**   *To introduce one person to another* is **presentar**:

155/9   El que les presento, lo llamaré Hendrick. — *The person I'm introducing to you, I will call Hendrick.*

Me presentó un amigo suyo. — *He introduced a friend of his to me.*

---

NOTE:      In making introductions, the person to whom another is introduced is preceded by **a** in Spanish. Compare the preceding example with the following one.

---

Me presentó a un amigo suyo. — *He introduced me to a friend of his.*

**b.**   *To introduce something or someone somewhere physically* is **introducir**:

156/15   Hizo prodigios para introducirse. — *He performed miracles in order to introduce himself (into society).*

## 8.3   **Curioso**

**a.**   **Curioso** is frequently used to mean *strange* rather than *inquisitive*:

155/1   Lo más curioso, comenzó el doctor, — *The strangest thing, began the doctor, . . .*

156/22   aquella curiosa etapa de su vida — *that strange period of his life*

**b.—Curiosidad,** however, means *curiosity*:

158/1   no por simple curiosidad — *not just out of curiosity*

129/3   una curiosidad creciente — *a growing curiosity*

## 8.4   **Casualidad**

**Casualidad** usually means *chance*:

159/6   Cuadró la casualidad de que se sacara la grande. — *It just so happened that he won the big prize.*

sólo por casualidad — *just by chance*

**8.5** *Get*

**a.** *Get* + NOUN is **obtener, conseguir, procurar**, etc.:

156/17  Hendrick consiguió el puesto de inspector. | *Hendrick got the job of inspector.*

**b.** *Get* + ADJECTIVE is frequently expressed by a reflexive verb having the same general meaning as the adjective:

156/25  Yo me aburría muchísimo. | *I got very bored.*

El señor se enfadó cuando dije eso. | *The gentleman got angry when I said that.*

Los niños se ensuciaron en el parque. | *The children got dirty in the park.*

**c.** As an alternative to the above structure, **ponerse** + ADJECTIVE is sometimes used:

Juan se puso enojado. | *John got angry.*

## Passive and reflexive constructions

### The true passive

**8.6**  As in English, the person or thing that receives the action of the verb becomes the subject of the sentence when the passive is used. The passive construction consists of the **-do** form of the verb preceded by the auxiliary **ser**:

| ACTIVE | PASSIVE |
|---|---|
| **Juan cierra el libro.**<br>*John closes the book.* | **El libro es cerrado por Juan.**<br>*The book is closed by John.* |

The **-do** form of the verb agrees with the passive subject in gender and number. If the agent (the person or thing that performs the action) is expressed, it is preceded by **por**. Unlike in English, in Spanish the indirect object of a sentence may not become the passive subject. Thus sentences like *He was taught his lessons* are not expressable with the true passive construction, but rather must be rendered by one of the alternate constructions discussed later in this lesson. Furthermore, these alternate constructions are used more frequently than is the true passive even for the direct object cases, In general, the true passive is not used in colloquial style unless the agent is expressed or at least strongly felt or implied by the speaker.

| | | |
|---|---|---|
| 157/32 | Ni los números salidos ni sus respectivos premios pudieron ser cambiados en los tableros. | *Neither the winning numbers nor the corresponding prizes could be changed on the tables.* |
| 130/15 | He sido citado también. | *I have been cited also.* |
| 130/32 | Fui citado, felicitado. | *I was cited, congratulated.* |
| | Las ventanas fueron abiertas por los alumnos. | *The windows were opened by the students.* |

---

NOTE:     The passive construction should not be confused with the use of a **-do** form with **estar**. In this case the **-do** form refers not to an action but to the result of that action and is an adjective. If there is an 'agent' expressed, it is usually preceded by **de**.

---

| | | |
|---|---|---|
| 110/19 | Nunca hablo sin estar presentado. | *I never speak [to anyone] without having been introduced* |
| 130/39 | Mi puesto estaba ocupado. | *My job was filled.* |

## Reflexive constructions

**8.7**   Regular uses.     The reflexive pronouns (**me**, **te**, **se**, **nos**, **os**, **se**) are used when the subject and object of a verb are the same person or thing:

**a.**   Direct object cases:

| | | |
|---|---|---|
| 130/11 | En usted, lo mismo que si me mirara en una luna turbia, me veo a mí mismo. | *In you, just as if I were looking at myself in a hazy mirror, I see myself.* |
| 130/5 | Se dejó caer en el suyo. | *He let himself fall into his own [chair].* |
| 156/15 | Hizo prodigios para introducirse. | *He performed miracles in order to introduce himself.* |

**b.**   Indirect object cases:

| | | |
|---|---|---|
| 130/25 | Se quitó el cinturón. | *He took off his belt.* |
| 46/9 | El español se pregunta: —¿Qué es la pornografía? | *The Spaniard asks himself, "What is pornography?"* |

**8.8**   The plural reflexive pronouns (**nos**, **os**, **se**) can also be used to indicate that two or more people do something to each other:

| | | |
|---|---|---|
| | Nosotros nos escribimos todo el año pasado. | *We wrote to each other all last year.* |

Los dos hombres se miraron en silencio.

*The two men looked at each other in silence.*

---

NOTE:   Some sentences with **se** are ambiguous: **Se mataron** = *they killed themselves, they killed each other.*

---

**8.9**   Other uses.      The meaning of the reflexive particle is a good deal more flexible in Spanish than in English. There are several constructions involving a reflexive pronoun that do not have the literal meanings discussed above.

**8.10**   Whereas only persons and animals can actually do something to themselves, the reflexive pronoun is sometimes used in Spanish with inanimate objects in order to indicate that the person responsible is either unknown or unimportant. In this case the reflexive verb is frequently equivalent to an intransitive construction in English:

La puerta se cerró.            *The door closed.*
El vaso se cayó.              *The glass fell.*
El disco se rompió.            *The record broke.*

**8.11**   There are a number of verbs that are used reflexively in Spanish and correspond to intransitive verbs or VERB + ADJECTIVE constructions in English:

156/9     Se movía con soltura.            *He moved about with ease.*
157/11    Me hubiese muerto de tedio.       *I would have died of tedium.*
158/10    Se quedaba siempre en el bombo.   *It always stayed in the cylinder.*

The verbs in the above category can be divided into three main subgroups:

**a.** Verbs that usually are used reflexively:

156/31    Ni siquiera me atrevía a jugar un rato en el club.            *I didn't even dare to play for a while in the club.*
Se trata de uno de los aventureros.   *It's about one of the adventurers.*
Iba a ponerse el sol.                 *The sun was going to set.*

**b.**   Verbs that have a slight change of meaning when used reflexively (e.g., **ir** means *to go*, **irse** usually means *to go away*):

129/14    No hacía falta que viniera y puede irse.            *It was not necessary for you to come, and you can leave.*
130/3     No me voy.                                          *I will not go away.*

**c.**   Verbs that can be intensified by adding a reflexive pronoun:

45/1      No es que se lo crea del todo.            *He may not believe it completely.*

## The reflexive as an alternate passive construction

**8.12**   As mentioned earlier, the passive is frequently avoided in Spanish. The reflexive construction is one of the possible substitutes for a passive sentence:

| | | |
|---|---|---|
| 157/28 | Se hizo con toda honradez. | *It was done with complete honesty.* |
| 158/17 | Con este calor no puede conservarse más. | *With this heat it can not be kept any longer.* |
| 158/36 | El festín no podía celebrarse más que una vez a la semana. | *The party could not be held more than once a week.* |
| 110/41 | la pregunta que acaba de hacérsele | *the question that had just been asked of him* |
| 131/30 | Ahora el robo no puede tolerarse. | *Now robbery cannot be tolerated.* |
| 109/15 | la hora en que se cometió el crimen | *the hour at which the crime was committed* |

---

NOTE:   As an extension of this use of the reflexive, the pronoun is sometimes taken to be the impersonal subject of the sentence, equivalent to the English *one*, or *they*.[8]

---

| | | |
|---|---|---|
| 25/40 | Se veía luz. | *One could see light.* |
| 130/1 | Eso no se olvida. | *One doesn't forget that.* |

## Other equivalents of the passive

**8.13**   Third person plural.   Just as in English, the third person plural can be used with an impersonal value. In Spanish this construction frequently substitutes for the passive:

| | | |
|---|---|---|
| 111/10 | Voy a mandar que suban al detenido. | *I will have the prisoner brought up.* |
| 129/19 | Los aparejos los cogieron en mi buhardilla. | *The fishing equipment was taken from my closet.* |

---

NOTE:   In the above sentence the object is placed in sentence initial position, thus making it the topic of the sentence. This is the same thing that is accomplished by using the passive construction. When this word order is used, it is necessary to use a redundant direct object pronoun before the verb, as in the above example.

---

[8] This is particularly evident in constructions which involve an animate object different from the subject: **se mató al general** = *they killed the general*; and when the verb does not agree with the noun that follows it: **aquí se vende botellas** = *bottles are sold here.*

**8.14  Uno.**     The word **uno** is frequently used as an impersonal subject in place of a passive construction:

46/14  Hace que uno contemple ya sin mayor emoción las extremidades inferiores.

*It makes one contemplate without great emotion the lower extremities.*

---

NOTE:     This construction must be used if the verb is one of those usually used with a reflexive pronoun.

---

Uno no se atreve a cruzar la calle.

*One doesn't dare to cross the street.*

## Ejercicios orales

**A.** Convierta las oraciones a oraciones pasivas. Siga el modelo:

MODELO:  Juan abre la ventana.
         La ventana es abierta por Juan.

Los oficiales bloquean el camino.
El matador mata los toros.
Los estudiantes escriben los ejercicios.
Los profesores enseñan las clases.
Los niños rompen los discos.
Los muchachos lavan los platos.
Los señadores presentan el problema.
Los obreros hacen el trabajo.

**B.** Convierta a la voz pasiva como en el ejercicio anterior, pero ahora no todas las frases serán en tiempo presente. Use el mismo tiempo en su frase que aparece en la frase original:

MODELO:  Juan abrirá la ventana.
         La ventana será abierta por Juan.

El presidente cerrará el banco.
El profesor rompió la ventana.
El estudiante escribió los ejercicios.
Era probable que Juan hiciera el trabajo.
Me dijo que Juan haría el trabajo.
Yo suelo comprar las flores.

**C.** Convierta las oraciones a oraciones reflexivas. Siga el modelo:

MODELO:   Los edificios fueron construidos en 1970.
          Los edificios se construyeron en 1970.

El camino fue completado el año pasado.
Mi pluma fue rota esta mañana.
El disco fue tocado después de la comida.
Los ejercicios serán escritos con cuidado.
El banco es abierto a las nueve.
Las novelas fueron traducidas al inglés.

**D.** Repita el ejercicio anterior sustituyendo la construcción de tercera persona plural:

MODELO:   Los edificios fueron construidos en 1970.
          Construyeron los edificios en 1970.

## Ejercicios escritos

Forme frases con las palabras siguientes:

Trabajo, empleo, tarea, conseguir, casualidad, curioso, introducir, presentar, trabajar, ponerse.

# COMPOSITION

## Letter-writing

**8.15**   Spanish letters used to be quite formal and ornate, containing formulas such as the following:

**Reciba usted, señora, la profunda expresión de mi afecto respetuoso.**

**B.S.P.**[9]
**Juan García**

[9] B.S.P. = Besa sus pies.

This style, however, is becoming less prevalent. The formulas given below should suffice for most situations.

*a. Business letters.* The most common salutations for business letters are the following:

**Muy señor mío:**
**Muy señores míos:** (to a firm or company)
**Estimado señor García:**

For the closing of the letter, one of the following is used before the signature:

**Atentamente le saluda,**
**Cordialmente,**
**Queda de usted, su seguro servidor,**

*b. Personal letters.* The most frequent equivalents of English *Dear* for the beginning of a personal letter are **Estimado** and **Querido**, the latter being somewhat more intimate. Frequently the word **amigo** is added before the name. Before the signature, the following closings are common:

**Recibe saludos de,**
**Tu amigo de siempre,**
**Te saluda,**
**Un abrazo,**

## Composition # 8

Write a letter to a hypothetical Hispanic acquaintance describing some aspect of American life, or a recent event.


# TOPICS FOR CONVERSATION AND COMPOSITION

**1.** El jugar y los juegos de azar

¿Es inmoral participar en los juegos de azar?
¿Cuáles son los juegos de azar más populares?
¿Por qué sienten algunos hombres la necesidad de jugar?

¿Ha jugado usted alguna vez en su vida? Cuente usted un caso personal que trata del juego.

¿Qué piensa usted de la idea de tener lotería para pagar los gastos de servicios públicos?

¿Son justificables los juegos de azar por causas merecedoras o instituciones de buenos obras, como la iglesia?

¿Qué autoridad debe tener el gobierno sobre el jugar?

**2.** Los aventureros y la aventura

¿Es usted aventurero? ¿Cuál es la aventura más atrevida que usted ha experimentado?

¿A quiénes considera usted los grandes hombres de aventura?

¿Es bueno ser aventurero?

¿Son los hombres, por naturaleza, más aventureros que las mujeres?

**3.** La corrupción de los funcionarios públicos

¿Es la corrupción de altos funcionarios tan inmoral como otros crímenes?

¿Cree usted que la mayor parte de los oficiales públicos son deshonestos o corruptibles, de una manera u otra?

¿Puede usted dar ejemplos de la corrupción política?

¿Hay sistemas de gobierno en que este problema no sea tan grave como en otros?

¿Qué medidas se puede tomar para eliminar la corrupción?

**4.** El viajar

¿A qué partes del país ha viajado usted?

¿A qué países ha viajado usted?

¿A dónde le gustaría más a usted viajar?

¿Qué problemas ha tenido usted en sus viajes?

¿Qué sugerencias puede usted ofrecer a los que van de viaje?

¿Cómo prefiere usted viajar?

Cuente usted algo interesante que le haya ocurrido en sus viajes.

**5.** La política

En general, ¿qué partido político prefiere usted? ¿Participa usted activamente en las campañas políticas?

Generalmente, ¿se considera usted conservador o liberal en sus opiniones políticas?

¿Cuáles son algunas de las cualidades necesarias para ser buen político?

¿Qué sugiere usted para mejorar el sistema político que tenemos?

¿Cuáles son sus opiniones sobre algunos de los sucesos actuales en la escena política?

**6.** Los hoteles y los restaurantes

¿Cómo son los hoteles de esta ciudad comparados con otros del país y del extranjero? ¿Son demasiado caros? ¿Hay buen servicio?

¿Sale usted con frecuencia a comer en los restaurantes? En general, ¿son caros los restaurantes de aquí? ¿Cómo son las comidas?

¿Qué piensa usted de la costumbre de dar propina por servicio?

**7.** El tener amigos de mucha influencia

¿A qué personas importantes conoce usted?

¿Qué opina usted del concepto: «Lo importante no es lo que sabes sino el que conoces»?

¿Ha conseguido usted algo alguna vez sólo por influencia de alguien?

¿Qué hay de malo (o de bueno) en valerse de las amistades para conseguir o pedir algo?

¿Cree usted que las cartas de recomendación son importantes? ¿Ha pedido (o escrito) usted una alguna vez?

**8.** El ingenio del hombre

¿Es verdad que la necesidad es la madre de la invención?

¿Sabe usted de casos personales que demuestran el ingenio del hombre y su originalidad en resolver problemas?

¿Cuáles son algunas de las invenciones más importantes en el desarrollo de la civilización?

¿Qué ideas originales en la historia del hombre son las más interesantes?

# LESSON NINE

## Soledad

### Miguel de Unamuno

Miguel de Unamuno (1864–1936) was a Spanish writer and educator and an influential personality of his time. He is primarily considered a great thinker, but in addition to his many essays on metaphysical themes he also wrote poetry, plays, and short stories.

Soledad nació de la muerte de su madre: ya Leopardi[1] cantó que es riesgo de muerte el nacimiento,

> *nasce l'uomo a fatica*
> *ed é rischio di morte il nascimento,*[2]

5 riesgo de muerte para que el nace, riesgo de muerte para quien le da **el ser**.

La pobre Amparo, la madre de Soledad, había llevado en sus cinco años de casada una vida **penumbrosa** y callada- mente trágica. Su marido era **impenetrable** y parecía **in-** 10 **sensible.** No sabía la pobre cómo se habían casado; se encontró **ligada** por matrimon io a aquel hombre como quien despierta de un sueño. Su vida toda de soltera se perdía en una **lejanía brumosa,** y cuando pensaba en ella se acordaba de sí misma, de la que fue antes de casarse, como de una persona 15 extraña. No podía saber si la quería[3] o la detestaba. Se detenía en casa no más que para comer y dormir, para todo lo animal

la vida

oscura, triste
difícil de comprender
*insensitive*
unida

distancia nebulosa,
pasado obscuro

---

[1] Giacomo Leopardi (1798–1837), Italian poet.
[2] "Man is born in labor and birth carries with it the risk of death."
[3] Consider the subject of this verb to be *él* (*el marido*). The same is true for the verbs in the sentences that follow.

de la vida; trabajaba fuera, hablaba fuera, se distraía fuera.
Jamás dirigió a su pobre mujer una palabra más **alta** o más
**agria** que otra; jamás la **contrarió** en nada. Cuando ella, la
pobre Amparo, le preguntaba algo, **consultaba su parecer,**
5 obtenía de él invariablemente la misma respuesta: «Bueno,
sí; déjame en paz; ¡como tú quieras!» Y este insistente «¡como
tú quieras!» llegaba al corazón de la pobre Amparo, un
corazón enfermo, como un **agudo puñal.** «¡Como tú quieras!
— pensaba la pobre —; es decir, que mi voluntad **no merece**
10 **ni siquiera ser contradicha.**» Y luego el «¡déjame en paz!»,
ese terrible «¡déjame en paz!» que **amarga tantos hogares.**
En el de Amparo, en el que debía ser hogar de Amparo, esa
terrible y **agorera** paz le **entenebrecía** todo.

    **Al año** de casada tuvo Amparo un hijo; pero en el triste
15 **desamparo** de su hogar ceniciento **ansiaba** una hija. «¡Un
hijo! — pensaba — ¡Un hombre! ¡Los hombres siempre
tienen que hacer fuera de casa!» y así, cuando volvió a **quedar**
**encinta,** no soñaba sino en la hija. Y habría de llamarse Soledad. La pobre cayó en cama, gravemente enferma. Su corazón
20 **desfallecía** por momentos. Comprendió que no vivía sino
para **dar a luz** a su hija, hasta ponerla en el hogar **tenebroso.**
Llamó a su marido y dijo: «Mira, Pedro; si, como espero, es
hija, le pondrás por nombre Soledad, ¿eh?» «Bueno, bien —
respondió él —; tiempo habrá de pensar en ello», y pensaba
25 que aquel día, con aquello del **parto,** iba a **perder su partida**
**de dominó.** «Es que yo me muero, Pedro; es que no voy a
poder resistir esto», añadió. «¡Aprensiones!», replicó él.
«Sea — contestó Amparo —; pero si sale niña, la llamaréis
Soledad, ¿eh?» «¡Bueno, sí; déjame en paz; como tú quieras!»,
30 concluyó él.

    Y lo dejó en paz para siempre. Después de haber dado a
luz a su hija sólo tuvo tiempo para **percatarse de** que era
niña. Y sus últimas palabras fueron: «¿Soledad, eh, Pedro?
¡Soledad!»

35     El hombre quedó **suspenso** y **se habría anonadado** si
fuera él algo. ¡Viudo, a su edad, y con dos hijos pequeños!
¿Quién le cuidaría ahora la casa? ¿Quién se los **criaría?**
Porque hasta que la niña se hiciese mayorcita y pudiera encargarse de las llaves y **el gobierno**... ¡Y cómo volver a
40 casarse! No, no volvería a hacerlo. Ya sabía lo que era estar
casado. ¡Si lo hubiese sabido antes! Eso no le resolvía nada.
No, decididamente no; no volvería a casarse.

    Hizo que llevásen a Soledad a un pueblo, a criarla fuera
de casa. No quería molestias de niños e impertinencias de

*wet nurses* | Bastante

**nodrizas. Harto** tenía con el otro, con Pedrín, el niño, de tres años ya.

Soledad apenas se acordaba de los primeros años de su infancia. Allá, en la lejanía, sus últimos recuerdos eran los de aquel hogar **hosco** y ceniciento y aquel padre **hermético**, aquel hombre que comía junto a ella en la mesa y a quien veía un momento al levantarse y otro momento al ir a acostarse. Y aquellos besos litúrgicos, forzados. La única compañía le era Pedrín, su hermano. Pero Pedrín jugaba con ella en el más estricto sentido, es decir, que no jugaba en compañía de ella, sino que jugaba con ella como se juega con una **muñeca**. Ella, Soledad, Solita, era su **juguete**. Y era, como hombre que había de ser, un bruto. **Como eran sus puños más fuertes**, quería tener siempre razón. «Vosotras, las mujeres, no servís para nada. ¡Los que mandan son los hombres!», le dijo una vez.

**Era Soledad una naturaleza** exquisitamente receptiva, **un genio** de sensibilidad. **Se da** con frecuencia en las mujeres este genio de receptividad, que como nada produce, se extingue sin que nadie lo haya conocido. Al principio **acudió** Soledad, **llorosa y herida** en lo más vivo, a su padre, a la **esfinge**, demandando justicia; pero el inflexible **varón** le contestaba secamente: «¡Bueno, bien; déjame en paz! ¡Daos un beso, y cuidado con que esto se repita!» Así creía arreglarlo, **quitándose de encima** la molestia. Y acabó ello porque Soledad no volvió a quejarse a su padre de las brutalidades de su hermano, y lo **soportó** todo en silencio, dejando a aquél en paz y evitándose los fraternales besos de humillación.

Fue **espesándose y entenebreciéndose** la tristeza cenicienta de su hogar. Sólo descansaba en el colegio, en el que la metió su padre como **medio pensionista** para quitársela así más tiempo de encima. Allí, en el colegio, supo que sus compañeras todas tenían o habían tenido madre. Y un día, a la hora de cenar, se atrevió a molestar a su padre preguntándole: «Di, papá, ¿he tenido madre?» «¡**Vaya una pregunta**! — respondió el hombre —. Todos hemos tenido madre. ¿Por qué lo préguntas?» «¿Y dónde está mi madre, papá?» «Se murió cuando tú naciste.» «¡Ay qué pena!», **prorrumpió** Soledad. Y entonces el padre rompió por un momento su **salvaje taciturnidad**, le dijo cómo su madre se había llamado Amparo, y le enseñó un retrato de la **difunta**. «¡Qué guapa era!», exclamó la niña. Y el padre añadió: «¡Sí, pero no tanto como tú!» En esta exclamación, que se le escapó, iba **el**

---

*oscuro y triste* | cerrado, difícil de entender

*doll* | toy
Puesto que tenía más fuerza

Soledad tenía una disposición | una inclinación | Existe, Hay | fue | *tearful and hurt*

*sphinx* | hombre

librándose de, evitando
toleró, sufrió

haciéndose más densa y oscura
*half-boarder*

¡Qué pregunta!

dijo con fuerza

brutal silencio
mujer muerta

lo esencial
vanas pretensiones
*brief spark*

**fondo** de una de sus **petulancias**; creía que el ser su hija más guapa que la madre, se lo debía a él. «Y tú, Pedrín — dijo Soledad a su hermano, animada por aquel **fugitivo rescoldillo** de hogar —, ¿te acuerdas tú de ella?» «¿Y cómo me he de acordar, si cuando murió no tenía yo más que tres años?» «Pues yo, en tu caso, me acordaría», fue la respuesta de la niña. «¡Claro, las mujeres sois más listas!», exclamó el hombre-cillo **en ciernes**. «No, pero sabemos recordar mejor.» «Bueno, bueno, no digas **tonterías** y déjame en paz.» Y se acabó **el coloquio** de aquella noche memorable en que Soledad supo que había tenido madre.

en su infancia
cosas estúpidas
la conversación

persistió / Ocupó
fantasías, ilusiones

Y tanto **dio** en pensar en ella, que casi la recordó. **Pobló** su soledad con **ensueños** maternales.

poco vivo, insípido /
  se hacía viejo

Fueron corriendo los años, todos iguales, todos cenicientos y tristes en aquel hogar **apagado**. El padre no **envejecía** ni podía envejecer. A las mismas horas hacía todos los días las mismas cosas, con una regularidad mecánica. Y el hermano empezó a **disiparse**, a **dar que hablar en el pueblo**. Hasta que desapareció de él; Soledad no supo adónde. Quedaron padre e hija solos, solos y separados; viviendo, es decir, comiendo y durmiendo bajo el mismo **techo**.

*squander* / ocupar la
  atención pública

*roof*

joven
*asking for the chance*
  *to be her sweetheart*
dudas
resistir

Por fin pareció que un día se le abriera el cielo a Soledad. Un **gallardo mozo**, que desde hacía algún tiempo la devoraba con los ojos cuando la veía en la calle, se dirigió a ella **solicitando ser admitido a prueba como novio**. La pobre Soledad vio que se le abría la vida, y aunque con **unos ciertos presentimientos**, que en vano quería **rechazar de sí**, lo admitió. Y fue como una primavera.

Empezó Soledad a vivir, empezó más bien a nacer. Descubriósele el sentido de muchas cosas que hasta entonces no lo tuvieron para ella; empezó a entender mucho que oyó a sus maestras y a sus compañeras de colegio, mucho que había leído. Todo parecía cantar dentro de ella. Pero a la vez descubrió toda **la horrura** de su hogar, y si no hubiera sido por la imagen, siempre en ella presente, de su novio, se habría **arrecido** allí junto a aquel hombre **granítico**.

lo destestable y lo
  superficial
*grown stiff from cold*
  */ of granite / daz-*
  *zlement*
*slightest hint*

Fue un verdadero **deslumbramiento** aquel noviazgo para la pobre Soledad. Y el padre parecía no haberse enterado de nada o no querer enterarse: ni la **más leve alusión** de su parte. Si al salir de casa cruzaba con el novio de su hija que se acercaba a la **reja**, a las horas de **sabroso coloquio, hacía como que no se enteraba**. La pobre Soledad tuvo más de una vez intención de insinuar algo a su padre en la mesa, a la hora de cenar; pero las palabras se le **cuajaban** en la boca antes de salir. Y calló, siguió callando.

*grating* / agradable
  conversación / *he*
  *acted as if he wasn't*
  *aware* / solidifica-
  ban, coagulaban

Empezó Soledad a leer en libros que le traía su novio;
empezó, gracias a él, a conocer el mundo. Y aquel joven no
parecía hombre. Era cariñoso, alegre, abierto, irónico y hasta
la contradecía a las veces. De su padre, del padre de ella, no le
5 habló nunca.

Fue la iniciación en la vida y fue el sueño del hogar. Soledad
empezó, en efecto, a soñar lo que sería un hogar, a **entrever**
lo que eran los hogares, los verdaderos hogares de sus compañeras que lo tenían. Y este conocimiento, este sentimiento
10 más bien, **acreció** en ella el horror a la **madriguera** en que
vivía.

Y de repente, un día, cuando menos lo esperaba, vino el
**hundimiento.** Su novio, que hacía un mes estaba ausente, le
escribió una larga carta muy llena de expresiones de cariño,
15 muy **alambicadas,** muy tortuosas, en que **a vuelta de** mil
protestas de afecto le decía que aquellas sus relaciones no
podían continuar. Y acababa con esta frase terrible: «Acaso
llegue algún día otro que te pueda hacer feliz mejor que yo.»
Soledad sintió un tenebroso frío que le **envolvía** el alma, y
20 toda la brutalidad, toda la **indecible** brutalidad del hombre,
es decir, del varón, del macho. Pero **se contuvo,** devorando
en silencio y con ojos **enjutos** su humillación y su dolor. No
quería aparecer débil ante su padre, ante la esfinge.

¿Por qué? ¿Por qué la había dejado su novio? ¿Es que
25 se había cansado de ella? ¿Por qué? ¿Es que puede un hombre
cansarse de amar? ¿**Cabe** cansarse de amar? No, no; es que
nunca la había querido. Y ella, la pobre Soledad, **sedienta** de
amor desde que **naciera,** comprendió que no la había querido
nunca aquel otro hombre. Y **se hundió en sí misma**, re-
30 fugiándose en el **culto** a su madre, en el culto a la Virgen.
Y no lloró, porque su dolor no era de lágrimes: era un dolor
seco y ardiente.

Una noche, a la hora de cenar, la esfinge paternal abrió
la boca para decir: «¿Qué? ¡Según parece, se ha acabado ya
35 eso!» Y Soledad sintió como si le **atravesasen** el corazón con
una **espada de hielo.** Se levantó de la mesa, se fue a su cuarto,
y exclamando: «¡Madre mía!», cayó en un espasmo convulsivo.
Y desde entonces el mundo le **supo a vacío**. Y pasaron dos
años, y una mañana encontraron muerto en su cama al padre, a
40 don Pedro. El corazón se le había parado. Y su hija, sola
ahora en el mundo, no le lloró.

Quedó sola Soledad, enteramente sola. Y para que su
soledad fuese mayor vendió **cuantas fincas** le dejó su padre,
realizó una modestísima fortunilla y se fue a vivir lejos, muy
45 lejos, donde nadie la conociera y donde ella a nadie conociera.

---

Glosas marginales:

- imaginar, sospechar
- intensificó / *den*
- *downfall*
- refinadas, sútiles / por vía de
- cubría
- inexplicable, inexpresable / dominó sus emociones / secos
- Es posible
- con deseos fuertes
- había nacido
- *she withdrew within herself* / *cult, adoration*
- penetraran
- *icy sword*
- *tasted of emptiness*
- todas las fincas que

*at the river's edge*
*lonely charitable*
*  woman* / ayuda,
  sirve / de otras
  personas / *revealing*
  *bitter sayings of*
  *hardened affliction*

*at best* /
  común, general / si-
  lenciosa / destruye

con aspecto de viejo
*bent*

*thirsty for affection*
*  and hungry for a*
*  home* / actividades
  / divertir

andar, caminar

*faint hope*
*I've struck up an*
*  acquaintance* / he
  tratado de saber de
  ella / pero

*impelling*

percepción, com-
  prensión / *sensitive*
  / descortesías / re-
  tirada, apartada /
*  shoving*

siente compasión
*crab*

Y ésta es esa Soledad, hoy ya casi anciana, esa mujercita sencilla y noble que veis todas las tardes ir a tomar el sol **a orillas del río**; esa mujercita misteriosa de la que no se sabe ni de dónde es. Esa es la **solitaria caritativa** que en silencio 5 **remedia** las necesidades **ajenas** que conoce y puede remediar; ésa es la buena mujercita a la que alguna vez se le escapa uno de esos **dichos amargos delatores del desconsuelo encallecido**.

Nadie sabía su historia, y se llegó a propagar la leyenda de 10 una terrible tragedia en ella. Pero, como veis, no hay en su vida tragedia alguna representable, sino, **a lo más**, esta tragedia **vulgar**, vulgarísima, irrepresentable, **callada**, que tantas vidas humanas **destroza**: la tragedia de la soledad.

Sólo se recuerda que hace unos años vino en busca de 15 Soledad un hombre **avejentado**, de prematura decrepitud, **encorvado** como bajo el peso de vicio, y a los pocos días de llegar murió en casa de la mujercita. «¡Era mi hermano!» Es lo único que a ésta se le oyó.

Y ahora, ¿comprendéis lo que es la soledad en un alma de 20 mujer, y de mujer **sedienta de cariño y hambrienta de hogar**? El hombre tiene en nuestras sociedades **campos** en que **distraer** su soledad; pero una mujer que no quiere encerrarse en un convento, ¿qué ha de hacer solitaria entre nosotros?

25 Esa pobre mujercita, a la que veis **vagar** a orillas del río, sin fin ni objeto, ha sentido toda la enorme brutalidad del egoísmo animal del hombre. ¿Qué piensa? ¿Para qué vive? ¿Qué **lejana esperanza** la mantiene?

**He trabado relación**, no digo amistad, con Soledad, y 30 **he procurado sonsacarle** su sentimiento total de la vida y del destino, lo que alguien llamaría su filosofía. Hasta hoy, poco o nada he conseguido; **mas** espero conseguirlo. Todo lo que he logrado es saber su historia, la que os acabo de contar. Fuera de esto, no le he oído sino reflexiones llenas de buen 35 sentido, pero de un buen sentido frío y al parecer **rastrero**. Es mujer de extraordinaria cultura de libros, porque ha leído mucho, y de una gran **clarividencia**. Pero lo que es sobre todo es extremadamente **sensible** a las **groserías** y brutalidades de toda clase. Vive así, solitaria y **retraída**, por no sufrir 40 los **empellones** de la brutalidad humana.

De nosotros, los hombres, tiene una singular idea. Cuando le he sacado la conversación al respecto de los hombres, se ha limitado a exclamar: «¡Pobrecillos!» Parece que nos **compadece**, como quien compadeciera a un **cangrejo**. Me ha

gran(de)

prometido hablarme alguna vez de los hombres y del **magno**, del máximo, del supremo problema de la relación entre hombre y mujer. «No de la relación sexual — me dijo —, ¿eh?, entienda usted bien; no de eso, sino de la relación general entre
5 hombre y mujer: lo mismo que sean madre e hijo, hija y padre, hermana y hermano, amiga y amigo, respectivamente, como que sean marido y mujer, novio y novia o amantes; lo importante, lo capital, es la relación general, es cómo ha de sentir un hombre a una mujer, sea su madre, su hija, su hermana,
10 su mujer o su querida, y cómo ha de sentir una mujer a un hombre, sea su padre, su hijo, su hermano, su marido o su amante.» Y espero el día en que Soledad me hable de esto.

Una vez hablé con ella de esa profusión de libros eróticos

*we are flooded with*

**con que ahora nos anundan**, porque con la buena Soledad

ofenderla

15 se puede hablar de todo cuidando de no **herirla**. Cuando le saqué esa conversación me miró inquisitivamente con sus grandes ojos claros, ojos eternamente juveniles, y con una sombra de sonrisa sobre su boca me preguntó: «Diga usted. ¿Usted comerá? ¿No es así?» «¡Claro que como!», respondí,
20 sorprendido por la pregunta. «Pues bien; si a usted, que come,

gobernar, dar órdenes

le sorprendiera leyendo un libro de cocina y pudiese yo **mandar**,

*scrub the pots*

le enviaría a la cocina a **fregar las cacerolas**.» Y no dijo más.

## Questions

1. ¿Cómo era la relación entre Amparo y su esposo?
2. ¿Por qué quería Amparo una hija?
3. ¿Cuál era la última cosa que le pidió Amparo a su esposo?
4. ¿Cuáles eran los pensamientos y las acciones del esposo después de la muerte de Amparo?
5. ¿Cómo jugaban Pedrín y Soledad?
6. ¿De qué se enteró Soledad en el colegio?
7. ¿Qué le preguntó una vez Soledad a su padre?
8. ¿Qué dijo Pedrín de su madre?
9. ¿Cómo cambió la vida de Soledad después de que su hermano desapareció del pueblo?
10. ¿Qué le dijo Soledad a su padre sobre el noviazgo?
11. ¿Qué le escribió el novio a Soledad en la carta?
12. ¿Cómo reaccionó Soledad a la carta? ¿Qué pensamientos tenía?
13. ¿Cómo murió el padre de Soledad?
14. ¿Qué hizo Soledad después de la muerte de su padre?

15. ¿Qué hace Soledad todas las tardes?
16. ¿Por qué dice el autor que Soledad es una solitaria caritativa?
17. ¿Qué dice el autor sobre la «tragedia» de Soledad?
18. ¿Quién fue a visitar a Soledad hace unos años?
19. ¿Sobre qué tema espera el autor que Soledad le hable?
20. ¿Qué dijo Soledad sobre los libros eróticos? ¿Qué significan las últimas palabras de Soledad?

# GRAMMAR

## Special problems

**9.1   Parecer, parecerse, aparecer(se):**

 **a.** **Parece** + NOUN = *looks like a:*

177/2 Aquel joven no parecía hombre.  *That youngster did not look like a man.*

    Esta casa parece palacio.  *This house looks like a palace.*

 **b.** **Parece** + ADJECTIVE = *looks, seems:*

173/9 Su marido parecía insensible.  *Her husband seemed insensitive.*
156/33 Soy más cauto de lo que parece.  *I am more careful than it seems.*

 **c.** **Parece** + INFINITIVE = *seems to* (**parece** + **ser** or **estar** = *seems to be*):

176/33 Todo parecía cantar dentro de ella.  *Everything seemed to sing within her.*
176/38 El padre parecía no haberse enterado.  *The father seemed not to have found out.*

 **d.** **(Me) parece que** = *it seems (to me) that:*

91/16 Parece que la entrada del hombre en la era científica empieza con una dimisión.  *It seems that man's entrance into the scientific era begins with a resignation.*

| | | |
|---|---|---|
| 176/22 | Pareció que un día se le abriera el cielo a Soledad. | *It seemed that someday the sky would open up for Soledad.* |
| 178/43 | Parece que nos compadece. | *It seems that she feels sorry for us.* |
| 157/23 | un público escaso y poco entusiasta, según me pareció | *a small and not very enthusiastic audience, it seemed to me* |

**e.  Parecerse a** = *to look like* (a specific thing or person):

| | | |
|---|---|---|
| 131/7 | un hombrachón que se parecía al oficial enemigo | *a big man who looked like the enemy officer* |
| | Tú te pareces a mi hermano. | *You look like my brother.* |

---

NOTE:    The difference between **parece** + NOUN and **se parece a** + NOUN is not great, but should be learned. **Parece doctor** = *He looks like a doctor (any doctor)*. **Se parece a un doctor** = *He looks like a specific doctor that I'm thinking of.*

---

**f.  Aparecer(se)** = *to appear (suddenly or unexpectedly)*:

De repente apareció mi tío.          *Suddenly my uncle appeared.*

---

NOTE:  Desaparecer means *disappear.*

---

De pronto desapareció el sol.          *Soon the sun disappeared.*

## 9.2  Sentir

Care must be taken not to confuse the forms of **sentir** with those of **sentar(se)**. **Sentir** has the following meanings:

| | | |
|---|---|---|
| 130/24 | Siempre sin sentirme empezó a sonreir. | *Still without hearing me he began to smile.* |
| | ¿Qué es eso? Sentí un ruído. | *What is that? I heard a noise.* |

**b.**  *To feel*, either physically or emotionally (describes a sensation, not an activity):

| | | |
|---|---|---|
| 177/19 | Soledad sintió un tenebroso frío. | *Soledad felt a great cold.* |
| 177/35 | Soledad sintió como si le atravesasen el corazón. | *Soledad felt as if her heart was being pierced.* |
| 179/8 | Es cómo ha de sentir un hombre a una mujer. | *That's how a man should feel a woman (i.e., emotionally—***sentir*** is never used to designate an activity).* |

**c.**  *To be sorry:*

Siento que no puedas acompañarnos.          *I'm sorry that you can't come with us.*

---

NOTE:     When **sentir** is used without a clause to mean simply *I'm sorry*, **lo** is added: **Lo siento, pero no puedo acompañarte**. *I'm sorry, but I can't go with you.*

---

**d.  Sentirse** also means *to feel*, but it is usually used only with words that describe one's health:

No me siento bien hoy.          *I don't feel well today.*
¿Cómo te sientes?          *How do you feel?*

**9.3  Esperar** has the following meanings:

**a.**  *To wait:*

113/5  No cabía, pues, otro recurso que esperar.          *There was no other remedy but to wait.*

**b.**  *To hope:*

178/7  Espero conseguirlo.          *I am hoping to achieve it.*

---

NOTE:     In some sentences **esperar** seems to have both meanings: **Espero el día en que Soledad me hable de esto.**

---

**9.4  Hacer** in time expressions.     **Hacer** + TIME NOUN in general means *X time ago*. It can, however, be used in several ways:

**a.  Hace** (present tense) + TIME NOUN, used alone or with a past tense verb, means *X time ago*.

91/9  Hace unos meses, leíamos en A.B.C. que...          *A few months ago we read in A.B.C. that . . .*

131/38  Aquella noche yo habría hecho lo que usted hizo hace dieciséis [noches].          *That night I would have done what you did sixteen days ago.*

**b.  Desde hace** + TIME NOUN means *since X time ago*, or simply *for X time*:

Vengo aquí desde hace tres años.          *I've been coming here for three years.*

No lo he visto desde hace unas semanas.

*I haven't seen him since a few weeks ago (for a few weeks).*

**c.**   If used before the main verb phrase, the word **desde** can be omitted from the above expression provided that **que** is inserted between the time expression and the main clause:

159/29   Ya hace meses que no asisto a un sorteo.

*I haven't attended a drawing for months.*

Hace tres horas que estudio mi lección de español.

*I've been studying my Spanish lesson for three hours.*

**d.**   The verb **hacer** in the above expressions can itself be past or future, with corresponding changes in the meaning: **hará tres años** can mean *it will be three years since*, but it is usually used to mean *it must have been about three years since* (see future of probability, lesson one). **Hacía** (and less frequently **hizo**) **tres años** usually means *it had been three years since*. The main verb will be either imperfect (if the activity was going on for the three-year period) or past perfect (if the activity took place three years before some past point of reference):

Habíamos hablado de eso hacía apenas una semana.

*We had spoken about that just a week earlier.*

Hacía una hora que discutíamos.

*We had been discussing it for an hour.*

## Function words

**9.5**   Function words are those that serve to connect the major parts of the sentence and to specify their uses. For example, the preposition **en** in the phrase **en la calle** shows that the noun **calle** is being used to designate a location. The most important function words are relatives, conjunctions, and prepositions.

### Relatives

**9.6**   Relative pronouns.     A relative pronoun serves to link an adjectival clause to a preceding noun (the antecedent), which it modifies:

| **el hombre** | **que**　**vi ayer** |
|---|---|
| ANTECEDENT | ADJECTIVE CLAUSE |

**a.**  Relative clauses are classified as RESTRICTIVE or NON-RESTRICTIVE. Since this distinction determines the shape of the clause and the punctuation surrounding it, it is important to understand the difference. A restrictive relative clause assists in the identification of the item designated by the modified noun:

Necesito el libro que te presté ayer.

*I need the book that I lent you yesterday.*
[The speaker uses the clause **que te presté ayer** to identify the book that he needs.]

A non-restrictive clause merely adds an incidental fact about the modified noun (this type of clause is set off by commas):

Nuestro libro de historia, el cual es muy respetado, da una explicación buena de esos eventos.

*Our history book, which is very respected, gives a good explanation of those events.*
[The clause **el cual es muy respetado** is inserted to add a fact about the book, not to help identify it.]

**b.**  Although the most common relative pronoun is **que**, there are certain situations in which a different longer pronoun (**quien, el que, el cual**)[4] MUST be used, and certain other situations in which one of the longer pronouns MAY be used.

One of the longer pronouns MUST be used after **a, por,** an infrequently used preposition such as **tras,** or a multisyllabic preposition such as **delante de.**

110/34  Es uno de esos hombres a quienes (a los que, a los cuales) se encuentra en el límite de la ley.

*He is one of those men who are found on the fringe of legality.*

Ésta es la casa delante de la cual (delante de la que) vi al ladrón.

*This is the house in front of which I saw the thief.*

One of the longer pronouns MAY be used:

i.  if the clause is non-restrictive

175/31  Sólo descansaba en el colegio, en el que (en que) la metió su padre.

*She only rested at school, where she was put by her father.*

---

[4] **Quien** is used only for persons. **El que** and **el cual** may be used for persons or things. Although **el cual** is sometimes thought of as more formal than **el que,** native speakers of Spanish are not unanimous in their feelings about this.

ii.    after a preposition other than those mentioned above

Este es el hombre del que (de que)        *This is the man that you were speak-*
    hablabas.                             *ing about.*

**c.**    In the absence of any of the conditions described above, **que** is used:

176/23    un gallardo mozo que la devoraba      *a handsome lad who devoured her*
    con los ojos                          *with his eyes*
177/1    Empezó Soledad a leer en libros que    *Soledad began to read in books that*
    le traía su novio.                    *her boyfriend brought her.*

**d.**    The antecedent may be omitted before a relative pronoun if it is obvious from
the context. Frequently it is understood that a person is the antecedent:

155/9    el que les presento                   *the one I'm introducing to you*
    Yo prefiero el que tiene usted.       *I prefer the one which you have.*

---

NOTE:    This last example is very similar to **yo prefiero el
blanco**. In both cases a noun has been omitted before an
adjectival element. The article is retained and has the same
function that *the . . . one* has in English.

---

**e.**    If the antecedent is abstract or very general, the neuter article *lo* is used:

No me gusta lo que usted ha dicho.        *I don't like what you have said.*
156/33    Soy más cauto de lo que parece.       *I am more careful than it seems.*

---

NOTE:    As in the above case, this usage parallels the usage of
**lo** before simple adjectives: **lo bueno** = *that which is good.*

---

**9.7**    Relative adverbs.    **Cuando, donde,** and **como** are equivalent to **el momento
que, el lugar que,** and **el modo que,** respectively. They are used just as the relative
pronouns are, and, like them, can be used with or without an antecedent:

175/38    Se murió cuando tú naciste.           *She died when you were born.*
177/44    Se fue a vivir lejos, donde nadie la   *She went to live far away, where*
    conociera.                            *nobody would know her.*

The following three examples illustrate the adverbial use of **que**, the use of **donde**
with antecedent, and the use of **donde** without antecedent:

|  | Yo he vivido en Turquía, país en que la poligamia tiene estado legal. | *I have lived in Turkey, a country in which polygamy is legal.* |
|---|---|---|
| 44/18 | Yo he vivido en Turquía, país donde la poligamia tiene estado legal. | *I have lived in Turkey, a country where polygamy is legal.* |
|  | Yo he vivido en Turquía, donde la poligamia tiene estado legal. | *I have lived in Turkey where polygamy is legal.* |

## The conjunction que

**9.8**  In addition to its use in relative clauses, **que** is used to connect a verb directly to a complete thought which follows it and is subordinated to it. This use of **que** is similar to English *that*. However, in Spanish the conjunction is never omitted, as is sometimes possible in English:

|  |  |
|---|---|
| Yo sé que vino ayer. | *I know (that) he came yesterday.* |

---

NOTE:     The clause following **que** is a noun clause. More examples can be found in the sections dealing with the use of subjunctives in noun clauses.

---

## Prepositions

**9.9**  In Spanish, prepositions are used before a noun, a noun phrase, or a noun clause. A preposition cannot be used to end a sentence as in English.[5]

| INFORMAL ENGLISH: | *the man I gave the book to* |
|---|---|
| FORMAL ENGLISH: | *the man to whom I gave the book* |
| SPANISH: | **el hombre a quien le di el libro** |

**9.10**  A preposition before a nominal element relates it to the previous context and specifies its function in the sentence. The most difficult problems relating to use of prepositions are due to the fact that one preposition may be used to designate two or more different types of relationships or functions, and English and Spanish group these relationships differently.

[5] The student may have encountered this rule in English grammars as well, and may think of it as a rule of formal style or composition. In Spanish, however, this rule applies to informal conversation as well as to formal style.

| | | | |
|---|---|---|---|
| *to Paris*     *to* | [destination] | **a** | **a París** |
| *at 4:00*     *at* | [time] | | **a las cuatro** |
| *at home* | [location] | **en** | **en casa** |
| *in Spain*     *in* | [inclusion] | | **en España** |
| *in the class* | [membership] | **de** | **de la clase** |

The most difficult problems will be discussed below:

**9.11**   **A** versus **en** for location.     In Spanish, **a** is used only when the verb indicates motion toward a place, or when a 'specific distance from here' or a 'point on a scale' is implied:

174/43   Hizo que llevasen a Soledad a un pueblo.
*He had Soledad taken to a town.*

179/22   Le enviaría a la cocina.
*I would send you to the kitchen.*

112/1   Usted estaba pescando ayer a pocos metros de mí.
*You were fishing yesterday a few yards away from me.*

Otherwise, when simple location is designated, **en** is used, although *at* may be its English equivalent in some sentences:

173/15   Se detenía en casa no más que para comer y dormir.
*He stopped at home only to eat and sleep.*

175/33   Allí en el colegio, supo que sus compañeras todas tenían o habían tenido madre.
*There, at school, she found out that all her companions had or had had mothers.*

**9.12**   **De** versus **con** to mean *with*.     **De** can be used to mean *with* in sentences like **el suelo está cubierto de periódicos** if the intended meaning is that the newspapers are just there, all over the floor. If someone had covered the floor with newspapers for a particular purpose, **con** would be used. The following contexts are illustrative of the situations which require **de** and **con**:

Qué desordenado está esta sala. Hay libros tirados por todas partes. El suelo está cubierto de periódicos.

Acabo de encerrar el piso, pero no tengas cuidado, pasa no más, el suelo está cubierto con periódicos.

177/27   Había estado sedienta de amor desde     *She had been thirsty for love since*
              que naciera.[6]                                *she was born.*
176/12   Pobló su soledad con ensueños        *She populated her loneliness with*
              maternales.                                    *maternal dreams.*

---

NOTE:      As the above examples show, **con** is used when the relationship has been established deliberately by someone for a particular purpose, whereas **de** simply expresses the relationship in a neutral way.

---

**9.13   De** versus **por** to mean *by*:

This contrast is similar to the difference between **de** and **con** discussed above. When the word *by* introduces the agent of an action, **por** is used. However, when the verb which precedes *by* expresses a situation rather than an action, the person or thing which follows *by* is not really an agent, and hence **de** is usually used:

159/4    Estaba rodeada de alegres y ape-      *She was surrounded by happy and*
              tentes comensales.                          *hungry guests.*
158/31   Fue preparada por las blancas manos   *It was prepared by the white hands*
              de la mujer.                                    *of the woman.*
              Fue llevado por la policía.              *He was taken by the police.*

## Por **versus** para

**9.14**   General view.      Historically **para** is a combination of **por** and **a**, and this provides a clue about the basic difference between the two words. That is, **para** generally expresses a relationship that looks forward in some sense (for example, in time). To put it another way, **para** introduces an element that is the goal of some thing or event. **Por**, on the other hand, lacks this forward-looking quality.

**9.15**   Main uses of **por** and **para**.      The chart on the facing page contrasts some of the main uses of **por** and **para**.

---

[6] This is an archaic use of this form as a past perfect tense. Modern Spanish would be **desde que había nacido**.

| **POR** | **PARA** |
|---|---|
| THROUGH, IMPRECISE LOCATION<br>**voy por** [*through*] **el parque** | DESTINATION<br>**voy para** [*towards*] **el parque** |
| DURATION, IMPRECISE TIME<br>**por** [*during*] **tres días**<br>**por** [*in*] **la mañana** | DEADLINE<br>**háganlo para** [*by*] **el sábado** |
| REASON, EXPLANATION<br>**por** [*because of*] **el frío** | PURPOSE<br>**para** [*in order to*] **tener éxito** |
| MEANS<br>**vine por** [*by*] **tren** | USE<br>**sirve para** [*for*] **abrir latas** |
| REPLACEMENT<br>**te doy dos pesos por** [*in exchange for*] **el libro**<br>**trabajo por** [*instead of*] **ti** | GOAL<br>**te doy dos pesos para** [*intended for*] **el libro** |
| BEHALF<br>**trabajo por** [*on behalf of*] **la patria** | BENEFICIARY<br>**trabajo para** [*for*] **ti** |

 

**a.**   Location versus destination:

130/18   Entró por el agujero un hombre alto.   *A tall man came in through the hole.*

71/18   Emma vivía por Almagro.   *Emma lived on Almagro.*

113/5   Esa misma noche partía para el campo.   *That same night he was leaving for the country.*

 

**b.**   Time versus deadline:

175/40   Rompió por un momento su salvaje taciturnidad.   *He broke for a moment his beastly silence.*

158/12   un miércoles, por la noche   *one Wednesday, during the evening*
Lean esto para la semana entrante.   *Read this for next week.*

 

**c.**   Reason versus purpose:

130/15   He sido citado por un acto heroico.   *I have been cited because of a heroic deed.*

| | |
|---|---|
| 112/4   Fue como si quisiera castigar a los peces por no picar. | *It was as if you wanted to punish the fish for not biting.* |
| 111/17   Le doy libertad para no malgastar los suyos. | *I give you freedom so that you may not waste yours.* |
| 109/8   Se lo preguntó más para asegurar su voluntad que para darle una lección de cortesía. | *He asked him more in order to assure himself of his good will than to give him a lesson in courtesy.* |

**d.** Means versus use:

| | |
|---|---|
| 112/43   Había sido enriquecido por el primero de sus inventos. | *He had been made rich by the first of his inventions.* |
| 174/20   No servía sino para dar luz a su hija. | *She was not good for anything except to give birth to her daughter.* |

**e.** Replacement versus goal:

| | |
|---|---|
| Si se siente mal, yo iré por usted. | *If you don't feel well, I'll go in your place.* |
| ¿Cúanto me da por este coche? | *How much will you give me for this car?* |
| 173/5   Existe el riesgo de muerte para el que nace. | *There is the risk of death for the one who is born.* |

**f.** Behalf versus beneficiary:

| | |
|---|---|
| Trataré de hacer algo por usted. | *I will try to do something on your behalf.* |
| Trataré de hacer algo para usted. | *I will try to do something in your benefit.* |

**9.16**   Other uses of **por**:

**a.**   **Estar + por +** INFINITIVE has the following meanings: if the subject is a person the meaning is usually *in favor of*:

| | |
|---|---|
| Yo estoy por concluir esto lo más pronto posible. | *I'm for finishing this as soon as possible.* |

**b.**   Otherwise this expression usually designates something that is *yet to be done*:

| | |
|---|---|
| La casa está por pintar. | *The house is yet to be painted.* |

**c.**   **Por** with the object of an errand:

| | |
|---|---|
| Vaya por sal. | *Go get some salt.* |
| Pasaré por tí. | *I'll come by for you.* |

**d.  Por** + ADJECTIVE + **que** + SUBJUNCTIVE frequently expresses the irrelevance of the quality designated by the adjective:

110/6   Por muy distraído que sea, lo tendría        *No matter how distracted you are,*
          que haber visto.                           *you would have had to see him.*

**9.17**   Other uses of **para**:

**a.**   Comparison with some expected norm:

Es muy inteligente para su edad.          *He's very intelligent for his age.*

**b.**   **Estar** + **para** + INFINITIVE usually means that something is about to happen:

Está para salir.                          *He is about to leave.*

## Ejercicios escritos

**1.** Combine las oraciones usando un pronombre relativo. Todas las frases del ejercicio pueden combinarse con el pronombre **que**. En cada caso la segunda frase es la oración principal.

MODELO:   El señor está allí. El señor es mi hermano.
          El señor que está allí es mi hermano.

          Vi al señor ayer. El señor es el presidente.
          El señor que vi ayer es el presidente.

Tengo el libro en casa. El libro tiene todos los verbos.
La señora vino a visitarme. La señora se parece a tu tía.
Sentí el ruido. El ruido era muy raro.
Esperamos el tren. El tren no llegará nunca.

**2.** Combine las oraciones como en el ejercicio anterior, pero ahora hay que usar **el (los, la, los) cual(es)** porque la frase relativa es incidental:

MODELO:   Mi hermano es presidente de la república.
          Mi hermano viene a visitarnos.

          Mi hermano, el cual es presidente de la república, viene a visitarnos.

El profesor es magnífico. El profesor nunca hace errores.
Los estudiantes son muy inconsistentes. Los estudiantes a veces trabajan, a veces no.
Ese concierto tuvo un buen público. Ese concierto fue fantástico.
Mi revólver cayó al suelo. Mi revólver no fue encontrado.

**3.** Combine las frases como en los ejercicios anteriores. En este ejercicio se debe usar **que** si la frase relativa es determinativa, **el cual** si es incidental.

La luna no se construyó con queso verde. Los hombres finalmente llegaron a la luna.
Estos señores son muy valientes. Hemos visto luchar a estos señores.
Mi hermano es señador. Viene a vernos mi hermano.
El señor está a su derecha. El señor es un criminal.

**4.** Combine las frases usando la conjunción **que** y eliminando el pronombre **lo**.

Modelo:   Tú vas a venir. Yo lo sé.
             Yo sé que tú vas a venir.

Chile está en Sudamérica. Me lo dice mi abuelo.
El periódico fue robado. Lo supe.
Usted tendrá éxito. Lo pienso.
Washington es la capital de los EE.UU. Todo el mundo lo sabe.
Yo era el presidente. Nadie lo podía creer.

**5.** Complete las frases con la preposición (**de**, **a**, **en**, **con**, **por**, **para**) que es más adecuada:

Mi hermano está _______ casa.
Chile está _______ 6000 millas de aquí.
El suelo está cubierto _______ polvo.
El criminal fue rodeado _______ la policía.
El vaso está lleno _______ leche.
América fue descubierta _______ los noruegos.
_______ llegar al parque, hay que pasar _______ el puente.
Juan fue castigado _______ no ir a clase.
No hemos pintado la casa todavía; está _______ pintar.
Juan estudia _______ abogado.

**6.** Escriba frases con las expresiones siguientes:
Sentir, aparecer, desde hace tres años, esperar, sentirse.

# COMPOSITION

## Satire

**9.18**   A frequent method of development is the use of humor or satire. Often a point can be made more convincingly in this manner than by logical presentation of evidence and proof.

No attempt will be made here to provide guidelines for the effective use of satire; however, re-reading Camba's essays may give you some ideas.

### Composition # 9

Pick a topic of your own choosing, and develop a thesis in a humorous fashion.

# TOPICS FOR CONVERSATION AND COMPOSITION

**1.** La soledad

¿Sufren de soledad las personas que viven solas? ¿Tienen el problema de la soledad los que viven entre muchas personas?

¿Sienten los jóvenes la soledad tanto como los viejos?

¿Cuáles son los factores que contribuyen a la soledad?

¿Cómo se puede combatir la soledad?

**2.** Los juguetes y los juegos

¿Qué diferencias hay entre los juegos de los adultos y los de los niños?

¿Hay juguetes con los cuales les gusta a los adultos jugar?

¿Tienen demasiados juguetes y juegos los niños de hoy?

¿Son peligrosos los juguetes de hoy? ¿Son mejores que los del pasado?
¿Cuáles son los juguetes apropiados para los niños?

**3.** Los huérfanos

¿Es posible que un niño que ha crecido en un orfanato (asilo de huérfanos) tenga ciertas ventajas en la vida? ¿Qué desventajas tendría?

¿Debe el gobierno dar dinero a familias para que puedan adoptar a los huérfanos? ¿Debe el gobierno aceptar la responsabilidad para todos los hijos ilegítimos de la sociedad? ¿Debe el gobierno dar a las madres de hijos ilegítimos lo suficiente para mantenerlos? Si una mujer tiene un número excesivo de hijos ilegítimos, ¿debe el gobierno colocarlos en un orfanato?
¿Se debe permitir a las familias adoptar a los niños de otra religión o raza?

**4.** Los derechos de las mujeres

¿Tienen las mujeres bastante autoridad en nuestra sociedad? En algunos casos, ¿tienen demasiada influencia?
¿Son los hombres, por naturaleza, de carácter más agresivo que las mujeres?
¿Gobernarían las mujeres una nación mejor que los hombres?
¿Perderían las mujeres algo de su calidad de femenino si tuvieran más autoridad?
¿Deben las mujeres tener tanta responsabilidad como los hombres? ¿Deben hacer cosas como cambiar las llantas de un auto, por ejemplo?

**5.** Los viejos

En general, ¿tienen los jóvenes de este país bastante respeto a los viejos?
¿Mantiene suficientemente bien nuestra sociedad a los viejos?
¿Debe una persona dejar de trabajar a cierta edad?
¿Cómo son los asilos para los viejos?
¿Cuáles son los problemas más graves de la vejez? ¿Cómo se puede combatirlos?
¿A qué edad empieza la vejez?

**6.** La cocina

¿Cuál es su plato favorito?
¿Deben los hombres aprender a cocinar?
¿De dónde vienen los mejores cocineros del mundo?
¿Cuáles son los platos especiales que se asocian con los diferentes países del mundo?
Explique usted cómo se prepara su plato favorito u otro plato (o busque una receta de cocina para poder presentarla).

**7.** Los libros y las lecturas

¿Qué lee usted en su tiempo libre?
¿Qué libros ha leído usted recientemente que le han gustado? ¿De qué tratan?

En su opinión, ¿quiénes son algunos de los grandes escritores del pasado?
¿Qué género literario prefiere usted?
¿Para qué sirve leer la literatura novelesca?
¿Han diminuido la importancia de los libros el cine y la televisión?

**8.** La filosofía personal y la experiencia

¿Es verdad que la experiencia es la madre de la sabiduría?
¿Acepta usted consejos de personas mayores?
En su opinión, ¿cuáles son los factores que contribuyen a una vida satisfactoria?
¿Cuáles son sus ambiciones o aspiraciones en la vida?
¿Qué significa para usted la felicidad?
¿Con qué filosofías del mundo está usted de acuerdo?

# LESSON TEN



*Población*

Arturo Uslar Pietri

Arturo Uslar Pietri (1905–      ) is a Venezuelan writer and intellectual. His literary output includes short stories, essays, and novels. The two essays on population included here, although they were published in 1948, are more timely than ever.

## Los problemas de la población

Cuando leo lo mucho que en Venezuela se viene publicando sobre población y sobre inmigración, me parece que están predominando ideas no sólo anticuadas, sino peligrosamente inadecuadas a la situación nacional y a las circun-
5 stancias y tendencias mundiales en materia de población.

Estamos repitiendo conceptos e ideas de hace cien años sobre una materia que ha cambiado profundamente en los últimos tiempos. Estamos pensando sobre población y sobre inmigración en la forma simplista y absoluta en que Alberdi[1]
10 planteaba el problema un siglo atrás. Sin pensar ni **percatarnos de** que estos tiempos no son precisamente los de Alberdi, que los problemas relacionados con la población han cambiado radicalmente después de las dos últimas guerras mundiales,

considerar

[1] Juan Bautista Alberdi (1810–1884), Argentine jurist, writer, and statesman. He was one of the influential forces of the Constitutional Congress of 1853. Alberdi favored immigration as a means of increasing population, which he considered essential for the country.

197

*statesmen* | pocos
proverbio

que la Venezuela de hoy no es la Argentina de 1852, y que muy pocos **estadistas** de muy **contados** países estarían dispuestos en esta hora del mundo a repetir el famoso **apotegma** de « Gobernar es poblar ».

5 En los tiempos de Alberdi estaba llegando a su culminación ese gran período de expansión de la población mundial, y especialmente de la europea, que se inicia en el siglo XVII. La población mundial va a aumentar, a doblar, a cuadruplicar en menos de tres centurias. Las inmensas soledades del Nuevo

*prairies* | *plains*
espacio
*increasing surplus*

10 Mundo se abren. Las **praderas** del Norte y las **pampas** del Sur van a ofrecer un **ámbito** de ilimitada extensión y fertilidad a los **crecientes excedentes** de la población europea. Es la hora de los emigrantes.

Es también la hora del nacionalismo. Las naciones

supremacía
cualquier magnitud

15 quieren ser grandes y poderosas. Mucha población significa numerosos ejércitos para la conquista y para la **hegemonía**. El capital indispensable para que los napoleones de **todos los tamaños** gasten sus cientos de miles de renta anual.

Hay una hora en que los latinos son los más numerosos

20 de Europa y hacen la ley y predominan. Luego viene la hora en que son más los germánicos. Y ahora parece iniciarse una hora en que los más numerosos son los eslavos.

Pero el mundo empieza a reflexionar y a darse cuenta de que así como la población numerosa sirve para hacer la

*pressure*

25 guerra, tambien la **presión** del exceso de población lleva de una manera fatal a la guerra.

*threat*

Se ve a la población excesiva como una **amenaza** para la paz y aun como una condición que hace difícil, si no imposible, el florecimiento de la democracia. La inmensa muche-

*hungry* | *beastlike*
dictador

30 dumbre **famélica**, miserable y **embrutecida** vive en la sumisión de un **amo despótico**. No puede haber derecho, ni paz, ni estabilidad donde las necesidades elementales no están satisfechas.

La población mundial ha seguido creciendo, a pesar de

35 las guerras y de la miseria y de la insalubridad. Hoy la tierra está poblada por más de 2.200 millones de seres. La mitad

*anthill*
un plato

de ellos, asfixiados en el **hormiguero** asiático. Gentes que viven con **una escudilla** de arroz al día, sin higiene, sin medicina, sin alegría, cerrados todos los caminos de la espe-

40 ranza. Son cinco de cada diez seres humanos.

Pero los cinco restantes tampoco están todos en condiciones envidiables. Allí están los seiscientos millones de

rota, no unida

Europa, con una economía **desarticulada**, regresando difícilmente al camino de la normalidad, careciendo de muchas

*sin fuerzas*

cosas necesarias, **enflaquecidos** de cuerpo y de espíritu.

Queda América. Y no toda ella. Los norteamericanos tienen el más alto nivel de vida del universo. Pero la mayor parte de las masas humanas de Hispano-América están en un
5 nivel que se acerca más al asiático. **Indios mascadores de coca de la puna, labriegos de los cacaotales, peones de las mesetas. Hombres descalzos, de rancho pajizo** y dieta deficiente.

*Indians who chew coca leaves from the highlands, cocoa plantation workers, peons of the plateaus. Barefoot men, with straw huts. / approach the dawn*

La población mundial sigue creciendo a un ritmo amena-
10 zador. Cada año hay veinte millones de hombres más sobre la tierra. Dentro de cincuenta años, los hombres que **se asomarán al alba** del año 2000 alcanzarán el número de tres mil millones.

Y mientras este intenso crecimiento vegetativo sigue
15 proliferando de un modo impresionante, el espacio habitable parece reducirse.

La era de expansión para la población humana que se abrió con el descubrimiento de América vino a completarse con la revolución industrial. Los espacios americanos parecieron

*inexhaustible*

20 abrir una perspectiva **inagotable** para el crecimiento humano. Y después el nacimiento de la industria pareció permitir una mayor densidad de población.

*remedios, recursos*

Estos **alivios** ya han desaparecido. Las posibilidades de incremento industrial son limitadas. Y aun la densidad de las
25 poblaciones industriales no deja de depender en último término de la producción de **alimentos**.

*food*

Esa era de expansión se cerró en realidad el día en que los *pioneers* llegaron al Pacífico y plantaron ciudades. Se cerró con la última frontera norteamericana. Ya los Estados Unidos
30 de hoy están cerrados al inmigrante. Ya su población no puede crecer sensiblemente sin plantear muy graves problemas económicos y sociales. El famoso nivel de vida norteamericano peligraría con una población mayor que la actual. Uno de los hechos más significativos de la actual postguerra es que, por
35 primera vez en la historia de un puerto norteamericano, el de San Francisco, salió un barco de emigrantes. Familias norteamericanas que emigraban para Australia. Este hecho significa que una era de la historia del mundo se cierra, y que, en materia de población, han surgido hechos nuevos que deben
40 ser considerados muy cuidadosamente.

Las posibilidades de Hispano-América de absorber inmigración son también limitadas. No basta con el espacio. Lo que el hombre necesita es espacio productivo. La geografía, los climas, la población actual, los suelos y la estructura

económica y social de la actual Hispano-América no son de
los más favorables para un incremento de la población sobre
crecientes niveles de vida.

Estamos, pues, en presencia de un mundo que tiene
5 todas las apariencias de haber alcanzado un estado de sobrepoblación. De un mundo que ya no **dispone de** espacios
libres capaces de absorber de modo notable la población
excedente. De un mundo para quien el problema de la población se va a plantear cada día más en dramáticos términos
10 internacionales. De un mundo en que los pueblos sin mucha
población van a mirarse como privilegiados y favorecidos. Y
en el que los pueblos que se han salvado del contagio de la
sobrepoblación van a tener que hacer grandes esfuerzos para
mantener su situación entre el hormiguero humano que los
15 rodea y amenaza con **engullirlos**.

Ante estos hechos, ninguna persona sensata puede creer,
como podía creerlo Alberdi a la caída de Rosas,[2] que la población por sí sola es un bien. No es mejor un país que otro
porque esté más poblado. No son más **atrasados** los países
20 menos poblados. No es más **adelantado Annam** con seis
millones de habitantes que Noruega con tres. Con sus tres
millones, Noruega es una de la naciones más prósperas y ricas
del mundo. No vale más Bengala con sus sesenta millones
**apelmazados**, que Francia con cuarenta.

25 Suiza, Irlanda, Dinamarca son países de pequeña población que **pesan más** en la economía y hasta en la política y
en la civilización del mundo que las más de las naciones asiáticas.

Hay incluso naciones escasamente pobladas para su
extensión que, sin embargo, figuran entre las más ricas y
30 prósperas de la tierra. El más ilustre ejemplo es el del Canadá,
país más despoblado que Venezuela.

La verdad es que ya nadie hoy puede pensar en términos
de cantidades absolutas en materia de población. Lo que importa no es tener **tantos o cuantos** millones de habitantes.
35 Lo que importa no es tener esta o aquella densidad aritmética.
Tres o trescientos por kilómetro cuadrado. La densidad
aritmética de Australia es poca; la de Java es mucha, y, sin
embargo, éste es un hecho que favorece a Australia.

Los países no pueden considerarse poblados o des-
40 poblados por la consideración de la cifra absoluta de sus

---

[2] Juan Manuel Ortiz de Rosas (1793–1877), Argentine general and
dictator. He maintained a regime of terror from 1835 to 1852, when,
after being ousted, he fled to England.

habitantes, ni por la comparación de esta cifra con su extensión
territorial, ni con las correspondientes de otros pueblos.

Los países están sobrepoblados cuando su población
excede a sus recursos, especialmente a su capacidad de producir
5 alimentos. Es un concepto relativo.

corresponda a

Cuando un pueblo alcanza o está cerca de alcanzar aquel
volumen de población que mejor **se conjugue con** sus recursos naturales y que lleve al máximum no sólo su capacidad de
producir riqueza, sino las posibilidades de una distribución
10 más equitativa, entonces ese pueblo ha alcanzado su volumen
óptimo, puede vivir pacíficamente, puede disfrutar de instituciones democráticas, puede progresar. En una palabra,
tener paz interna y trabajar por la paz internacional.

Desgraciadamente, ese equilibrio, que todavía individual-
15 mente algunos países pueden disfrutar, es el que parece estar

inexcusablemente
**irremisiblemente** roto en términos mundiales.

mantener
Si hay más hombres de los que la tierra puede **sustentar**
es hora ya de considerar el problema del incremento nacional

cuidado
de población con mucho **tiento**.

20 Hay quienes piensan que si el mundo quiere paz y democracia hay que comenzar por establecer internacionalmente
alguna forma de control al crecimiento de la población. Y
quienes lo creen son algunos de los mayores expertos que el
mundo tiene en estas cuestiones. La paz y la democracia son
25 un problema que hay que plantear previamente en términos
de pan y población.


## Más sobre población y erosión

El mundo está sobrepoblado. Este es el hecho más
importante de la política, de la economía y de la Historia en
nuestros días. Está sobrepoblado porque ya tiene más habi-
30 tantes de los que puede sostener. Hay más habitantes que
recursos alimenticios. Y en lugar de corregirse, esta desproporción tiende a agravarse cada día por la acción de dos
factores, que son: el aumento continuo de la población y la
disminución continua de la tierra cultivable.

35 La superficie de la tierra cultivable, es decir, de la tierra
capaz de producir alimentos, es pequeña. Cuatro mil millones
de acres, según los más optimistas. Dos mil seiscientos millones
de acres, según las estimaciones más serias. Esa superficie

debe producir la alimentación para dos mil doscientos millones de hombres de hoy.

Se calcula que para producir la dieta normal mínima necesaria para una persona se requieren dos acres y medio de tierra de productividad normal. Esto significa que, en el más optimista de los cálculos, hay actualmente menos de dos acres de tierra cultivable por habitante del planeta. Esta proporción disminuye cada año. Disminuye porque la población aumenta. El año 2000 habrá tres mil millones de habitantes. Y disminuye, además, porque la superficie arable disminuye con cada **cosecha**. La erosión se lleva la tierra vegetal. Mientras más intenso sea el cultivo, mientras tierras menos apropiadas **se siembran** para atender a las cada vez mayores y más hambrientas muchedumbres, más fuerte es la erosión. El uso inadecuado de la tierra, el cultivo en **laderas**, el fuego, el hacha, las lluvias, se llevan la **capa vegetal**. Una lluvia torrencial puede **arrastrar** fácilmente una **pulgada** de capa vegetal de una ladera removida para el cultivo. Y reconstruir una pulgada de capa vegetal le cuesta a la Naturaleza de trescientos a mil años de lenta elaboración.

El aumento de la población significa una más rápida destrucción de los recursos vitales. Una activación de la erosión. El hombre ha estado activando la erosión y destruyendo los recursos vitales imprescindibles para su subsistencia en la misma proporción en que su vida civilizada ha aumentado. El hombre ha sido un fabricante de desiertos. No ha sabido conservar el equilibrio entre sus necesidades y el medio en que habita. Ese equilibrio que la Naturaleza ha mantenido tan rígidamente para las otras especies, el hombre ha creído poder romperlo por medio de los instrumentos de su civilización. En realidad, lo ha roto a costa de sus propias posibilidades de subsistencia.

El ser que destruye su medio vital se condena a muerte. Y no otra cosa es lo que el hombre ha venido haciendo, especialmente en los últimos siglos, con el incremento de la población y el desarrollo de las técnicas destructivas de aprovechamiento **rapaz**.

Estas rupturas de equilibrio se habían presentado en zonas locales. La Mesopotamia, que fue el asiento de grandes civilizaciones y el sitio en que los antiguos concibieron la **ubicación** del Paraíso Terrenal, es hoy un desierto. Un desierto manufacturado. Donde estaban los huertos de aquellas civilizaciones están hoy las dunas de arena.

Estas catástrofes, locales o nacionales, no tenían gran

importancia, porque la población mundial era pequeña y la
cantidad de tierras nuevas casi ilimitadas. Los sobrevivientes
de estas destrucciones emigraban a tierras más fértiles. Eran
las invasiones y las guerras antiguas.

5    Después se descubrió América, y el límite de los recursos
naturales con respecto a las necesidades pareció confundirse
con lo infinito. Esa posibilidad de expansión, asegurada por la
productividad de las nuevas tierras americanas, junto con la
revolución industrial, fue una de las causas del crecimiento
10 **súbito** de la población europea y mundial.

El europeo trajo su técnica destructiva, de **saqueo** y no
reposición de los recursos naturales. Donde vivían un millón
de indios y cincuenta millones de búfalos, viven hoy cincuenta
millones de hombres y seis mil búfalos. Y ha empezado a
15 crecer el desierto manufacturado.

Ya no hay, prácticamente, tierras nuevas. En términos
mundiales, ya no hay más de dos acres de tierra cultivable por
habitante. Y mientras los habitantes crecen, esa tierra cultivable, sometida a una intensa e irracional explotación, dis-
20 minuye a una velocidad **espeluznante**. Millares de acres de
**irreemplazable** tierra vegetal ruedan al mar todos los años.

Este hecho, que debería resonar con un eco de trompeta
**apocalíptica** y que debería estar presente en la conciencia de
todos los seres humanos, constituye una amenaza más grave
25 y cierta para el futuro de la civilización y aun de la mera sobrevivencia del género humano que la guerra atómica.

Hay una guerra del hombre contra los recursos naturales.
Hay un equilibrio, equilibrio ecológico, entre el ser vivo y
el medio vivo que los sustenta, que no puede ser roto sin que
30 ambos perezcan. Ese equilibrio ecológico entre el hombre y la
tierra está hoy roto en términos universales.

Si el hombre no logra restablecer un equilibrio entre la
población y la capacidad de producción de alimentos de la tierra,
un equilibrio que asegure la continua renovación de los
35 recursos naturales, el hombre y sus civilizaciones están con-
denados a desaparecer **a corto plazo**. Pasará en escala universal lo que en escala reducida y local ya pasó hace millares
de años en Mesopotamia o hace pocos años, cuando surgió el
*Dust Bowl*[3], que convirtió en **arenales** las que fueron ricas
40 zonas agrícolas de los Estados Unidos.

[3] In 1930's, conversion of large expanses of south central United
States to dusty areas by loss of topsoil. This was largely the result of
unwise farming procedures.

Dos libros recientes, que deberían ser lectura obligada de todas las personas conscientes de la responsabilidad de ser hombres, acaban de plantear en pavorosos términos este drama de la Humanidad.

5   Uno es *Our Plundered Planet*, por Fairfield Osborne, eminente hombre de ciencia, presidente de la Sociedad Zoológica de Nueva York. Osborne **pasa revista a** los trágicos hechos que determinan el suicida saqueo de los recursos naturales del planeta, y dice: «Con otra centuria como
10  la última, la civilización habrá de enfrentarse a su crisis final.»

El otro libro es *Road to Survival*, por William Vogt, jefe de la Sección de Conservación de la Unión Panamericana y hombre de grandes conocimientos y vasta experiencia.

Vogt dice: «No hay en el mundo tierra cultivable sufi-
15  ciente para compensar el aumento neto de cincuenta mil estómagos por día. Así como **prevemos** una continua disminución de la capacidad de sustentación (*Carrying Capacity*) en casi toda la tierra y un violento aumento de la población mundial, también debemos prever un notable descenso en
20  nuestro nivel de vida material. El descenso del nivel de vida es inevitable. Debemos comprender que cada grano de arroz que el hombre pone en su boca, cada pedazo de papa, cada trozo de carne, cada **mazorca** de maíz, debe ser reemplazado por un correspondente pedazo de tierra en alguna parte del
25  mundo. Debemos darnos cuenta de que no sólo cada área tiene una limitada capacidad de sustentación, sino que, además, esa capacidad disminuye mientras la demanda crece.»

Vogt pasa revista a la situación de los distintos continentes. Europa, aunque es el menos erosionado, ha alcanzado el
30  límite de su capacidad de sustentación. Algo tenía que ver con esto el famoso *lebensraum*[4] de Hitler. La tierra vegetal de Asia está desapareciendo bajo el hormiguero humano que la puebla. Africa es tierra de limitadas posibilidades.

Y el Nuevo Mundo es uno de los más pobres en tierras y
35  de los más **dañados** por la acción humana. Vogt lo llama el continente que está desapareciendo. Y dice estas palabras tan graves: «Todos los países latinoamericanas, con la excepción de tres o cuatro, están sobrepoblados. Logran alimentar y abrigar sus pobladores y proveer agua para sus varias necesi-
40  dades sólo por medio de una progresiva y acelerada destrucción de sus recursos naturales; la **bancarrota** biológica pende

---

[4] "Living space," Hitler's justification for German expansion in Europe and Africa.

about to break loose       sobre sus cabezas como una avalancha a **punto de despren-
derse.**»

      Estos hechos hay que tenerlos muy en cuenta para hablar
de incrementos de población en nuestros países. Especial-
acuerdo       5 mente en Venezuela. Donde tanto y tan sin **concierto** se dice
y hace en esta materia. De ella dice Vogt estas palabras, que no
enemigo, hostil       vienen de un **resentido**: «El desarrollo de petróleo en Vene-
self-devouring       zuela ha creado una economía **autófaga**. El petróleo, un
recurso no renovable, está siendo rápida y seguramente
10 agotado. Durante años, ese país se ha contentado con flotar en
golden tide (i.e.,       esa **marea dorada** y no ha comenzado siquiera a producir las
the oil boom)       cosechas, la carne, los productos lácteos que pudiera. La masa
de la población, poco beneficiada por el petróleo, se sostiene
de una agricultura de subsistencia, con el resultado de que
15 Venezuela es uno de los países más erosionados del hemis-
ferio.»

      Nada más. Pero es bueno repetir que las ideas que hoy se
mantienen en Venezuela en materia de población son inadecuadas, anacrónicas y contrarias al interés nacional.

## Questions

*Los problemas de la población*

1. Según lo que escribe Uslar Pietri en los primeros párrafos, ¿cuáles eran las ideas sobre la población que se encontraban en Venezuela?
2. ¿Qué querrá decir «gobernar es poblar»?
3. Según el autor, ¿cómo viven las gentes de Hispano-América y de Asia?
4. ¿Cuándo se abrió la era de expansión para la población humana? ¿Cuándo se cerró?
5. ¿Qué factores contribuyeron a la expansión de la población humana?
6. ¿Por qué considera el autor significativo el hecho de que un barco de emigrantes salió de San Francisco?
7. ¿Por qué son limitadas las posibilidades de Hispano-América de absorber inmigración?
8. ¿Qué comparaciones hace el autor entre Annam, Noruega, Bengala y Francia?
9. Según el autor, ¿cuándo tiene una nación su volumen óptimo de población?
10. ¿Cómo se puede relacionar paz y democracia con pan y población?

*Más sobre población y erosión*

1. ¿Cuáles son los dos factores que intensifican la desproporción entre la población y los alimentos?

2. ¿Cuántos acres de tierra cultivable hay en el mundo? ¿Cuántos acres se necesitan para alimentar a una persona?

3. ¿Cuáles son algunas causas de la erosión? ¿Por qué es un problema grave la pérdida de la capa vegetal?

4. ¿Por qué dice el autor que la Mesopotamia es un desierto manufacturado?

5. ¿Por qué es más grave hoy que antes el problema de los «desiertos manufacturados »?

6. ¿Cuál es la técnica destructiva que trajo el europeo al Nuevo Mundo?

7. ¿Qué relación hay entre la capacidad de sustentación y el nivel de vida?

8. ¿Qué dice Vogt sobre la situación ecológica de los países latinoamericanos?

9. ¿Qué escribió Vogt sobre el desarrollo de petróleo en Venezuela?

# GRAMMAR

## Special problems

**10.1**  *About, around*

The following words express the various meanings of *about* and *around*:

**a.**  **Sobre** means *about a particular topic*:

43/0  Sobre la poligamia.        *About polygamy.*

**b.**  **De** is frequently used in place of **sobre** in this sense:

178/44  Me ha prometido hablar alguna vez de los hombres.    *She has promised to talk to me sometime about men.*

¿Qué piensa usted de esto?    *What do you think about this?*

**c.**  **Cerca** means *around, about* in the sense of *general location, approximate time,* or *an estimate of a number*:

Yo vivo cerca de aquí.    *I live around here.*

Te veré cerca de las tres.    *I'll see you at about three.*

Había cerca de mil personas.    *There were about a thousand people.*

**d.**   **A eso de** and **sobre** may be used in the above sense with times:

Te veré a eso de las tres.                *I'll see you at about three.*
Llegó sobre las cinco.                    *He arrived at about five.*

**e.**   **Alrededor (de)** and **en torno (de)** mean *all around (something)*:

Los muchachos corrían en torno de          *The boys were running around the*
 la plaza.                                *square.*
Están sentados alrededor de la mesa.       *They are seated around the table.*

**10.2**   *Leave, let*

**a.**   **Salir (de)** is used to mean *to leave (a place)*:

Salió de su casa a las cinco.            *He left his house at five o'clock.*
Voy a salir mañana.                      *I am going to leave tomorrow.*

**b.**   **Dejar** means *to leave something behind*, or *to abandon*:

Dejé mi abrigo en casa.                  *I left my coat at home.*
Dejé mi casa a los quince años.          *I left home when I was fifteen years*
                                          *old.*

**c.**   **Dejar** also can mean *to let*, in the sense of *to allow*:

        Le dejé marcharse.               *I let him go.*
130/5   Se dejó caer en el suyo.         *He let himself fall into his [chair].*

**d.**   A less literal meaning of **dejar** is illustrated by the following example:

174/6   Déjame en paz.                   *Leave me in peace.*

**10.3**   *Tell, say*

**a.**   **Contar** means *to tell something* (e.g., a story). It can be used with a noun
or before a clause beginning with **que**:

Me contó su historia.                    *He told me his story.*
Esto es lo que me contó.                 *This is what he told me.*
Me contó que había matado.               *He told me that he had killed.*

**b.**   **Decir** + **que** + INDICATIVE means *to say, to tell (to relate a fact)*:

Le dije que tenía hambre.                *I told you that I was hungry.*
Me dijo que quería salir.                *He told me that he wanted to leave.*

**c.**  **Decir** + **que** + SUBJUNCTIVE means *to tell someone to do something*:

Me dijo que me fuera.                    *He told me to go away.*
Dígale que pase.                         *Tell him to come in.*

**d.**  With direct quotations (without **que**) **decir** is generally used:

— Tiene razón — dijo el otro.           *" You are right," the other person said.*

## 10.4  *Stop*

**a.**  **Detener** is *to cause something to come to a halt*:

Detenga el automóvil.                   *Stop the car.*

**b.**  **Detenerse** means *to stop (oneself)*:

173/15  Se detenía en casa no más que para comer y dormir.    *He stopped at home only to eat and sleep.*

**c.**  **Parar(se)** has the same two meanings:

Paré el coche delante de su casa.       *I stopped the car in front of his house.*
177/40  El corazón se le había parado.    *Her heart had stopped.*

**d.**  **Dejar de** means *to stop doing something*:

De repente, dejó de hablar.             *Suddenly he stopped speaking.*

## Modifiers

**10.5**  The principal modifiers in Spanish are adjectives and adverbs. Adjectives modify nouns and are placed either adjacent to the noun or are linked to it by **ser, estar,** or a verb having a similar function, such as **ponerse**. Adverbs may modify verbs, adjectives, other adverbs, or whole sentences.

There are two main learning problems associated with these modifiers: the position of adjectives and the comparative constructions.

**10.6**  Position of adjectives.    In the preceding lesson, two types of adjectival clause were distinguished: (i) those that assist in the identification of the item designated by the modified noun, and (ii) those that merely add an incidental fact about the modified noun. Type (i) — restrictive relative clauses — are not set off by commas and ordinarily contain **que** unless a long preposition is present. Type (ii) — non-restrictive relative clauses — are set off by commas and ordinarily contain **quien, el cual,** or **el que.**

The distinction between a post-positioned and a pre-positioned adjective exactly parallels the distinction between type (i) and type (ii) clauses.

<table>
<tr><td>i.</td><td>Los soldados que eran valientes no huyeron.<br>Los soldados valientes no huyeron.</td><td>The brave soldiers did not flee.<br>[Perhaps there were other soldiers present who were not so brave and did flee.]</td></tr>
<tr><td>ii.</td><td>Los soldados, los cuales eran valientes, no huyeron.<br>Los valientes soldados no huyeron.</td><td>The brave soldiers did not flee.<br>[Presumably, none of the soldiers present fled. The fact that they are brave is an incidental detail added by the speaker.]</td></tr>
</table>

Therefore, when an adjective has the function of assisting in the identification of the noun that it modifies, the adjective follows the noun. When the adjective adds a detail that is not relevant to the identification of the noun, the adjective precedes.

EXAMPLES:

| | | |
|---|---|---|
| 173/7 | La pobre Amparo había llevado una vida penumbrosa. | *Poor Amparo had had a sad life.* |
| 174/36 | ¡Viudo, a su edad, y con dos hijos pequeños! | *Widowed, at his age, and with two small children!* |
| 175/27 | Lo soportó todo en silencio evitando los fraternales besos de humillación. | *She suffered everything in silence, avoiding fraternal kisses of humiliation.* |
| 175/40 | Rompió por un momento su salvaje taciturnidad. | *He broke for a moment his brutal silence.* |
| 176/12 | Pobló su soledad con ensueños maternales. | *She filled her lonely hours with maternal dreams.* |

**10.7** Comparative constructions.    The two basic comparative constructions are the comparison of equality and the comparison of inequality. Either can be applied to a noun, to an adjective, or to an adverb:

| | EQUALITY | INEQUALITY |
|---|---|---|
| NOUN | tantas vacas como | más vacas de / que |
| ADJECTIVE | tan grande como | más grande de / que |
| ADVERB | tan rápido como | más rápido de / que |

**10.8**  When the comparison of equality is applied to a noun, the structure varies depending on whether the noun is a count noun or a mass noun:

| | |
|---|---|
| COUNT NOUN: | Yo tengo tantas vacas como Juan. |

| | |
|---|---|
| MASS NOUN: | Yo tengo tanta plata como Juan. |

**10.9**  If the noun refers to a category which is deducible from the context, it may be omitted, thus pronominalizing the comparative:

| | MISSING NOUN | |
|---|---|---|
| COUNT NOUN | vacas | Yo tengo tantas como Jorge. |
| MASS NOUN | plata | Yo tengo tanta como Jorge. |
| ABSTRACT NOUN | [*things, stuff*] | Yo tengo tanto como Jorge. |

**10.10**  In the comparison of inequality, **de** is used if what follows is an expression of a quantity. **Que** is used otherwise.

| | |
|---|---|
| Yo tengo más de cinco vacas. | *I have more than five cows.* |
| Yo tengo más vacas que Jorge. | *I have more cows than George.* |
| Yo tengo más vacas de lo que tú piensas. | *I have more cows than you think.* |

---

NOTE:    **Lo que tú piensas** is an expression of quantity, even though it is not a number.

---

In negative sentences **que** may be used even if what follows is a quantity, if the implication is *no more or less than*. (**No más de** =*no more than but perhaps less than*).

| | |
|---|---|
| Yo no tengo más de cinco vacas, tengo tres. | *I don't have more than five cows, I have three.* |

Yo no tengo más que cinco vacas,    *I don't have more than five cows, I*
  sólo tengo cinco.    *have only five.*

EXAMPLES:

129/4  No tembló tanto como quince días    *He did not tremble as much as he did*
    después.    *fifteen days later.*

    Tuvo más de una vez intención de...    *He had more than once the intention of . . .*

158/29  más gordos que mi índice    *fatter than my index finger*

176/5  No tenía yo más que tres años.    *I was only three years old.*

158/36  El festín no podía celebrarse más que    *The party could be held only once*
    una vez por semana.    *per week.*

## Ejercicios escritos

**1.** Abrevie las frases reemplazando las frases relativas con un adjetivo pospuesto:

MODELO:  Los soldados que eran valientes no huyeron.
          Los soldados valientes no huyeron.

Los libros que son buenos nos ayudan mucho.
Los estudiantes que son industriosos sacarán buenas notas.
Los días que son alegres nos dan mucho gusto.
Las fiestas que son divertidas cuestan mucho.

**2.** Abrevie las frases como en el ejercicio anterior, pero ahora ponga el adjetivo antes del sustantivo porque es incidental:

Este médico, el cual es magnífico, nunca hace errores.
Mi chaqueta, la cual es espléndida, llamó mucha atención.
Nuestra ciudad, la cual es magnífica, ha ganado el premio.
Mi coche, el cual es desvencijado, ya no anda.

**3.** Construya frases con las siguientes palabras:

Sobre, acerca de, dejar de, salir, decir, contar, parar.

# COMPOSITION

### Fiction

**10.11**  As in the case of satire, it is not feasible to present guidelines for fiction writing in a book of this scope. However, the majority of the selections that you have read in this course are fiction, and you may find a model among them.

The following printing conventions which differ from English are given for your convenience. You should follow them as you write your story:

*a.*  Spanish quotation marks are used to mark quotations only, not dialogue:

2/1  **la fórmula «cómo colaborar aun no estando de acuerdo»**

*b.*  Dashes are used to mark all dialogue:

130/7  **— Casi de seguro no va usted a entenderme — dijo —. No importa.**

### Composition # 10

Re-read some sections of dialogue from stories such as **"Rescate"** in order to see how the dashes are used, and then write a short story or, if you prefer, a narration of an actual event.

# TOPICS FOR CONVERSATION AND COMPOSITION

**1.** La explotación y la colonización

¿Qué significa para usted la explotación? ¿La colonización?
¿Deben las grandes empresas (como las compañías de petróleo) explotar los minerales y las riquezas naturales de otros países?

¿Ayudan estas empresas en el bienestar de la gente de las regiones en que obran?
¿Qué obligaciones tienen estas empresas? ¿Qué derechos tienen?

## 2. Las migraciones

¿Conoce usted personalmente a personas que han inmigrado a este país? ¿Sabe usted de casos de personas que hayan emigrado de este país?
¿Cuáles son algunos de los factores que figuran en la decisión de emigrar o inmigrar?
¿Qué problemas hay para los inmigrantes? ¿Qué problemas hay para las naciones que reciben inmigrantes? ¿Qué países hoy día sienten más los efectos de las migraciones?
¿Son justas las leyes que tratan de la inmigración?
¿Cuáles son algunos de los más importantes movimientos de inmigración que ha habido en la historia de los Estados Unidos? ¿Cuáles son las contribuciones de los inmigrantes y sus hijos a los Estados Unidos?

## 3. El nacionalismo

¿Cuál será una definición del nacionalismo?
En general, ¿hay un resurgimiento del nacionalismo en el mundo hoy día?
¿Qué es lo bueno y lo malo del nacionalismo?
¿Qué países hoy tienen el sentimiento nacionalista más fuerte? ¿Menos fuerte?

## 4. La población

¿Qué problemas salen de la sobrepoblación?
¿Hay una manera eficaz para el control del volumen de la población? ¿Qué conflictos habrá con las creencias religiosas, políticas o morales?
¿Hay partes del mundo que no están sobrepobladas? ¿Es necesario un aumento de población para el desarrollo económico?
¿Qué naciones sufren más los efectos de la sobrepoblación?
¿Es el hombre capaz de resolver sus problemas de la sobrepoblación? ¿En qué basa usted su opinión?

## 5. Las ideas anticuadas

¿Cuáles son algunas ideas del pasado que han cambiado profundamente en los tiempos recientes?
¿Cómo se puede cambiar las opiniones tradicionales de las personas que las tienen?
¿Qué conceptos del pasado son tan válidos hoy como antes?

## 6. La contaminación y la destrucción de los recursos naturales

¿Cuáles son las causas principales de la contaminación del aire y del agua?
¿En qué partes del país son más graves estos problemas?
¿Qué hace el gobierno central y el local para combatirlos?

Aparte del aire y del agua, ¿qué otras formas de contaminación y destrucción existen a causa de la civilización moderna?

¿Qué especies están en peligro de extinción? ¿Cuáles ya han desaparecido por las acciones del hombre?

¿Cómo puede contribuir usted, individualmente, a la preservación de los recursos naturales?

**7.** El hombre

Discuta el hombre en su aspecto biológico. ¿Qué diferencias hay entre él y otros seres? ¿Qué semejanzas? ¿Qué función tiene el hombre en el sistema ecológico? ¿Es el hombre esencialmente malo?

¿Cuáles son algunos ejemplos en la historia del hombre que demuestran su maldad? ¿Su bondad?

¿Sabe usted de casos de hombres buenos que han hecho mal alguna vez en su vida?

**8.** Los planetas

¿Cuáles son los planetas de nuestro sistema solar? ¿Cuáles son los más distantes? ¿Los más cercanos?

¿Cuáles son las diferencias importantes que hay entre la Tierra y los otros planetas? ¿Habrá formas de vida en éstos?

¿Podrá el hombre viajar con frecuencia a los otros planetas algún día? ¿Servirán para la expansión de la raza humana?

# VOCABULARY

With some exceptions, this vocabulary includes all words used throughout the text. The following are excluded, unless they warrant special attention:

1. Words that have easily recognizable English cognates.
2. Proper names and place names.
3. Articles, demonstratives, personal pronouns and possessives.
4. Adverbs ending in **-mente** and adjectives ending in **-ísimo**.
5. Conjugated verb forms.
6. All present participles and regular past participles.
7. Words and expressions that are glossed, unless they occur more than once in the readings.
8. Numbers, days of the week, and months of the year.
9. Indefinites and negatives.
10. Diminutive forms.

Abbreviations used are as follows:

| | | | | |
|---|---|---|---|---|
| *adj.* | adjective | | *m.* | masculine |
| *adv.* | adverb | | *pp.* | past participle |
| *art.* | article | | *prep.* | preposition |
| *inf.* | infinitive | | *sg.* | singular |
| *f.* | feminine | | *subj.* | subjunctive |

In addition, the following conventions have been employed:

1. Parts of speech are marked only where deemed pertinent.
2. Unless indicated to the contrary, the gender of nouns ending in **-a, -ad, -ez, -ión, -ud** and **-umbre** is feminine; all others are masculine. Occasionally *m.* or *f.* are used to identify a word as a noun.
3. Adjectives are shown in the masculine form only.
4. Bracketed numbers and letters following an entry are references to chapter and paragraph in the Grammar portion of the text.

Keep in mind that **ch, ll,** and **ñ** are considered independent letters and are alphabetized that way, being placed after **c, l** and **n,** respectively. However, the combination **rr** follows English usage of alphabetization.

## A

**a** at, by, for, of, to; **a que** so that; **al** + *inf.* upon _______ -ing [3.20] [9.11]
**abierto** *pp. of* **abrir**
**abogado** lawyer
**abolir** to abolish
**abrigar** to shelter
**abrir** to open
**aburrirse** to become bored
**abusar** to abuse, take undue advantage
**acabar** to finish, end (up); **acabar de** + *inf.* to have just done something
**acaso** perhaps
**acera** sidewalk
**acercarse (a)** to approach, go near (to)
**acobardar** to intimidate, frighten
**acompañante** accompanying
**acontecimiento** happening, event
**acordarse (de)** to remember [4.4]
**acorralar** to corral
**acostar(se)** to put (oneself) to bed, go to bed
**acostumbrar** to accustom
**actitud** attitude
**actual** current, present [5.1]
**actuar** to act, perform
**acuerdo** agreement; **estar de acuerdo** to agree
**adelante** ahead; **más adelante** farther on [7.2.d]
**ademán** gesture, attitude
**además** besides, in addition
**admitir** to accept
**afán** eagerness
**afecto** affection, love
**afectuoso** affectionate
**afrontar** to confront, face
**agotar** to drain, exhaust
**agradable** pleasant
**agradecer** to thank (for)
**agradecimiento** thanks, gratefulness
**agravar** to worsen
**agrícolo** agricultural
**agua** water
**agujero** hole, opening

**ahí** there, over there
**ahora** now; **ahora mismo** right now [4.1.e]
**ahorrar** to save [7.3.a]
**aislamiento** isolation
**alambre** wire
**alargar** to extend
**alba** dawn
**alcanzar** to reach
**alegrarse (de)** to be glad, rejoice
**alegre** merry, joyful
**alemán** German
**alentador** encouraging
**alimentación** nourishment, food
**alimentar** to feed
**alimenticio** *adj.* food
**alimento(s)** food
**alma** soul
**almorzar** to have lunch
**almuerzo** lunch
**alrededor (de)** around [10.1.e]
**alterar** to alter; to stir up
**alto** high, tall; **los altos** heights, top
**alumno -a** student
**alzarse** to rise, get up
**allí** there
**amabilidad** kindness
**amante** *m. and f.* lover, sweetheart
**amar** to love
**amarillo** yellow
**ambiente** atmosphere, environment
**ambiguo** ambiguous
**ambos** both
**amenazador** threatening
**amenazar** to threaten
**amigo -a** friend
**amistad** friendship
**amor** love
**amparar** to protect, help
**anacrónico** out-of-date
**anciano** old, ancient
**ancho** wide
**andar** to walk; to go; to get along
**angustioso** full of anguish
**animar** to encourage, spur on
**anoche** last night
**ansia** eagerness; longing

**ansioso** anxious, eager
**ante** in front of [7.2.c]
**ante(a)noche** night before last
**anterior** before, previous
**antes** before
**antiguo** old, ancient
**añadir** to add
**año** year
**apagar** to extinguish, put out, turn off
**aparecer** to appear [9.1]
**aparejo** equipment, gear
**apariencia** appearance
**apartar** to separate, remove
**apasionamiento** passion
**apenas** scarcely; as soon as
**apetente** hungry, eager to eat
**apetitoso** appetizing, savory
**apoyar(se)** to lean (oneself), rest
**apresurado** in a hurry, hasty
**apresurar** to hasten
**apretar** to squeeze, tighten
**aprobar** to approve
**aprovechamiento** utilization, use
**aprovecharse (de)** to avail oneself (of) make use (of)
**apuntar** to point out, note; to hint
**apuro** tight spot, 'jam'
**aquel(lo)** that [7.12]
**arancelario** *adj.* tariff, customs
**arder** to burn; **arder en fiestas** to sparkle with festivity
**arena** sand
**arrancar** to pull out, tear off; to spring, start
**arrastrar** to drag
**arreglar** to arrange, set up; to settle; to fix
**arreglo** arrangement, settlement; order, rule
**arrepentirse** to repent
**arriba** above, overhead, up; **calle arriba** up the street
**arrodillarse** to kneel
**arrojar** to throw, fling
**arroz** rice
**arruinar** to ruin, mar
**artesanía** craftsmanship

**asegurar** to assure, insure; to secure
**asesino -a** murderer
**así** so, thus, therefore; in this manner; **así como** just as
**asiento** seat
**asignatura** subject (of study) [1.2.b]
**asilo** asylum, shelter, home
**asimismo** likewise, so too
**asistir (a)** to attend, be present (at) [1.3.a]
**asunto** matter, affair [3.1.c]
**atar** to tie, bind
**atender (a)** to attend (to) [1.3.b]
**atrás** back, backwards; (*sometimes preceded by* **para**)
**atrasarse** to be late
**atreverse (a)** to dare (to)
**atrevido** daring, bold
**aumentar** to increase
**aumento** increase
**aun** although, even though, even
**aún** still, yet
**aunque** although, even though
**ausente** absent
**auto** judicial decree, writ
**autogobierno** self-government
**avaro** miser
**avenida** avenue
**avergonzado** ashamed
**averiguar** to ascertain, find out
**ayer** yesterday
**ayuda** help, aid, assistance
**ayudar** to help, aid, assist
**azar** chance; **juego de azar** game of chance
**azul** blue

## B

**bailar** to dance
**baile** dance, dancing
**bajar** to descend, go down; to get off
**bajo** *adj.* short; low
**bajo** *prep.* under
**bañarse** to bathe; to go swimming
**barato** inexpensive
**barba** beard

**barco**　ship, boat
**barrio**　neighborhood, district
**bastante** *adj.*　enough
**bastante** *adv.*　fairly, rather
**bastar**　to be enough, suffice　[2.3]
**batalla**　battle
**bebé**　baby
**bebedor**　drinker
**beber**　to drink
**bebida**　beverage, drink
**bendecir**　to bless;　**Dios la bendiga**
　God bless you
**bendito**　holy, blessed
**beneficiar**　to benefit
**beneficio**　profit; benefit
**besar**　to kiss
**beso**　kiss
**bestia**　animal, beast
**biblioteca**　library
**bien** *adv.*　well, OK, fine;　**más bien**
　rather
**bienestar**　welfare, well-being
**billete**　bill; ticket
**blanco**　white
**bloquear**　to block
**boca**　mouth
**boda**　wedding
**bolilla**　small numbered ball
**bolsillo**　pocket
**bombardeo**　bombardment
**bombero**　fireman
**bombo**　cylinder (*for numbered balls in lottery drawing*)
**bondad**　goodness
**bonhomía**　simplicity, candor, openness
**borde**　edge, fringe
**borracho**　drunk
**brazo**　arm
**brillar**　shine, sparkle
**broma**　jest, teasing
**brusco**　rough, crude
**brusquedad**　rudeness
**bueno**　good, nice
**burla**　jest, joke, trick, fun
**busca**　search
**buscar**　to look for, seek; to get
**busto**　torso

## C

**caballero**　gentleman
**caber**　to befall; to remain; to fit
**cabeza**　head
**cada**　each, every　[7.17]
**cadáver**　corpse
**caer(se)**　to fall (down);　**caer a** to happen (to), befall;　**caerle bien a alguien**　to get along well with someone
**caída**　fall
**cajón**　drawer
**cálculo**　calculation
**calidad**　quality
**calvo**　bald
**callado**　silent, quiet
**callar(se)**　to keep silent, shut up
**calle** *f.*　street
**cama**　bed;　**caer en cama**　to be taken ill
**camarada** *m. and f.*　comrade
**cambiar(se de)**　to change
**cambio**　change
**camino**　road
**camisa**　shirt, blouse
**campaña**　campaign
**campo**　field; country(side)
**canal**　channel; canal
**canción**　song
**cansar(se)**　to get tired
**cantar**　to sing
**cantidad**　quantity, numbers
**cantinero**　bartender
**caos**　chaos, confusion
**capa: capa vegetal**　topsoil
**capaz**　capable　[5.2]
**capilla**　chapel;　**estar en capilla**　to be in the death house, awaiting execution
**cara**　face
**caramba**　*interjection*
**cárcel** *f.*　jail, prison
**carecer (de)**　to lack
**cargar**　to load
**cargo: hacerse cargo (de)**　to pay attention (to), understand
**cariño**　tenderness, affection, love

**cariñoso** affectionate
**caritativo** charitable
**carne** *f.* meat
**caro** expensive; **costar caro** to be expensive
**carrera: de una carrera** quickly
**carta** letter; (playing) card
**casa** house; **en casa** at home
**casarse (con)** to get married (to)
**casi** almost
**castigar** to punish
**casualidad** chance, coincidence [8.4]
**causa: a causa de** because of
**cauteloso** cautious
**caza** hunt, hunting
**cazar** to hunt
**cena** supper
**ceniciento** ash-colored, gray
**censura** censorship
**centavo** cent (*coin*)
**cerca (de)** near [10.1.c]
**cercano** nearby, neighboring; **cercano a** *prep.* near
**cerebro** brain
**cerrar** to close, shut; **a medio cerrar** half closed
**cerveza** beer
**ciclista** *m. and f.* bicycle rider; **agente ciclista** bicycle officer
**cielo** heaven, sky
**cierto** certain, true
**cifra** number, figure
**cigarrillo** cigarette
**cine** movies
**cinematógrafo** movie house
**cínico** cynical; impudent
**cinturón** belt
**cita** date, appointment
**ciudad** city
**ciudadano -a** citizen
**claro** clear
**clase** *f.* class [1.2.b]
**clavija** pin, peg; thumbscrew; **apretar las clavijas** to give the third degree, apply pressure
**cliente** *m. and f.* customer
**clima** *m.* climate
**coartada** alibi

**cocina** kitchen; **libro de cocina** cookbook
**cocinar** to cook
**cocinero** cook, chef
**coche** car
**cochino** swine
**codiciar** to covet, desire
**código** code, law
**codo** elbow; **charlar por los codos** to talk 'one's head off'
**coger** to grasp, seize; to pick up
**colegio** school, high school
**cólera** anger, fury
**colgar** to hang, suspend
**colocar** to place
**comedor** dining room
**comenzar (a)** to begin (to)
**comer** to eat
**comida** meal; food
**como** like, as
**cómoda** bureau, dresser, chest
**cómodo** comfortable
**compadecer** to pity, sympathize (with)
**compañero -a** companion, friend
**comparecencia** appearance (in court)
**compatriota** *m. and f.* fellow citizen
**complejo** complex, complicated
**componer** to compose; **componerse de** to consist of
**comprar** to buy
**comprender** to understand
**con** with [9.12]
**concebir** to conceive
**conciudadano** fellow citizen
**concluir** to terminate, finish, conclude
**condecoración** decoration, medal
**condenar** to condemn
**conducir** to conduct, lead
**conferencia** lecture; meeting
**confianza** confidence, trust
**conformarse (con)** to resign oneself (to)
**confundir** to confound, jumble; to confuse
**confuso** confused; obscure
**conjunto** entirety, whole; system
**conocer** to know, to be(come) acquainted with, meet [3.3]

**conocimiento(s)** knowledge

**conquista** conquest; amorous conquest

**consciente** aware

**conseguir** to obtain, get; to succeed in [8.5.a]

**consejero** advisor

**consejo(s)** advice

**conservador** conservative

**consiguiente: por consiguiente** consequently

**construir** to construct, form

**consumo** consumption

**contagio** spread

**contar** to tell, relate; to count; **no tengo para qué contar** I have no reason to talk (about) [10.3.a]

**contemporáneo** contemporary

**contestación** answer, response

**contestar** to answer

**contra** against; **en contra de** opposed to, against

**contradecir** to contradict

**contraer** to contract

**contrario** opposite

**convencer** to convince

**convenir** to suit, be suited to

**conyugal** conjugal; marital

**corazón** heart; **de corazón** sincerely

**corbata** necktie

**coro** chorus

**corporal** physical

**corpulento** robust, fat

**corregir** to correct; to proofread

**correo(s)** mail

**correr** to run; **correr con** to take care of, dispose of

**corriente** *f.* current

**cortar** to cut

**cortés** courteous

**corto** short

**cosa** thing

**cosecha** harvest, crop

**costa: a costa de** at the expense of

**costar** to cost; **costar mucho** to cause a great effort

**costumbre** custom

**crear** to create

**crecer** to grow

**creciente** growing, increasing

**crecimiento** growth, increase

**creencia** belief

**creer** to believe (*sometimes used with reflexive pronoun*) [4.3.a]

**criado -a** servant

**criar** to raise, rear

**cruzar** to cross; **cruzar con** to pass (*as on the street*)

**cuadrado** square

**cuadro** picture

**cual** which, what, who [9.6.c]

**cuando** when; **de cuando en cuando** once in a while [4.1.d]

**cuanto** how much, how many; **en cuanto a** with regard to; **(todo) cuanto** all the, all that; **unos cuantos** a few

**cuarto** room

**cubierto** *pp. of* **cubrir**

**cubrir** to cover

**cuchillo** knife

**cuello** neck, throat

**cuenta** count, account; reckoning; bill (*for services*); **darse cuenta de** to realize, notice; **tener en cuenta** to keep in mind

**cuento** short story

**cuerda** cord, line

**cuerpo** body

**cuestión** question [3.1.b]

**cueva** cave

**cuidado** care, carefulness; **cuidado con** be careful with, (not) to

**cuidadoso** careful

**cuidar (de)** to take care of, look after; **cuidarse de** to pay attention to

**culpa** blame, guilt

**culpable** guilty

**cultivo** cultivation

**culto** cultured, educated

**cumpleaños** *sg.* birthday

**cumplir** to perform, fulfil; to reach one's birthday (*often used with* **con**)

**cura** *m.* priest

**curioso** curious, strange [8.3.a]
**curso** course [1.2.a]


## CH

**chaqueta** jacket
**charlar** to chat, chatter, 'gab'
**chico -a** boy; girl
**chisme** gossip
**chismear** to gossip
**chiste** joke; **chiste verde** off-color, risqué joke
**choque** collision, clash


## D

**dañar** to hurt, harm, injure
**dar** to give; to strike (the hour of); **dar con** to meet, find; **darle el sol a alguien** to get (some) sun
**de** of, from [9.12], [9.13], [10.1.b]
**debajo (de)** beneath, under
**deber** to owe; must; **deberse a** to be due to
**deber** *m.* duty, obligation
**débil** weak, feeble
**decir** to tell, say; **es decir** that is (to say); **querer decir** to mean [10.3.b, c, d]
**declarar** to testify
**dedo** finger
**dejar** to allow, let; to leave, abandon **dejar de** + *inf.* to stop, quit [10.2. c], [10.4.d]
**delante** in front [7.2.c]
**delantero** *adj.* front [7.2.e]
**delgado** thin, slender
**demás: lo demás** the rest
**demasiado** too, too much, too many
**demostrar** to demonstrate
**dentro (de)** inside (of), within
**deporte** sport
**deportivo** athletic, sports
**derecha** right (*direction*)
**derecho** right, privilege
**derecho** *adj.* right

**desandar** to retrace; **desanduvo el camino** he backtracked, retraced his steps
**desaparecer** to disappear
**desarrollar** to develop
**desarrollo** development
**desayuno** breakfast
**descansar** to rest
**descargar** to discharge; to fire (*a weapon*)
**descenso** fall, decline
**descompuesto** broken
**desconfianza** distrust, lack of faith
**desconocido** unknown
**descortés** discourteous, rude
**descubrimiento** discovery
**descubrir** to discover; to disclose, reveal; to expose to view
**desde** from, since [9.4.b]
**desear** to desire, want
**desengaño** disillusion, disappointment; discovery of the truth
**deseo** desire
**desesperado** desperate, hopeless
**desgracia** misfortune
**desgraciado** unfortunate
**deshonra** dishonor
**deshonrado** despicable, disgraceful
**desierto** desert
**desnudar** to undress, strip
**desorden** disorder, confusion
**desordenar** to disarrange, upset
**despacio** slow
**despacho** office
**despedirse (de)** to take leave (of), say goodbye (to)
**despertar(se)** to wake up
**despintarse** to fade; to degenerate
**después** afterwards, then; **después de** after [4.2.a]
**desvencijado** falling apart
**desventaja** disadvantage
**detalle** detail
**detener(se)** to stop, halt, detain; to arrest [10.4.a, b]
**determinado** determined; specific [1.4]
**día** *m.* day; **hoy día** nowadays

**diablo** devil
**diario** daily
**dicho** *pp. of* **decir**
**dicho** *m.* saying, expression
**difícil** difficult, hard
**digno** worthy, deserving
**diminuir** to diminish
**dinero** money
**dirección** address
**director** principal
**dirigir** aim, direct; **dirigirse (a)** to speak (to), address; to go (to)
**disco** record
**discutible** disputable
**discutir** to discuss
**disfrutar** to enjoy, benefit from
**disipar** to disperse; to drive away
**disminución** decrease, lessening
**disminuir** to diminish, decrease
**disparate** nonsense; blunder
**dispensar** to forgive, pardon
**disponer** to dispose, arrange; to prepare
**dispuesto** *pp. of* **disponer**
**distinguir** to distinguish
**distinto** different
**distraer** to distract; to amuse, entertain
**diverso** different
**divertido** entertaining, fun(ny)
**divertirse** to enjoy oneself, have a good time [4.1.e]
**doblar** to fold; to double; **doblar la esquina** to turn the corner
**doler** to ache, hurt; to cause grief
**dolor** grief, affliction; pain
**donde** where
**dormir** to sleep
**duda** doubt; **poner en duda** to question, doubt
**dudar** to doubt
**dudoso** doubtful
**dueño -a** master, owner
**dulce** sweet
**dulce** *m.* candy, sweet
**durante** during
**durar** to last
**duro** hard

## E

**e** and; (*used before words beginning with* **i-** *or* **hi-**)
**economizar** to economize [7.3.b]
**echar** to throw, toss, cast; **echar a** to start, begin to
**edad** age
**efecto: en efecto** in fact, as a matter of fact
**eficacia** efficiency, effectiveness
**eficaz** efficient, effective
**efusión** shedding
**ejecutar** to execute, carry out
**ejemplo** example
**ejercicio** exercise
**ejército** army
**elegir** to choose, elect
**embargo: sin embargo** however
**empezar (a)** to begin (to)
**empleado -a** employee
**emplear** to use, employ
**empleo** employment [8.1.f]
**empresa** enterprise, undertaking; firm, company
**en** in, on [9.11]
**enamorado -a** lover
**encadenar** to chain
**encantador** enchanting
**encantar** to enchant, delight
**encargarse (de)** to take charge (of)
**encender** to light, turn on
**encerrar** to confine, lock up
**encima** above; **quitarse ... de encima** to get rid of ...
**encoger** to shrink, contract; **encogerse de hombros** to shrug the shoulders
**encontrar** to find, meet, encounter
**encuentro** meeting, encounter
**enemigo** enemy
**enfermo** sick, ill
**enfrentarse (a)** to face
**engañar** to deceive; to cheat
**enojarse** to become angry
**enorme** enormous, huge
**enriquecer** to make rich
**enrojecer** to redden, turn red

**ensanchar** to widen, expand
**ensayo** essay
**enseñanza** instruction, teaching
**enseñar** to teach; to show
**entender** to understand; **dar a entender** to insinuate
**enterarse (de)** to learn (about), become informed (about)
**entero** entire, whole
**entonces** then [4.2.b]
**entrada** entrance; ticket
**entrar (en)** to enter, go in(to)
**entre** among, between
**entregar** to deliver, hand over; **entregarse (a)** to devote oneself (to)
**entristecer** to sadden
**envejecer(se)** to become old
**enviar** to send
**envidiable** enviable
**época** epoch, age, era, time
**equipo** team
**equitativo** equitable
**equivocarse** to make a mistake, be mistaken
**escala** scale
**escalera** stairway
**escaso** scanty, limited, sparse
**esclavitud** slavery
**escoger** to choose, select
**esconder** to hide, conceal
**escribano** clerk; actuary; notary
**escribir** to write
**escrito** *pp. of* **escribir**
**escritor** writer
**escritorio** desk; office
**escuchar** to listen (to)
**escuela** school
**esfinge** *f.* sphinx
**esfuerzo** strain, effort
**eslavo** Slav(ic)
**eso: a eso de** around, about [10.1.d]
**espalda** back, shoulder; **vuelto de espaldas** with the back turned
**especie** *f.* kind, sort; species
**espejo** mirror
**esperanza** hope
**esperar** to wait (for); to hope; to expect [9.3]

**esposo -a** husband; wife; spouse
**esquina** corner
**establecer** to establish
**estado** state, status
**estar** to be; **estar de** to be in the act of [6.7ff].
**estatal** public, of the state
**éste -a** the latter
**estómago** stomach
**estrechar** to press, clasp
**estudio** study
**estupefacto** stupefied
**estupidez** stupidity
**estupor** stupor, amazement
**evitar** avoid, evade; to spare
**excedente** surplus
**éxito** success; **tener éxito** to be successful [1.5.b]
**explicación** explanation
**explicar** to explain
**extender** to stretch out
**extinguir** to extinguish, put out
**extranjero** overseas
**extranjero -a** foreigner
**extranjero** *adj.* foreign
**extraño** strange
**extremado** extreme

F

**fábrica** factory
**fabricante** producer
**fabricar** to manufacture, produce
**fácil** easy
**facilidad** ease
**falda** skirt
**falsedad** falsehood, lie
**falta** lack; **hacer falta** to be necessary; to be missed [7.8]
**faltar** to be missing, lacking; to lack need (*used with indirect objects, as in:* **me falta esto** I need this)
**fama** fame, reputation
**fantasma** *m.* phantom
**fastidioso** annoying; tedious
**favorecer** to favor; to abet
**fe** *f.* faith
**felicidad** happiness

**felicitar**  to congratulate
**feliz**  happy
**feroz**  ferocious
**ferrocarril**  railroad
**festín**  banquet
**fiel**  faithful
**fiesta**  party, festival; **día de fiesta** holiday
**fijar**  to fix (*one's eyes or attention*); to establish, settle, set (up)
**fin**  end; purpose, objective; **por fin** finally
**finalizar**  to finish
**finca**  land, real estate; farm
**firmar**  to sign
**fiscalizar**  to inspect, supervise
**física**  physics
**flaco**  thin
**flor** *f.*  flower
**florecimiento**  flourishing
**fondo**  bottom, end; depth(s); **artículo de fondo**  editorial
**forzar**  to force, compel
**francés**  French
**franqueza**  frankness
**frase** *f.*  sentence, phrase
**frente** *f.*  forehead; head
**frente** *m.*  front, forepart  [7.2]
**fresco**  fresh
**frío**  cold
**frontera**  frontier; border
**fuego**  fire; **a sangre y a fuego** by fire and sword, absolutely; **hacer fuego** to shoot, fire
**fuera (de)**  out (of), outside (of)
**fuerte**  strong; severe
**fuerza**  force, strength
**fumar**  to smoke
**funcionamiento**  operation, functioning
**funcionar**  to function, work  [8.1.c]
**funcionario**  (public) official

### G

**ganado**  livestock; flock
**ganar**  to earn; to win
**gastar**  to spend

**gasto**  expense, cost
**gato**  cat
**género**  genre, (art) form; class, species
**genio**  temperament
**gente** *f.*  people
**gitano**  gypsy
**golpe**  blow, stroke
**golpear**  to knock; to strike, hit
**gordo**  fat; **premio gordo** first prize
**gozar (de)**  to enjoy
**gracias**  thanks; **dar las gracias** to thank
**grande**  great, large, big
**gratis**  free, without cost  [7.4.b]
**gritar**  to shout
**grito**  shout, cry
**grosero**  rough; bulky; rude, uncivil
**guapo**  good-looking
**guardar**  to guard; to keep
**guerra**  war; **Gran Guerra** World War
**guiar**  to guide
**gustar**  to please, cause pleasure; to like (*used with indirect objects, as in:* **esto me gusta** I like this)
**gusto**  pleasure; taste


### H

**haber**  to have (auxiliary); **haber de** to be (supposed) to  [5.4]
**hábil**  capable, suitable; proper
**habitación**  dwelling, room
**habitante**  inhabitant
**hablar**  to speak
**hacer**  to do; to make; **hacerse** to become; **hacerse una idea** to form an opinion; **hacer testimonio** (*or* **declaración**) to testify  [9.4]
**hacia**  towards
**hacienda**  Treasury Department
**hacha**  axe
**hallar**  to find
**hallazgo**  act of finding; something found
**hambre** *f.*  hunger; **tener hambre** to be hungry

**hambriento**  hungry, starving
**hasta**  up to, as far as; even (*emphatic*)
**hay**  there is, there are;  **hay que**  one must, it is necessary to  [3.2.c,d]
**hecho**  *pp. of* **hacer**
**hecho** *m.*  fact; deed, act
**herencia**  heredity
**hermandad**  fraternity
**hermano -a**  brother; sister
**herramienta**  tool
**hierro**  iron;  **hierros**  shackles, hand-cuffs
**hijo -a**  son; daughter;  **hijos**  children (*offspring*)
**hincarse**  to kneel down
**hogar**  home
**hoja**  page, sheet
**hombrachón**  heavy-set man
**hombre**  man
**hombro**  shoulder
**honradez**  honesty, integrity
**hora**  hour, time  [4.1.b]
**horario**  schedule
**hormiguero**  anthill
**hoy**  today
**huelga**  (worker's) strike;  **huelga de sentados**  sit-down strike
**huérfano -a**  orphan
**huerto**  garden
**hueso**  bone
**huir**  to flee
**húmedo**  humid, damp
**humillar**  to humiliate, humble
**humo**  smoke
**¡huy!**  *interjection of surprise*


## I

**idioma** *m.*  language
**ídisch**  Yiddish
**iglesia**  church
**ignorar**  to be unaware of, not to know  [7.6]
**igual**  same, similar; equal;  **igual +** *subj.*  whether, no matter if;  **igual a**  the same as;  **igual que +** *noun*  just like;  **igual que si +** *past subj.*  as if

**igualdad**  equality
**ilimitado**  unlimited
**implicar**  to imply
**imponer**  to impose;  **imponerse**  to command respect
**importar**  to matter, be important
**importuno**  inopportune; annoying
**imprescindible**  essential
**impresionante**  impressive
**impresionar**  to impress
**impulsar**  to impel, drive on
**incapaz**  incapable
**inclinar**  to bow; to tilt
**incluso**  including; even
**incomodidad**  inconvenience
**incomprensión**  misunderstanding
**increíble**  unbelievable, incredible
**indefenso**  defenseless
**indicio**  indication, evidence
**indigno**  unworthy, contemptible
**índole** *f.*  class, kind
**indudable**  certain, indubitable
**inesperado**  unexpected
**infame**  infamous, notorious
**influir**  to influence
**informe**  report;  **informes**  information
**ingenio**  ingenuity, creativity
**iniciar(se)**  to begin, initiate
**innegable**  undeniable
**inolvidable**  unforgettable
**inquietar**  to trouble, worry, disturb
**inquietud**  restlessness, anxiety
**insalubridad**  unhealthfulness
**instruído**  educated
**interés**  interest;  **intereses creados**  vested interests
**interpelar**  to appeal to; to summon
**interrogatorio**  interrogation, cross-examination
**introducir**  to introduce  [8.2.b]
**inútil**  useless
**invento**  invention
**investigar**  to investigate, do research
**invitado -a**  guest
**ir(se)**  to go (away); (*often used with present participle in a progressive sense*)
**izquierda**  Left (wing)

## J

**jefe** chief, leader; commanding officer
**joven** *adj.* young
**joven** *m. and f.* young man; young lady
**joya** jewel, gem
**juego** game, play; gambling; **juego de palabras** pun
**juez** judge
**jugador** player; gambler
**jugar** to play; to gamble
**juguete** toy, plaything
**junto** *adj.* together
**junto** *adv.* near; at the same time; **junto a** next to
**jurar** to swear, make an oath
**justo** right, just, fair [5.4]
**juvenil** youthful
**juventud** youth
**juzgado** court
**juzgar** to judge, render judgment upon

## L

**labio** lip
**lácteo** *adj.* milk, dairy
**ladera** hillside
**lado** side
**ladrar** to bark
**ladrón** thief, robber
**lágrima** tear, teardrop
**langostino** crayfish
**lápiz** pencil
**largo** long
**lástima: ¡(qué) lástima!** too bad!, what a pity!
**lavar** to wash
**lealtad** loyalty
**lección** lesson
**lectura** reading
**leche** *f.* milk
**leer** to read
**legitimar** to make lawful
**legumbre** vegetable
**lejanía** distance, remoteness
**lejos** distant, (a)far
**lema** *m.* motto

**lengua** tongue; language; **malas lenguas** gossip(ers)
**lenguaje** language (*style*)
**lento** slow
**levantar(se)** to raise (oneself), get up
**ley** *f.* law
**leyenda** legend
**liberar** to free [7.3.d]
**librarse (de)** to get rid (of), be free (from) [7.3.d]
**libre** free [7.4.a]
**libro** book
**limpiar** to clean
**limpio** clean
**linchamiento** lynching
**listo** ready; alert, clever
**literato** literary person, writer
**lo** [*see* 2.5]
**lograr** to achieve; to succeed in, manage to
**losange** diamond-shaped figure
**lucha** struggle, fight
**luchar** to fight
**luego** later, next, then [4.2.a]
**lugar** place, site
**luna** moon
**luz** light; **dar a luz** to give birth

## LL

**llamar** to call; **llamado** so-called; **llamar la atención** to attract attention; **llamarse** to be called, named
**llanta** tire
**llave** *f.* key
**llegada** arrival
**llegar** to arrive, reach; to go as far as, amount to; **llegar hasta** to lead to
**llenar** to fill
**lleno** full, filled
**llevar** to carry, take; to wear; to lead (to); **llevarse** to take away, carry off [6.6.a,f]
**llorar** to cry (for)
**llover** to rain.
**lluvia** rain

## M

**macho** male, masculine creature
**madre** *f.* mother
**madrugada** dawn
**maestro -a** teacher
**mal** *adv.* bad(ly); ill
**maldad** badness
**malestar** illness; weakness
**malo** bad; **¿qué hay de malo...** What's wrong . . . ?
**manchar** to soil
**mandar** to send; to order, command
**mandato** command
**manera** way, manner; **de otra manera** otherwise [2.2]
**manifestación** public demonstration
**mano** *f.* hand
**mantener** to maintain, support, sustain
**mañana** morning
**mañana** *adv.* tomorrow
**máquina** machine
**mar** sea
**marca** brand, trade name
**marchar** to go, leave
**marchoso** "blowhard"
**marido** husband
**marinero** sailor
**mas** but
**más** more, most; **no ... más que ...** only
**masa** mass, aggregation
**matar** to kill
**matarife** slaughterman
**materia** matter, topic [1.2.b]
**matrimonio** matrimony; married couple
**mayor** older, oldest; greater, greatest; larger, largest
**mayoría** majority
**médico** doctor
**médico** *adj.* medical
**medida** measure
**medio** middle; environment; **medios** means, resources; **por medio de** through, by means of [5.3]

**medio** *adj.* half
**mediodía** *m.* noon
**mejor** better, best
**mejorar** to improve
**menos** less, least; **a lo menos** (*also* **al menos, por lo menos**) at least
**mente** *f.* mind
**mentir** to (tell a) lie
**menudo: a menudo** often
**mercado** market
**merecedor** worthy
**merecer** to deserve, merit
**mes** month
**mesa** table; **mesa de luz** night table
**meter** to put, place, insert; **meterse en** to get involved with, "poke one's nose into"
**metro** meter
**mezcla** mixture
**miedo** fear; **dar miedo** to frighten
**miembro** member
**mientras** while, as long as
**milagro** miracle
**milagroso** miraculous
**milla** mile
**millar(es)** thousand(s), a great number
**minoría** minority
**minucioso** thorough; precise
**minúsculo** tiny; unimportant
**mirada** glance, look
**mirar** to look (at)
**mismo** same; -self (*intensifier, as in:* **él mismo** he himself *or* **a mí mismo** to my very self); **lo mismo que ... como que ...** whether ... or ... ; **lo mismo que si** + *subj.* as if; **por lo mismo** for the same reason
**mitad** half; **en mitad de** in the middle of
**mitigar** to soothe, alleviate
**moda** style, fashion
**modo** way, form, manner
**molestar** to bother, disturb
**molestia** annoyance
**momento** moment [4.1.b]

**monogamia** monogamy (*having only one spouse*)
**montón** pile, heap
**morado** purple
**moreno** brunette
**morir(se)** to die
**mortificante** mortifying; embarrassing
**mostrar** to show
**mozo -a** young man; young lady
**muchacho -a** boy; girl
**muchedumbre** crowd, throng
**mucho** much, many, a lot (of)
**mueble(s)** furniture
**muerte** *f.* death; **dar muerte** to kill
**muerto** *pp. of* **morir**
**mujer** *f.* woman; wife
**mundial** of the world
**mundo** world; **todo el mundo** everybody
**muro** wall
**músculo** muscle
**muy** very

### N

**nacer** to be born; to sprout; to originate
**nacimiento** birth
**naturaleza** nature
**necesario** necessary [3.2.a]
**necesitar** to need
**negar** to deny; **negarse a** to refuse to
**negro** black; Negro
**ni** neither, nor; not even; **ni menos** least of all
**niñez** childhood
**niño -a** boy; girl; child
**nivel** level; **nivel de vida** standard of living
**noche** *f.* night
**nombre** name
**norma** norm, rule, standard
**noruego** Norwegian
**nota** grade; **sacar una nota** to get a grade
**notar** to notice, note

**noticia(s)** news; notice(s)
**novelesco** fictional
**noviazgo** engagement, betrothal
**novio -a** boyfriend; girlfriend; fiancé(e)
**nuevo** new; **de nuevo** again

### O

**o** or; **o ... o** either ... or
**obedecer** to obey; to respond
**obra** work
**obrar** to work
**obrero -a** worker
**obstante: no obstante** nevertheless
**obstinarse (en)** to persist (in), insist (on)
**obtener** to obtain [8.5.a]
**occidental** Western(er)
**ocultar** hide, conceal
**odio** hate
**oeste** West
**oficio** occupation, work
**ofrecer** to offer
**oído** ear
**oir** to hear, listen (to)
**ojera** eyecup, circle under the eye
**ojo** eye
**oler (a)** to smell (of)
**olor** odor, smell
**olvidar(se de)** to forget (also **olvidársele a alguien**) [4.4]
**opinar** to have an opinion
**oponer** to oppose
**oportuno** timely, opportune
**opuesto** *pp. of* **oponer**
**oración** prayer; sentence
**orar** to pray
**orden** *f.* order, command [7.1.b]
**orden** *m.* order, sequence [7.1.a]
**ordenar** to order, command
**orfanato** orphanage
**orgullo** pride
**orilla** shore, bank
**oscurecer** to darken
**oscuridad** darkness
**oscuro** obscure; dark
**otro** other, another; **uno que otro** an occasional [7.19]

## P

**pacífico**   peaceful, calm
**padecer**   to suffer
**padre**   father; **padres**   parents
**pagar**   to pay
**país**   country
**pájaro**   bird
**palabra**   word
**pálido**   pale
**palito**   stick; **todo se andará si el palito no se quiebra**   Everything will turn out OK if things go along as they are
**pan**   bread
**pandilla**   party, faction, gang
**pantorrilla**   calf (*of leg*)
**papa**   potato
**papel**   paper
**paquete**   package; **(servicio de) paquetes postales**   parcel post
**para**   to, in order (to), for   [9.14ff.]
**parar(se)**   to stop   [10.4.c]
**parecer**   to seem, appear; **parecerse a**   to resemble   [9.1]
**parecido**   similar
**pareja**   couple, pair
**pariente** *m. and f.*   relative
**parisiense**   Parisian
**párrafo**   paragraph
**parte** *f.*   part; **a todas partes**   everywhere; **por parte de**   on the part of
**particular**   private   [6.1]
**partida: partida de caza**   hunting match
**partido**   (political) party
**partir**   to depart
**pasado**   past
**pasar**   to go on, pass; to happen; to spend (*time*)   [6.5]
**pasatiempo**   hobby, pastime
**pase**   thrust
**pasear(se)**   to take a walk, drive
**paseo**   stroll, walk, drive; street, avenue
**pasillo**   hallway, corridor
**paso**   step; **dar un paso**   to take a step
**pastor**   shepherd

**patria**   native country, fatherland
**patrulla**   patrol
**pavoroso**   frightful
**paz** *f.*   peace
**pedazo**   piece
**pedir**   to ask for, request, beg; to order   [2.1.a]
**pegar**   to hit, spank
**peinar(se)**   to comb (oneself)
**pejerrey**   mackerel
**película**   motion picture, film
**peligrar**   to be in danger
**peligro**   danger
**peligroso**   dangerous
**pelo**   hair
**peluca**   wig
**pena**   sorrow, grief; punishment; **pena de muerte**   capital punishment; **valer la pena**   to be worthwhile
**pender**   to hang, dangle
**pensamiento**   thought
**pensar (en)**   to think, have an opinion (about); **pensar + *inf.***   to intend   [4.3.b]
**pensión**   boarding-house
**peor**   worse, worst
**pequeño**   small, little
**percibir**   to perceive
**perder**   to lose; to miss
**pérdida**   loss
**perecer**   to perish
**periódico**   newspaper
**permiso**   permission
**pero**   but   [7.5]
**perplejo**   uncertain; perplexed
**perro**   dog
**perseguir**   to pursue; to persecute
**personaje**   (theatrical) character, personage
**pertenecer**   to belong
**perteneciente**   pertaining
**perverso**   evil, perverse
**pesado**   heavy
**pesar**   to weigh; **a pesar de**   in spite of
**pesca**   fishing
**pescado**   fish, seafood

**pescador**  fisherman
**pescar**  to fish
**peso**  *monetary unit*
**pez**  fish
**picar**  to bite
**pícaro**  rogue, rascal
**pícaro** *adj.*  roguish, low, mischievous, sly
**pie**  foot;  **a pie**  on foot;  **de pie**  standing
**piedra**  stone, rock
**pierna**  leg
**pila**  basin
**pintar**  to paint
**piso**  floor; flat, apartment
**pista**  clue
**placer**  pleasure
**plato**  dish
**playa**  beach
**pleno**  full, complete
**población**  population
**poblador**  settler
**poblar**  to populate
**pobre**  poor
**poco**  little, small; a little bit; a short time;  **pocos**  few
**poder**  to be able, can
**poder** *m.*  power
**poderoso**  powerful
**poligamia**  polygamy (*having two or more spouses*)
**polígamo**  polygamist
**política**  politics
**político**  politician
**ponderar**  to consider; to praise highly
**poner**  to put, place;  **ponerse**  to put on; to become;  **ponerse a**  to to start to, begin to;  **ponerse (el sol)**  to set (the sun)  [6.3], [8.5c]
**por**  along, around, because of, by, during, for, for the sake of, per, through;  **por ciento**  percent;  **por más (mucho, muy) ... que ...**  no matter how (much) ... [5.6], [9.13], [9.14ff]
**porcentaje**  percentage
**pormenor**  detail
**porque**  because;  **¿por qué?**  why?
**portal**  entrance

**portero**  usher, doorman
**poseer**  to possess
**pospuesto**  placed after; postponed
**practicar**  to practice; to perform
**precio**  price
**preciso**  necessary; precise [3.2.b], [5.4.c]
**predicar**  to preach, sermonize
**predominio**  predominance, superiority
**preferido**  favorite
**pregunta**  question;  **hacer una pregunta**  to ask a question [3.1.a]
**preguntar**  to ask, question  [2.1.b]
**premio**  reward; prize
**prensa**  press, newspapers
**presentar**  to present, introduce [8.2.a]
**preso**  prisoner
**prestar**  to lend
**presunto**  presumed
**prever**  to foresee, anticipate
**previo**  previous
**primavera**  spring (*season*)
**principio**  beginning
**prisa**  haste, hurry;  **de prisa**  quickly
**privado**  private
**pro: en pro de**  in favor of
**probabilidad: probabilidades**  odds
**procurar**  to endeavor, try; to manage (*to do something*); to get, obtain  [8.5.a]
**prometer**  to promise
**pronto**  soon, promptly;  **de pronto**  suddenly
**propaganda: propaganda comercial**  advertising
**propicio**  favorable
**propiedad**  property
**propietario -a**  owner
**propina**  tip, gratuity
**propio** *adj.*  own; proper; suitable; (*sometimes equivalent to* **mismo**)
**proponer**  to propose
**propósito**  purpose, aim;  **a propósito**  on purpose, intentionally
**propuesta**  proposal
**propuesto** *pp. of* **proponer**
**protegido**  pet
**protesta**  protestation; avowal, declaration
**proveer**  to provide

**provisionalmente**   in the meantime
**publicar**   to publish; to reveal
**pueblo**   people, populace, nation; town
**puente**   bridge
**puerta**   door
**puerto**   port
**pues**   since; then; anyhow
**puesto** *pp. of* **poner**; **puesto que** since
**puesto** *m.*   position [8.1.f]
**pulgada**   inch
**pulso**   wrist; pulse
**punto**   point; **en punto**   on the dot
**pureza**   purity

### Q

**que**   which, who, that [9.6.d], [9.8]
**quedar(se)**   to remain, stay, be left, be [7.7]
**quejarse**   to complain
**querer**   to want; to wish, will; to love
**querido**   dear
**querido -a**   lover, sweetheart
**queso**   cheese
**quien**   who; he who, the one who [9.6.c]
**quitar**   to take off, remove   [6.6.d]
**quizá(s)**   perhaps

### R

**ramo**   bouquet; branch
**ras**   *onomatopoeia for sound of a blow*; level, even
**rastro**   trace
**rata**   rat
**rato**   while, short time
**raya**   dash, line
**raza**   race, lineage
**razón** *f.*   reason;   **tener razón**   to be right
**reaccionar**   to react
**real**   actual, true [5.1.b]
**realizar**   to accomplish, realize
**recelo**   fear, suspicion
**receta: receta de cocina**   recipe
**recién** *contraction of* **reciente** recent, new; **recién casados**   newlyweds

**recoger**   to gather, pick up
**reconocer**   to recognize; to admit; **reconocerse**   to confess (to being . . .)
**reconstruir**   to reconstruct
**recordar**   to remember; to remind [4.4]
**recreo**   recreation
**recto**   straight
**recuerdo**   memory; remembrance; souvenir
**recurso**   recourse, resort; **recursos** resources
**redactar**   to edit; to draw up, word
**redondo**   round
**reemplazar**   to replace
**refugiarse**   to find refuge
**regalo**   gift
**regla**   rule; policy
**regresar**   to return
**reír**   to laugh
**relajamiento**   laxity, looseness
**reloj**   watch, clock
**remediar**   to assist, support, help
**remedio**   remedy, help; hope
**remordimiento**   remorse
**remover**   to remove; to stir, shake
**renovable**   replaceable
**repente: de repente**   suddenly
**replicar**   to reply
**reposición**   replacement
**requerer**   to require
**rescatar**   to rescue, redeem   [7.3.c]
**rescate**   redemption, rescue
**resonar**   to resound
**respirar**   to breathe
**respuesta**   answer
**restablecer**   to restore
**restante**   remaining
**resuelto** *pp. of* **resolver**
**resurgimiento**   upsurge
**retrato**   portrait, picture
**reunión**   meeting, gathering
**reunir**   to gather, assemble
**revelador**   revealing
**reverencia**   reverence; bow, curtsey
**revista**   magazine; **pasar revista a** to review, examine
**revuelto**   twisted, winding
**rey**   king

**rezar**  to pray
**rico**  rich
**riesgo**  risk
**rincón**  corner
**río**  river
**riqueza**  riches, wealth
**risueño**  smiling; pleasant
**ritmo**  rhythm, pace
**robo**  robbery, plunder
**rodar**  to roll
**rodear**  to surround
**rodeo**  turn
**rojo**  red
**rompedor**  breaker, crusher
**romper**  to break, rip, tear;  **romper a** + *inf.*  to begin
**rondar**  to patrol, make the rounds (of)
**ropa**  clothes
**roto**  *pp. of* **romper**
**rubio**  blond
**rudo**  rude, rough; rigorous
**ruido**  noise, clamor
**rumor**  sound, noise
**ruso**  Russian

### S

**saber**  to know, find out  [3.3]
**sabiduría**  knowledge, wisdom
**sabor**  taste, flavor
**saborear**  relish, enjoy
**sabroso**  tasty, delicious; pleasant, delightful
**sacar**  to take out; to pull out; to draw out (of)  [6.6.c]
**saco**  jacket
**salir (de)**  to leave (from), depart, go out; to result (from); to turn out; to be drawn (*in a lottery*)  [10.2.a,b]
**saltar**  to leap, spring, jump up
**salud**  health
**salvador**  savior
**salvar**  to save, rescue  [7.3.c]
**salvo**  except  [7.5.c]
**sangre** *f.*  blood
**sano**  healthy, sound
**santo -a**  saint
**saqueo**  plundering
**satisfacer**  to satisfy

**satisfecho**  *pp. of* **satisfacer**
**seco**  dry
**sed** *f.*  thirst
**seguida: en seguida**  immediately, at once
**seguir**  to follow; to continue
**según**  according to
**seguro**  sure, certain;  **de seguro**  certainly
**semana**  week
**semejanza**  similarity
**sencillo**  simple
**seno**  breast, bosom
**sensato**  sensible
**sentar(se)**  to seat (oneself), sit down
**sentido**  sense, meaning
**sentimiento**  feeling, sentiment
**sentir**  to feel, sense; to hear; to regret, be sorry  [9.2]
**señalar**  to point out, make a gesture toward
**Señor**  Lord
**ser**  to be  [6.7ff.]
**ser** *m.*  being, creature
**serenar**  to calm, settle down
**seriedad**  seriousness
**serio**  serious
**servir**  to serve; to be useful, be of use  [8.1.d]
**si**  if; whether
**sí**  yes; indeed
**siempre**  always (*sometimes used in the sense of* **todavía** *still*);  **para siempre**  forever
**siglo**  century
**significado**  meaning, sense
**significar**  to mean
**siguiente**  following
**silla**  chair
**sillón**  armchair
**simpático**  nice
**sin**  without
**sindicato**  labor union
**singular**  unique; strange
**sino**  but; except;  **no ... sino**  only  [7.5]
**siquiera**  at least; scarcely;  **ni siquiera**  not even

**sitio**   site, location
**sobre**   above, over, upon; about, concerning  [10.1.a]
**sobrevivencia**   survival
**sol**   sun
**soldado**   soldier
**soledad**   loneliness, solitude; uninhabited land
**soler**   to be in the habit of, accustomed to
**solo**   lone, sole; lonely, alone  [5.4]
**sólo**   only  [5.4]
**soltar**   to turn loose
**soltero -a**   bachelor; single girl
**solucionar**   to solve
**sombra**   shadow; darkness
**sombrío**   somber, dark
**someter**   to submit, subject
**sonar**   to sound, ring
**sonreír**   to smile
**sonrisa**   smile
**soñar**   to dream
**sopa**   soup
**sorbo**   gulp, swallow
**sorprendente**   surprising
**sorprender**   to surprise
**sorpresa**   surprise
**sorteo**   lottery drawing
**sospechar**   to suspect
**sospechoso**   suspicious
**sostener**   to support, maintain
**subir**   to go up; to climb, mount; to get on; to send up
**súbito**   sudden, unexpected
**subterráneo**   underground
**suceder**   to happen, occur  [1.5.a]
**suceso**   event, happening
**sucio**   dirty
**sueco**   Swedish
**suelo**   soil, ground; floor
**sueño**   dream; sleep;   **tener sueño**   to be sleepy
**suerte** *f.*   luck, fortune
**sufrir**   to suffer; to take (*an exam*)
**sugerencia**   suggestion
**sugerir**   to suggest
**suntuario**   extravagant
**superficie** *f.*   surface, area

**superviviente**   survivor
**suplicar**   to implore, beg
**suponer**   to suppose, assume
**supuesto** *pp. of* **suponer**
**surgir**   to spurt, come forth
**sustantivo**   noun
**sustentación**   support; sustenance
**sustentar**   to support, sustain
**sutil**   subtle
**suyo: los suyos**   one's family, people, nation, etc.

## T

**tajo**   cut, incision; slash
**tal**   such (a); (a) certain;   **con tal de** provided that, as long as
**también**   also
**tan**   *adv.* so, as;   **tan...como**   as ... as
**tanto**   so much, so many;   **tanto... como**   as much ... as;   **por tanto** therefore
**tardar (en)**   to take ... (*time*) ... (to)
**tarde** *adv.*   late;   **tarde o temprano** sooner or later
**tarde** *f.*   afternoon;   **de tarde**   in the afternoon
**tarea**   task  [8.1.e]
**tarjeta**   card
**taza**   cup
**teatro**   theater
**técnico**   technician
**tedio**   boredom
**tema** *m.*   theme, topic
**temblar**   to tremble
**temblor**   trembling, tremor
**temer**   to fear
**temor**   fear
**templo**   church, temple
**temprano**   early
**tender (a)**   to have a tendency (to)
**tenebroso**   gloomy
**tener**   to have;   **tener que** + *inf.*   to have to
**tentación**   temptation
**tentar**   to tempt
**teórico**   theoretical

**terciar**　to join in (conversation)

**término**　end, termination; term; **en último término**　ultimately, eventually

**testigo**　witness

**tiempo**　time; **a tiempo**　on time [4.1.a,e]

**tienda**　store, shop

**tierra**　land, soil, earth

**tío -a**　uncle; aunt

**tipo**　type, kind; "guy", "character"

**tirano -a**　tyrant

**tirar**　to pull, tug; to throw (away); to fire, shoot

**tirón**　tug

**tocar**　to touch; to play (*a record, an instrument*)

**todavía**　still, yet

**todo**　all, everything; every [7.15], [7.16]

**tomar**　to take; to eat, drink [6.6.b]

**torno: en torno de**　around, about [10.1.e]

**toro**　bull

**torpe**　clumsy, awkward

**tortuoso**　winding; rambling, indirect

**trabajar**　to work [8.1.b]

**trabajo**　work, job; effort [8.1.a]

**traducir**　to translate

**traer**　to bring

**traje**　suit

**trama**　plot

**tramar**　to plot, scheme

**tranvía**　trolley, street car

**tras**　behind

**trasladarse**　to move, transfer

**trasponer**　to cross

**tratamiento**　treatment, dealing

**tratar**　to treat; **tratar de**　to try; to deal with (*a subject*) [3.1.d], [6.4]

**trémulo**　quivering

**tren**　train

**trinchera**　trench

**triste**　sad

**tristeza**　sadness

**trozo**　chunk

**turco**　Turkish

## U

**u**　or (*used before words beginning with* o- *or* ho-)

**ujier**　usher

**último**　last, final, latest; **por último**　finally

**ultraje**　outrage, insult; abuse

**único**　only [7.18]

**urinario**　urinal

**unir**　to unite, join

**universitario**　of the university

**uno**　one; a, an [8.14]

## V

**vagar**　to wander

**valer**　to be worth; **valerse (de)**　to avail oneself (of)

**valioso**　valuable

**valor**　value, worth; bravery

**vapor**　steamship

**varios**　several

**varón**　male

**vaso**　glass

**vecino -a**　neighbor

**vecino** *adj.*　neighboring

**vena**　vein

**vencer**　to win, conquer; to overcome

**vender**　to sell

**vengar**　to avenge

**venir**　to come; (*often used with present participle in a progressive sense*)

**ventaja**　advantage

**ventana**　window

**ver**　to see; **tener que ver con**　to have to do with

**verano**　summer

**verdad**　truth

**verdadero**　true [5.1.b]

**verde**　green

**vértigo**　dizziness

**vestir(se)**　to dress (oneself)

**vez** *f.*　time; **a la vez**　at the same time; **a veces**　sometimes; **cada vez más**　more and more; **en vez de**　instead of; **(muy) de vez en cuando**　once in a (great) while;

**tal vez**  perhaps;  **una vez**  once [4.1.c]
**vía**  way
**viajar**  to travel
**viaje**  trip;  **ir de viaje**  to take a trip
**vicio**  bad habit; vice
**vida**  life
**viejo**  old
**viento**  wind
**vino**  wine
**visitante** *m. and f.*  visitor
**vista**  sight, vision;  **echar la vista (encima)**  to set one's eyes (upon)
**visto**  *pp. of* **ver**
**viudo -a**  widower; widow
**vivaz**  vivacious, lively
**viviente**  living
**vivir**  to live; to reside

**vivo**  alive; lively;  **en lo más vivo** to the quick, to a great degree
**voluntad**  will, desire
**volver**  to return; to turn;  **volver a** + *inf.*  to do again   [6.2]
**voz** *f.*  voice; sound;  **en voz alta** aloud;  **en voz baja**  whispering
**vuelto**  *pp. of* **volver**
**vulgar**  common; vulgar

## Y

**ya**  already; now; soon   [2.21]

## Z

**zaguán**  vestibule, hall
**zarpar**  to (set) sail, weigh anchor

# INDEX